Álvaro Fernández Suárez
El pesimismo
español

Un análisis
de la conflictiva condición español
y una propuesta para un futuro
más esperanzador

Planeta

espejo
de
espana

83

1. La colección ESPEJO DE ESPAÑA, bajo el signo de Editorial Planeta, pretende aportar su colaboración, no por modesta menos decidida, al cumplimiento de una tarea que, pese a contar con tantos precedentes ilustres, día tras día se evidencia como más urgente y necesaria: el esclarecimiento de las complejas realidades peninsulares de toda índole —humanas, históricas, políticas, sociológicas, económicas...— que nos conforman individual y colectivamente, y, con preferencia, de aquellas de ayer que gravitan sobre hoy condicionando el mañana.

2. Esta aportación, a la que de manera muy especial invitamos a colaborar a los escritores de las diversas lenguas hispánicas, se articula inicialmente en siete series:

  I   los españoles
  II biografías y memorias
  III movimientos políticos, sociales y económicos
  IV la historia viva
  V   la guerra civil
  VI la España de la posguerra
  VII testigos del futuro

Con ellas, y con las que en lo sucesivo se crea oportuno incorporar, aspiramos a traducir en realidades el propósito que nos anima.

3. Bueno será, sin embargo, advertir —puesto que no se pretende engañar a nadie— que somos conscientes de cuantas circunstancias nos limitan. Así, por ejemplo, en su deseo de suplir una bibliografía inexistente muchas veces, que cabe confiar completen y enriquezcan estudios posteriores, ESPEJO DE ESPAÑA en algunos casos sólo podrá intentar, *aquí* y *ahora*, una aproximación —sin falseamiento, por descontado, de cuanto se explique o interprete— a los temas propuestos, pero permítasenos pensar, a fuer de posibilistas, que tal vez los logros futuros se fundamentan ya en las tentativas presentes sin solución de continuidad.

4. Al texto de los autores que en cada caso se eligen por su idoneidad manifiesta para el tratamiento de los temas seleccionados, la colección incorpora un muy abundante material gráfico, no, obviamente, por razones estéticas, sino en función de su interés documental, y, cuando la obra lo requiere, tablas cronológicas, cuadros sinópticos y todos aquellos elementos que pueden complementarlo eticazmente. Se trata, en definitiva, de que cada uno de los títulos. en su unidad texto-imagen, responda a la voluntad de testimonio que preside las diversas series.

5. Sería ingenuo desconocer, empero, que este ESPEJO que, acogido a la definición que Stendhal aplicara a la novela, pretendemos pasear a lo largo del camino, según se proyecte a su izquierda o a su derecha recogerá, sin duda, sobre los mismos hombres, sobre los mismos hechos y sobre las mismas ideas, imágenes diversas y hasta contrapuestas. Nada más natural y deseable. La colección integra, sin que ello presuponga identificación con una u otra tendencia, obras y autores de plural ideología, consecuente con el principio de que ser liberal presupone estar siempre dispuesto a admitir que *el otro* puede tener razón. Aspiramos a crear un ágora de libre acceso, cerrada, única excepción, para quienes frente a la dialéctica de la palabra preconicen, aunque sólo sea por escrito, la dialéctica de la pistola.

6. Y si en algunas ocasiones la estampa que ESPEJO DE ESPAÑA nos ofrezca hiere nuestra sensibilidad o conturba nuestra visión convencional, unamos nuestra voluntad de reforma a la voluntad de testimonio antes aludida y recordemos la vigencia de lo dicho por Quevedo: «Arrojar la cara importa, que el espejo no hay de qué.»

RAFAEL BORRÀS BETRIU
Director

El pesimismo español

Álvaro Fernández Suárez nació, por así decirlo, en un puente, sobre una ría, donde silba el viento, a caballo entre Galicia y Asturias. Se le tiene —y con muy sustancial y vital causa— por natural de Vegadeo (Asturias), pero fue inscrito en Ribadeo (Galicia), también con motivo justo y legal, y así es de ancho el cepellón de sus raíces, de lo que testimonia este mismo libro. Y, según sus propias palabras, esto de nacer le sucedió en tiempo moderno, en el primer decenio de este siglo, pero "tal como corre la historia y como murmura por lo bajo su fluir, está el punto de mi nacimiento más cerca de la remota Edad Media que del inminente año 2000". Estudió en San Sebastián y en Madrid (licenciado en Derecho y técnico comercial del Estado) y lleva publicada una docena larga de libros desde **Futuro del mundo occidental,** pasando por **Los mitos del Quijote** y **El camino y la vida** hasta un volumen de cuentos, **La ciénaga inútil,** y alguna novela en editoriales hispanoamericanas durante su época de emigrado, a consecuencia de la guerra civil, en Montevideo y Buenos Aires. Con **El pesimismo español** quedó finalista en el Premio Espejo de España 1983.

Álvaro Fernández Suárez
El pesimismo español

Finalista Premio Espejo de España 1983

EDITORIAL PLANETA   BARCELONA

ESPEJO DE ESPAÑA
Dirección: Rafael Borràs Betriu
Serie: Los españoles

© Álvaro Fernández Suárez, 1983
Editorial Planeta, S. A., Córcega, 273-277, Barcelona-8 (España)
Edición al cuidado de Ester Berenguer
Cubierta de Hans Romberg (realización de Jordi Royo)
Ilustración cubierta: fragmento de "El sueño de la razón produce mons-
truos", de Francisco de Goya (foto Oronoz)

Procedencia de las ilustraciones: Archivo Editorial Planeta, Camera Press, Efe, Europa Press, Flash Press, Foto Balmes y Mas

Maquetas de ilustración interior: Eduardo Asensio
Producción: equipo técnico de Editorial Planeta
Primera edición: marzo de 1983
Depósito legal: B. 8613-1983
ISBN 84-320-5682-0
Printed in Spain/Impreso en España
Composición, compaginación e impresión: Talleres Gráficos "Duplex,
S. A.", Ciudad de la Asunción, 26-D, Barcelona-30

ÍNDICE

PARTE PRIMERA

Santiago y abre España

CAPÍTULO PRIMERO

La tentación de sentirse pueblo elegido

1/Junio de 1980: asaltos y voladuras ● 2/¿Un mundo confabulado contra España? ● 3/Pensar, trabajar, aprender, otro temple ● 4/Dien Bien Phu y el Hércules judío ● 5/¿Y qué hay de la democracia?

1/Junio de 1980: asaltos y voladuras

En algún momento de la segunda quincena de junio de 1980 pudo invadirnos la sensación de que el mundo se había confabulado para manifestar a los españoles una general malevolencia.

El presidente Giscard d'Estaing declaró, en un discurso de máxima resonancia, que España (por extensión también Portugal, aunque el golpe no iba dirigido contra él) sufriría una cuarentena —que podía entenderse como veto definitivo—, a las puertas de las comunidades europeas.

Esta proclama pareció la señal para que grupos de campesinos franceses se dedicaran a volcar camiones españoles y a destruir sus cargamentos de frutas y verduras en tránsito para otras naciones europeas. Quiere decirse que no se trataba sólo de cerrar la entrada a los productos españoles en el mercado francés, con el fin de proteger a los agricultores del país, sino, además, de impedir la concurrencia de España a los mercados franceses. Este matiz imprimía a aquellos actos un sentido inamistoso personalizado, especialmente porque los agresores volcaron y destruyeron mercancías tan poco agrarias como perfumes, pieles, máquinas de escribir, al parecer sólo porque procedían de España.

Más o menos en el mismo momento una patrullera francesa ponía celoso empeño en capturar, con causa razonable o sin ella —era menos importante de lo que pudiera parecer, en aquellas circunstancias—, pero con ostensible intemperancia, a pesqueros de Fuenterrabía como si quisiera provocar, vistas las maneras con que procedía, el activo y belicoso humor de la gente de mar vasca, lo que, de soslayo, era o podía ser un precioso estímulo para ETA, ocupada, por aquellos días —cada cual a lo suyo—, en rociar de bombas la Costa del Sol para espantar al turismo extranjero.

Entretanto concurrieron otros acontecimientos en los mares de África, a cargo de Marruecos y del Polisario, enemigos uno del otro, pero ambos concordes en perjuicio de los pescadores españoles. En efecto, el Polisario anunció, en altivos términos, que sus «fuerzas navales» habían capturado un pesquero español y lo habían hundido, haciendo prisioneros a los tripulantes. Simultáneamente y en una misma redada, lanchas marroquíes detuvieron y condujeron a Casablanca a diecinueve embarcaciones españolas.

Situaciones parecidas, aunque menos conjuntadas y menos variadas, se repitieron en los meses de julio y agosto de 1981 y en febrero de 1982. En la primera fecha, los socialistas franceses habían tomado reciente-

11

mente el poder, en unas elecciones que apearon a Giscard d'Estaing.

Punto y aparte merece, en tan ameno festival —volvemos a referirnos ahora al mes de junio de 1980—, la participación de otros enemigos, sin duda los más perversos, según parece animados de odio no sólo a los hombres, no sólo a la nación, sino también a la tierra y a la vida, a los árboles, a las plantas y a los animales. Aludimos a los incendiarios de los escasos bosques de la seca España, que así reiteraban sus contumaces campañas de todos los veranos.

Diríase que no había ninguna respuesta para ninguna de estas agresiones. Nada más que mascar la impotencia.

2/¿Un mundo confabulado contra España?

Había motivo para llorar sobre las cenizas. Pues bien, a pesar de todo, a pesar de las apariencias, es prudente y sensato no caer en el trance paranoico de creernos perseguidos por el mundo entero o una gran parte de él. Entre otras razones porque sería concedernos a nosotros mismos una importancia insana. La persecución universal, sobre todo si no responde a alguna causa discernible, cierta, nos atribuiría el temible carisma de «pueblo elegido», un honor trascendental e indeseable que excede con mucho a nuestros méritos.

Así pues, *vade retro* a la tentación y nada de «pueblo elegido». Tanto como general malevolencia, no. Creo que no. La independencia de las nuevas naciones salidas del colonialismo, no occidentales, por de pronto, diluye las posibilidades de la universalidad de un talante hostil. Tanto como malevolencia de fondo, no fundada en motivos concretos (el peor de los sentimientos), sí, en parte.

En efecto, seríamos negligentes, insensibles, distraídos o tontos, si no admitiéramos que muchas veces se trata a España con suspicacia, matizada por automatismos de juicio previo desvalorizador e incluso hostil. Espero que nadie vea en estas palabras un modo de eludir el justo castigo o tal vez alguna forma de vanidad invertida, metida en casa por la chimenea (hay quien se envanece, a falta de otra cosa, de cojear más que nadie o de mover las orejas arriba y abajo como los gatos). Es verdad, imagino, que España suscita, en no pocos casos, reacciones no amistosas ni favorables y también, a veces, entusiastas. ¿Por qué? Por de pronto, el ser España, como es, un plato fuerte que no toleran todos los estómagos. Después, porque hay una imagen española impropicia, fijada a lo largo de siglos y alimentada por el peonaje intelectual de todo el mundo —de España también, claro— y por millones de manuales escolares.

Luego hay los factores racionales, como el choque normal de intereses a los que un prurito ingenuo de realismo suele atribuir el primer papel o el papel único en esta suerte de cosas. Los intereses cifrables, contra lo que muchos creen, pueden suscitar reacciones agudas, pero no muy duraderas ni profundas. Cuando observemos una hostilidad constante que atraviesa coyunturas diversas y aparece aquí y allá, con variados pretextos, es que hay un factor irracional, un punto doloroso oscuro, una repulsión esencial, incompatibilidad, antipatía. El choque de intereses de tanto y cuanto y la mitad para cada uno no provoca los peores ni los más tenaces conflictos. Así, sospechamos que otra nación, menos caracterizada, que no fuese España, con iguales o análogas diferencias con sus vecinos, no atraería réplicas iguales a las que se infligen a nuestro país. Motivo para esta diferencia en el trato: simplemente, una imagen mejor que se expresa en mayor prestigio o en amigos a quienes tener en consideración. Tales factores alteran, desvían, impiden, facilitan, las relaciones humanas en general, sin excluir las relaciones internacionales que no suelen regirse más que otras sólo por la razón ni siquiera por la sensatez. La locura humana funciona a todos los niveles, en una riña de gitanos y en una guerra mundial.

No sería muy inteligente, aunque otra cosa parezca, trasponer a un juego dialéctico la historia. Bien está la interpretación dialéctica y la consideración de los elementos cuantificables. Pero es mejor aún añadir y meter en el saco de las bolas de la suerte datos como el de que España haya tomado a redropelo la modernidad. La historia se parece a un juego de ajedrez, pero a condición de saber que las fichas de este ajedrez cambian de valor y de movimientos según se juega. Pero dejemos ahora este tema.

Volvamos por unos momentos a nuestro cuadro de acontecimientos adversos y simultáneos que hemos recogido bajo la rúbrica de *Junio de 1980*. La honradez intelectual nos obliga a declarar que, efectivamente, hemos utilizado hechos que son heterogéneos. Y al ser diferentes en sus motivaciones, en el espíritu en que se consumaron, en las intenciones, no es correcto extraer de ellos una misma síntesis, como si fueran idénticos. Por ejemplo, no responde a un mismo complejo de estímulos —no puede responder, es imposible— la agresión de los campesinos franceses que la de los patriotas polisarios que nos lanzaron su desafío naval desde un colchón de goma flotante o cosa parecida. En su acción podrá haber arrogancia, explicable por lo demás, lo que no hay es sordidez ni chauvinismo.

Con todo, aun reconociendo la heterogeneidad de los hechos, sobrenada en todo esto, en ciertos casos sin relación con los acontecimientos mismos, con algunos de ellos, el dato general y presente de que España es una sociedad con especial connotación, negativa. No es, en efecto, ninguna caprichosa invención que hay naciones que gozan de un prejuicio favorable como hay otras que son miradas a través de una lente suspicaz. Así, es obvio y natural que Alemania, a pesar de su conversión a la democracia y al humanismo de esta hora, con escogida perfección, no dé el mismo espectro emocional que Suecia. Francia es, en este aspecto y en otros, una personificación privilegiada. Ya fuera del ámbito occidental, ahí está la singularidad de Japón. Pero Alemania y Japón, cada una por su lado y en el marco condicionante de sus diferentes situaciones, compensaron y están compensando con abundancia y aun con exceso la adversidad de imagen mediante su afortunado esfuerzo para adquirir poder y prestigio en las esferas de la ciencia, de la técnica y de la economía. España debe hacer lo mismo o algo análogo y precisamente en actividades cuyo valor es universal y aceptado por todos los hombres, prácticamente, como la ciencia positiva, la tecnología y el dinero porque a estos valores no es fácil oponerles una negación o un menosprecio fundado en posiciones o prejuicios irracionales. La ciencia positiva y la técnica pertenecen al orden de la realidad y no dependen o dependen menos de valoraciones subjetivas, donde anidan los prejuicios. Un precedente de esta respuesta —anterior a las de las naciones que acabamos de citar, claro está— fue el empeño de los ilustrados españoles en el siglo XVIII para transformar el país en su aspecto económico y técnico. Por lo demás, no puede dudarse de que lo consiguieron en una medida nada desdeñable. En un terreno que comprende a las ciencias y en mayor cuantía a las letras y a las artes está la réplica de la generación del 98, al que consideraban desastre vergonzoso, de donde proviene, al menos en parte —el arranque es de un poco más atrás—, la Edad de Plata de la cultura española y un efectivo renacimiento en el siglo XX. Estas fuerzas revitalizadoras, por desgracia, actuaron en las condiciones de la escisión nacional y de un pesimismo cultivado por una parte de aquella generación privilegiada, aunque sin perder por ello el impulso creador (el pesimismo, en una forma estéril, vendría después, en los años posteriores a la guerra civil de 1936-1939).

Por de pronto, con respecto a lo que conviene hacer, a la vista de las connotaciones adversas de la imagen de España, lo primero será convencernos de que la hostilidad extranjera, aun en la medida y en la modalidad en que existe, no es un factor determinante. Por otra parte, su fuerza y su incidencia son mucho menores que las del talante inhibitorio y paralizante que lleva la sociedad española dentro de sí. No culpemos a los extraños, ni siquiera a los enemigos interiores declarados, antes de haber hecho justicia —es un decir— sobre quienes nos creemos leales sin que lo prueben nuestros actos ni siquiera nuestras palabras.

De fronteras afuera hay una ignorancia casi total de España, atenuada hoy, en sus aspectos más gruesos, por el turismo. Prima en el exterior la indiferencia sobre la hostilidad. Dentro, y por parte de los españoles, tampoco se tiene una noción válida de España y aquí prima la hostilidad y el daño por acción y por omisión.

3/Pensar, trabajar, aprender, otro temple

Así pues, si estamos dispuestos a pensar, trabajar, aprender, apasionadamente pero con lucidez, si adquirimos confianza en nosotros mismos, una confianza fundada en la verdad, el esfuerzo y la persistencia en la acción, aunque la mala voluntad del mundo exterior fuere real, no debería desalentarnos. Porque el mundo reverencia las prendas que son evidentes, no necesitadas de demostración: por supuesto, el dinero, cuyo valor consta en cada pieza, y la fuerza de las armas, porque son temibles, la belleza física, ya que rompe los ojos, pero también la inteligencia y el trabajo, porque la inteligencia es otra expresión del poder y el trabajo porque incide materialmente sobre la realidad, transforman la realidad y la realidad es una cosa seria e inmediata. La inteligencia, cierto, necesita la prueba de sí misma, pero es una moneda de cambio universal, una vez probada, como el oro o la espada. La inteligencia, aplicada a la realidad —lo que no es lo mismo que a la verdad—, es una fuerza mágica cuyos límites se desconocen, tan dilatados son. Ahora bien, el hombre se pliega y somete a la realidad, quiera o no quiera, porque la realidad le golpea en el cuerpo —también en el alma—, así como, en cambio, la verdad, cuando no tiene puños, es nada más, aunque nada menos, que un valor del espíritu y el espíritu, de momento, y a resultas, puede ser renegado y echado fuera de puertas como un mendigo. Es bueno comprender estas cosas y sacar las consecuencias, aunque no sea bueno aceptarlas con cínica servidumbre, pues al espíritu hay que servirlo siempre, pero mejor si se le sirve hasta el fin, hasta el mayor sacrificio, sin ilusiones y a pesar de todo. Sólo servido de este modo, sin cálculo de ganancia, por amor, es verdaderamente espíritu.

Vemos que algunos se escandalizan del egoísmo de nuestros *partenaires*. Pero ¿qué clase de niños mimados somos? El egoísmo de las naciones es natural. Si fuera únicamente el egoísmo... Peor es la hinchazón, la vanidad, el afán de cavar un foso bajo los pies del vecino para disminuir su estatura. Precisamente nos admira que, en nuestra época, en este tiempo, se cultive una conciencia de responsabilidad y hasta de solidaridad de las naciones ricas respecto a las naciones pobres. Claro está: no todo, pero mucho de eso, es verbalización y retórica diplomática. Pero hace sólo unos decenios, pocos, no había siquiera buenas palabras. Por el contrario, en las escuelas frecuentadas por los futuros políticos se enseñaba con delectación que el egoísmo nacional es sagrado. Hoy el egoísmo nacional se entiende de otra manera. Por ejemplo: se sabe que la enfermedad del prójimo no me conviene a mí. Puedo contagiarme. ¿Y la pobreza ajena? Tampoco me conviene. Los buenos negocios no se hacen con los países pobres y subdesarrollados. El subdesarrollo puede brindar ocasiones favorables para la piratería. Pero la piratería de la isla de la Tortuga es en realidad un negocio, áureo, sí, pero, al mismo tiempo, más bien raro, incierto y pequeño. El vecino rico es mejor que el vecino pobre, incluso y aun sobre todo para el pobre, pero también para el rico. Esto es lo que ha ganado, principalmente, la moral de nuestro tiempo. No es bueno hacerse ilusiones con la ética de los afortunados. Pero no es mejor creer en la bondad de los desgraciados. Hablamos de relaciones internacionales, pero el juicio puede ser traspuesto al orden de las relaciones privadas. En el plano internacional lo que se observa —y no debe ocultarse— es que la injusticia, la explotación del hombre por el hombre y demás gracias con que se obsequia al capitalismo se practican con más violencia, con menos escrúpulos, por las nuevas clases dirigentes de jóvenes naciones, y cuando estos dirigentes esgrimen los argumentos de la solidaridad humana y de la justicia es manifiesto que ellos mismos, de tener la ventaja de su parte, serían peores. También es cierto que los nuevos ricos de los entes nacionales, de las personificaciones políticas territoriales de reciente ascensión —véase el ejemplo de los países petroleros—, han invertido sus caudales en el mundo desarrollado y hasta ayer próspero, no en el mundo pobre. Los pobres, una vez más, por serlo, han sido severamente castigados, evidentemente con razones no desdeñables, con sólidas razones económicas, pues sólo las naciones industrializadas están en condiciones de invertir en el mundo subdesarrollado, entre otras razones, porque abren nuevas salidas, nuevos mercados, a sus equipos, a la maquinaria que producen, y aplicaciones a su tecnología.

No es tan malo el egoísmo. Precisamente en aquellos días de junio de 1980 leímos comentarios que culpaban a Giscard d'Estaing de haber hecho uso de un implacable egoísmo «cartesiano» para sentar a España a las puertas del castillo carolingio, a las puertas de Europa. Pues bien, no. Nosotros creemos que un riguroso cálculo de pros y contras, sin salirse de los datos económicos, habría llevado al presidente francés a la conclusión de que a Francia le convenía establecer relaciones de mercado común con España, aun en el sector agrícola. Aquí hay un misterio que, inexplicablemente, no ha sido abordado por los comentaristas. Los comentaristas, a un lado y a otro de la frontera, dan por cierto y seguro que la agricultura española tiene ventaja sobre la francesa. Este juicio, por difundido y acreditado que esté, es falso. España tiene ventaja en los productos de la huerta mediterránea. En la agricultura cerealista España no podría resistir la competencia abierta de la agricultura francesa. En cuanto a la ganadería de leche la situación española es de una debilidad absoluta y de difícil remedio: producimos, en efecto, la leche más cara de Europa y la de peor calidad. Basten estos ejemplos para mostrar que no está nada clara la superioridad competitiva de la agricultura española. No es nuestro propósito desarrollar aquí esta materia especializada. Sólo nos proponemos poner de manifiesto que no hay tal egoísmo «cartesiano». El egoísmo es otro. Lo que debiera haber llamado la atención no es que Francia defienda sus intereses. Eso es natural y nada aberrante. Lo sugestivo es que sus intereses a nivel nacional no hayan sido ni siquiera mencionados, sopesados o discutidos. Por el contrario, parece que se ha disimulado deliberadamente la realidad de la potencia que posee la agricultura francesa y las debilidades manifiestas de la agricultura española. Esta actitud contagia a los españoles que, por su parte, creen estar en posesión de un sector agrícola capaz de arrollar a sus competidores del otro lado del Pirineo cuando sucedería precisamente lo contrario: si se abrieran las puertas en un sentido y en el otro, claro está, las dificultades de adaptación serían más severas de este lado de la frontera que en el campo transpirenaico. La verdad es que, a nuestro modo de entender, el sector más vulnerable de la economía española no es la industria como supone un juicio impresionista de lugar común, sino precisamente la agricultura. Que los mismos agricultores crean en su superioridad y afirmen que no se debieran conceder períodos de adaptación que comprometieran a la agricultura, pone de manifiesto, ante todo, una asombrosa ignorancia y no menor temeridad.[1]

Es una fantasía sádica el mito del ogro rústico español que devoraría a la tierna e inocente violeta de Francia, una leyenda sospechosamente propagada al otro lado del Pirineo y aquí acogida con alborozo. ¿A qué estímulos psicológicos responde esta leyenda? ¿Por qué no se examina el tema con objetividad en Francia y en España? ¿Por qué se acumula sobre el asunto una doble montaña de ruido y de silencio?

Confieso que no estoy en condiciones de responder a estas preguntas con seguridad. Sé únicamente —esto, sí, con certeza— que el factor económico no es preponderante en la actitud del gobierno francés inequívocamente decidido a impedir la entrada de España en Europa. Sobre este

1. Tengo a la vista una nota de la Confederación Nacional de Agricultores y Ganaderos (*ABC*, 5-3 de 1982, p. 32) donde se le reprocha al gobierno que haya propuesto un período de adaptación, para la agricultura, de diez años que podrían aprovechar los agricultores franceses para «rentabilizar» *(sic)* sus explotaciones. Los agricultores españoles, según parece, se imaginan que la entrada en el Mercado Común les permitiría lanzarse como lobos sobre las campiñas francesas y devastarlas. Creen que el Mercado Común es una pelea de marineros borrachos en la que yo rompo esto y tú rompes lo otro, yo tu agricultura y tú mi industria. Si esto fuera así, nunca se hubiera firmado el Tratado de Roma.

punto no es posible hacerse ilusiones, pues la resolución francesa transparece en el tono y en las reservas de sus mismos desmentidos. Por lo demás, debemos reconocer que España aportaría a la comunidad una inevitable agravación de ciertos problemas que padece el Club de Bruselas pero también le evitaría el riesgo de las peores calamidades y, en definitiva, su presencia daría un saldo favorable a Europa; pero claro está que las dificultades son más visibles, más sensibles y más inmediatas que las ventajas, lo que favorece los planes obstruccionistas franceses, fundados en motivos, desde luego, extraeconómicos. En efecto, a Francia le convendría abrir el mercado español actualmente protegido por barreras arancelarias y medidas no arancelarias proteccionistas que serían abatidas progresivamente, pero con bastante rapidez si España fuese admitida en la comunidad: le conviene a la industria francesa, les conviene a los servicios y le conviene a la agricultura cerealista y a la producción lechera, así como a las industrias lácteas (no confundir los intereses de Francia ni los de la agricultura francesa con los de los hortelanos del Mediodía).

Si a Francia, considerada en su conjunto, le conviene, en el plano económico, que España abra su mercado, se comprendería una defensa hasta el límite, una dura defensa de los intereses parciales del país, pero no un veto de principio como parece existir en realidad. Es decir, a menos que haya otros intereses no económicos que prevalezcan sobre la economía. ¿Cuáles pueden ser esos intereses? Por de pronto no se oculta en París el propósito de que no se perjudique a los demás países mediterráneos, especialmente a Marruecos, Túnez e Israel. Pero no entendemos que estas cuestiones puedan constituir un obstáculo suficiente para cerrar la comunidad a una nación europea que invoca cláusulas inequívocas del Tratado de Roma, si bien es verdad que hemos llegado tarde a la opción comunitaria, y éste es el coste del particularismo político español y una consecuencia remota de la guerra civil de 1936-1939.

Un enigma muy sugestivo es que los sectores franceses favorecidos por la apertura del mercado español (apertura quiere decir adopción del régimen interior comunitario en el tráfico de mercancías, servicios y movimiento de capitales) estén callados. Desde el gobierno francés para abajo son muchos los que abogan por la exclusión de España. Pero ¿por qué no se oyen también las voces contrarias que debe haber o debería haber en Francia? ¿Dónde están los agricultores cerealistas? ¿Dónde los industriales? ¿Dónde los fabricantes de quesos? En fin, ¿qué pasa ahí? La única explicación de estas ausencias parece ser que el pueblo francés en general y los mismos sectores a quienes conviene la entrada de España en la comunidad no nos aceptan en su compañía.

4/Dien Bien Phu y el Hércules judío

España sería la quinta nación, por la magnitud de su economía, en una comunidad de doce miembros. Pero debemos admitir que nuestro sistema económico tiene sus áreas deprimidas (algo análogo les acontece a otros, a Italia, incluso a un socio tan respetable como el Reino Unido). Cierto que España habrá de introducir reformas para adaptar su economía, medidas que están ya parcialmente en marcha, pues han de ser llevadas a cabo, en todo caso, aun cuando el país no ingrese en la disciplina de la Comunidad. Ninguno de estos agujeros negros es un abismo, aunque exija razonables esfuerzos. Está claro que este país padece una tasa de desempleo superior a la media de la Comunidad. Es su problema más grave que presentó caracteres más agudos ya en tiempo anterior al del mismo fenómeno en otros países.

Desde un criterio de convivencia en la Organización, diríamos que España ha sido siempre una buena pagadora, incluso en situaciones de hambre. Otra cosa que se relaciona con este prurito de solvencia: nos parece que no sería un socio capaz de pedir un trato especial. No lo haría a causa de su conciencia de inferioridad donde se mezclan este sentimiento lúgubre y el orgullo. Con esto queda dicho que no sería, para los demás miembros de la Comunidad, un socio díscolo, ni tampoco tan incómodo como algunos parecen temer.

Y ya fuera de las relaciones económicas, ¿qué podría aportar España a Europa? Al formular esta pregunta dejamos de lado, deliberadamente, un supuesto aporte derivado de la historia o de la comunicación cultural. No prescindimos de esta rúbrica porque desdeñemos la cultura o la historia. Todo lo contrario. Pero se trata de materias susceptibles de valoraciones muy diversas cuyo patrón de referencia, común a unos y a otros, no existe. Habrá quien piense que España no aportará nada —es algo que se ha dicho repetidamente— o, en todo caso, nada bueno. Ya sabemos que la imagen histórica de España no goza, ni mucho menos, de general asentimiento. ¿Y a qué discutir sobre lo que carece de una cifra en la que los opinantes puedan entenderse? Preferimos tratar de temas susceptibles de ser valorados y apreciados de alguna manera por unos y otros. Por ejemplo, la contribución de España a la seguridad de Europa y, más aún, su posible influencia en la creación de situaciones peligrosas para el continente.

Pero aclaremos aquí un matiz del discurso. Estábamos hablando, muy especialmente, no de cuestiones militares, sino de un tema económico y, precisamente, en relación con el veto interpuesto por alguno de nuestros eventuales consocios al ingreso de España en las comunidades europeas. Si es así, a qué viene el involucrar a la CEE en cuestiones de seguridad que corresponden a la OTAN, donde España será recibida con celeridad y hasta con alborozo. Pues bien: nos parece que la CEE, a pesar de su nombre, no es, estrictamente hablando, una organización económica. El espíritu que la anima es el ideal europeo, es decir, intereses políticos que arrastran, necesariamente, cuestiones militares. Por lo demás, la separación entre unas y otras esferas, al menos en este caso, es de mero concepto y la realidad no suele detenerse ante las fronteras de los conceptos. Así, sería inútil que se pretendiera recluir el tema del ingreso en la Comunidad separándolo de sus efectos, positivos y negativos, en la opinión pública y en la conciencia de los pueblos y de sus gobernantes. Es casi impensable que una España rechazada en la CEE pueda asumir los compromisos políticos y militares de la alianza atlántica en la misma forma que si hubiera tenido una acogida favorable por parte de la Europa comunitaria.

Es más: nos atrevemos a conjeturar que sería difícil mantener a España en la OTAN si se le inflige un trato discriminatorio en la CEE. Esta incoherencia podría actuar a modo de una cuña moral en la sociedad española que incitaría a los partidos a aventurarse en esta grieta de consecuencias incalculables. Evidentemente esta situación no favorecería la estabilidad política de España. El pueblo español no es nacionalista, pero sí propenso a un patriotismo espasmódico.

Por una serie de razones, tanto la geografía como la psicología social, es decir, realidades de uno u otro género, naturales e históricas, nos dicen que sería notoria imprudencia dejar a España sin un encaje bien definido en Europa. Semejante expectativa evoca la imagen del viejo cañón suelto en la cubierta de la nave de madera y con el horizonte de tormenta. El cañón puede volverse loco.

Precisamente vivimos una época en la que la relación de fuerzas en el mapa mundial presenta ciertas sorpresas. En efecto, a primera vista parecería que en la era de la bomba nuclear y del armamento servido por la computadora, el dispositivo de los poderes militares y políticos del mundo estaría muy simplificado. Así, antes de la segunda guerra mundial, para no ir más lejos en el tiempo, había media docena de grandes potencias equipadas más o menos al mismo nivel técnico. Estas personificaciones políticas territoriales decidían la paz y la guerra. En la actualidad existen dos superpotencias con una acumulación de fuerza militar, cada una de ellas, superior a la suma de las trescientas naciones restantes. Parece que haría más cómodo el reinado de las supergrandes el hecho nuevo de los centenares de Estados soberanos de reciente acceso a la independencia prácticamente desprovistos de capacidad de decisión. Pues bien: las cosas en la realidad son muy diferentes. La rivalidad de las supergrandes ha neutralizado, en buena medida, su poder, y se las ve detenerse ante el desafío de un Estado acaso minúsculo, de hecho dependiente, falto de recursos económicos y técnicos para alternar en las relaciones internacionales. Nada hay de sorprendente en que estas potencias de dimensión continental abusen de su poder y, por ejemplo, ocupen el territorio de un tercero e intervengan en su política interna. Esta conducta será tan condenable como se quiera, pero no deja de ser natural y acorde con los precedentes históricos. Nos parece más sugestivo y digno de atención lo contrario: que alguna de estas potencias fracase ante la resistencia de un pueblo del llamado tercer mundo y una y otra se vean contrariadas, no sólo condicionadas, por la voluntad de los pequeños o pequeñísimos. Resulta que potencias menores, alguna dotada de un alto nivel cultural y técnico, como ese fenómeno atípico y sorprendente, realmente innovador, que es Israel y otras en una fase asimismo atípica, pero no avanzada, de incorporación a la modernidad occidental, como Vietnam, ejercen o han ejercido una influencia desproporcionada en la peripecia histórica de estos días. El mundo en que vivimos es más enigmático y más insólito de lo que pudiera creerse.

Así, resulta que los pequeños son hoy, contrariamente a lo que cabría esperar, más bien grandes, quiere decirse, determinantes de los acontecimientos, incluso a escala mundial. La escala mundial es consecuencia de que el planeta se ha encogido y se ha puesto al alcance de las armas cortas. A propósito de armas, cierto que la técnica ha dotado a los grandes de ingenios de destrucción apocalípticos, pero al mismo tiempo fue generosa también con los pequeños y los pobres al ofrecerles armas portátiles ligeras de una eficacia real, considerada la dificultad que presenta el empleo de los explosivos nucleares, superior a la de los armamentos derivados de la desintegración del átomo. El hecho es que nunca fue tan eficaz la guerrilla. Efectivamente, la guerrilla ha encontrado un auxiliar decisivo en la electrónica y la facilidad de comunicación que permite coordinar los movimientos de pequeñas unidades de combate dispersas.

No, no nos apartamos de nuestro tema. Estamos en él. Estos datos se relacionan con nuestras actuales preocupaciones. Lo veremos un poco más adelante.

Ciertas gentes parecen no haber aprendido nada de la clamorosa lección de Dien Bien Phu, que no fue una derrota colonial típica, sino otra cosa nueva.[2] También fue cosa nueva la desventura norteamericana en el mismo teatro militar. Las armas colosales no implican, sin más, poderío militar incontrastable, porque su mismo poder de destrucción inhibe la posibilidad efectiva de emplearlas.

Éste es un mundo muy complicado, lleno de emboscadas, donde caen quienes tienen la pretensión de dominarlo. Nunca fueron tan imprevisibles las consecuencias de actos y movimientos aparentemente mínimos. Por ejemplo: ¿quién hubiera imaginado las consecuencias de la declaración de lord Balfour? Un político británico, acosado por los apremios de la primera guerra mundial, para atraerse el apoyo de los judíos, formula una declaración, es decir, ensarta unas palabras en un documento, por lo demás, palabras ambiguas y cargadas de ocultas reservas. Se trataba de dar satisfacción a los judíos, pero sin soliviantar la ira de los árabes, aunque tampoco lord Balfour debía conceder demasiada importancia a los árabes, y así transparecen en el documento los pérfidos burladeros diplomáticos para escapar, llegado el caso, del compromiso. Sin embargo, este leve ruido verbal iba a provocar un terremoto histórico, unos cuantos años después, como el eco demorado que derrumba una montaña.[3] Las cuentas de lord Balfour salieron fallidas: los judíos resultaron ser un explosivo internacional formidable, y los árabes, entonces un mundo tribal en decadencia multisecular, fueron premiados por Alá con el petróleo y, de repente, sin que ellos hicieran nada, se volvieron ricos y temidos.

Entretanto, hemos asistido al prodigio de la emergencia de Israel desde el fondo de la historia, incluido un idioma que estaba muerto en tiempo de Jesucristo. Fue una materialización. Una tradición milenaria que flotaba dispersa entre las gentes —neuma, es decir, viento, oración,

2. «Allí, en aquel reducto deliberadamente escogido para atraer al enemigo y poder empeñar al fin una verdadera batalla ordenada, fuera de la jungla y de los pantanos, el ejército francés, con sus 17 batallones, sus 22 000 toneladas de material, su artillería pesada, sus tanques, sus 173 aviones de combate y sus 71 aviones de transporte, lo había perdido todo.» (Jean-J. Servan-Schreiber, *El desafío mundial*, p. 108, Plaza y Janés, Barcelona.

3. He aquí, para uso de curiosos, la declaración de lord Balfour: «El gobierno de Su Majestad considera con benevolencia la creación de una patria nacional judía en Palestina para el pueblo judío, y procurará apoyar el cumplimiento de este propósito con todas sus fuerzas siempre y cuando no resulte de ello perjuicio para los derechos civiles y religiosos de las colectividades no judías ya existentes en Palestina ni para los derechos y el estatuto político de los judíos de cualquier otro país.»

Y nada más. Bastaron estas palabras para desencadenar un rosario de conflictos y guerras sin contar las venideras. Por lo demás, pese a su benevolencia hacia «una patria nacional judía», los ingleses trataron de impedir la emigración israelí a Palestina y dieron el espectáculo insólito de barcos de emigrantes navegando de puerto en puerto sin que nadie los acogiera.

**La Comunidad Económica Europea es un patrimonio sin amo y los socios tiran cada cual
de su lado y saquean y cierran los ojos al saqueo, pues otro es el que paga.**
(En la foto, firma del Tratado de Roma con el que se instituye el Mercado Común, 1957.)

**Claudio Sánchez Albornoz repitió mil veces su metáfora de España escudo de Europa.
Es evidente. Pero nosotros añadiríamos que España ha sido, sigue siéndolo y lo será mañana,
según todos los indicios, porque no puede hacer otra cosa, el perro de guarda de Europa.**

poemas, música, gemidos— se concretó, se hizo materia, y se abrió un espacio en medio de gentes tal vez olvidadas de que aquella tradición había sido también la suya, y de otras venidas más tarde, pero asimismo arraigadas en la tierra, como propia. Era una de esas situaciones en que cada cual tiene su razón; quiere decirse, una situación trágica que se ventiló o trató de ventilarse como se suele en tales casos: la violencia, la guerra interminable, donde podían callar las armas, durante largas treguas, pero no calló nunca el odio.

Por cierto que la inagotable y versátil tontería humana sufrió uno de sus desmentidos más rotundos. Creía, como se cree en las falsas evidencias, que el pueblo judío carecía de virtudes militares y, en ocasión de este regreso a Sión —y aún antes, contra Hitler—, demostró que ninguna otra nación le igualaba en el ejercicio marcial moderno. Los franceses hicieron, a su vez, la experiencia de los vietnamitas, cuya aptitud militar sólo la utilizaron, en la primera guerra mundial, para recoger los cadáveres de los caídos en Verdún, porque los entonces llamados «anamitas» —se suponía— no eran buenos soldados, pero tenían una pituitaria heroica. Y en cuanto a los árabes, suscribieron entre ellos y con otros productores de petróleo un pacto colusorio para poner un nudo corredizo al cuello de Europa. Sorpresa tras sorpresa. ¿Quién hubiera imaginado un futuro tan desconcertante?

¿Qué enseñanza extraer de estos hechos y de otros no menos indóciles a la previsión? Habría que preguntárselo a Hércules. ¿A Hércules?... Al Hércules judío, llamado Sansón. Sansón está vivo. Ha emergido él también del pasado y de nuevo apoya sus poderosas espaldas en las columnas del templo de Dagón, las mismas que quebrantó en la cabeza de los filisteos (los filisteos eran un pueblo indoeuropeo establecido en Filesteina o Palestina: un dato simbólico...). Los mitos no son antiguallas inocuas. Apuntan hacia el futuro y en el futuro se realizan. Los mitos son profecías en clave. Ahí está el victorioso pueblo de Israel que —por cierto— no se envanece de su eficacia militar tanto como se envanecieron otros pueblos antiguos y modernos que también alcanzaron cotas excepcionales en este arte fatal. Y ahí está su Hércules legendario, Sansón. Y los filisteos. Israel-Hércules-Sansón es un factor de primer orden en toda razonable conjetura sobre la paz y sobre la guerra que pudiera ser mundial. Que la palabrería de lord Balfour haya tenido el mágico poder de arriesgar la existencia misma del mundo es un infausto prodigio que debiera hacernos pensar con humildad, sin autocomplacencia, en el deber elemental de no encender otros focos explosivos por nuestra arrogancia o nuestra desatención.

Y aquí volvemos al tema de nuestras reflexiones. Sucede, en efecto, que España habita a la sombra de otras columnas sansonianas, llamadas precisamente columnas de Hércules. Estas columnas se levantan en la angostura que cierra el mar Mediterráneo por Occidente y, de alguna manera, tienen una correspondencia con las del templo de Dagón. También estas otras columnas occidentales de un mar común a todos los Hércules pueden ser quebrantadas y derribadas.

Cuando la realidad nos desborda y en todo momento en que ansiemos conocerla, adivinarla, penetrarnos en ella, no sólo pensarla, hemos de recurrir a la poesía —y, por tanto, al mito poético— porque la poesía es un saber concreto, viviente, palpitante que afirma el misterio del ser, ese portento de que exista algo donde solamente debiera haber la nada.

El hacer uso del lenguaje concretista del mito no excluye la utilización del discurso racional, claro está. Por el contrario, hace a la razón más expresiva, más cálida, más eficaz y no tiene por qué ser menos exacta cuando la exactitud es posible. Y así nosotros pensamos que España puede, efectivamente, desequilibrar la relación de fuerzas en la Europa meridional. No, probablemente, en el sentido en que hicieron uso de este supuesto los gobernantes soviéticos. No, si relacionamos la situación previa al ingreso en la OTAN, dados los compromisos hispanoamericanos existentes, con la actual participación española en la alianza. No es eso. Se trata de algo menos definido, pero de sumo peligro. Aludimos a una situación en la que España perdiera su estabilidad o se viera, de algún modo, constreñida y forzada a entrar en un juego internacional aventurado. No se sabe lo que podría acontecer en la incertidumbre del cuadro estratégico. Sin duda, la prudencia debe aconsejarle a Europa no suscitar, en los dominios de este otro Hércules occidental, una situación confusa, inestable, so pretexto de mezquinos intereses y en obediencia a prejuicios y automatismos mentales que, por otra parte, son espectros nocturnos, casi siempre venidos del pasado.

5/¿Y qué hay de la democracia?

Se nos dirá: ¿y la democracia? ¿No vale nada la preservación de la democracia en España? Pues sí. Vale más y al tiempo vale menos de lo que suelen creer los demócratas españoles, si es que a estas alturas de los hechos les queda aún mucha ilusión respecto a la eficacia propiciatoria de la democracia en el mundo democrático.

Sin embargo, la democracia, en relación con los intereses mundiales —los de Occidente—, tiene más valor que en ningún momento del pasado, cuando la democracia venía a ser un privilegio de las potencias dominantes —casualmente, potencias colonizadoras— y por eso mismo no era un producto de exportación. Pero ahora la democracia interesa por una sencilla razón: porque es el ideal que las potencias occidentales pueden oponer al comunismo. Ya sé que los escépticos —hay un tipo de escépticos de pandereta que se cree muy listo— se reirán de estos juicios tachándolos de ingenuos o de serviles. No importa. Es la verdad. Un inventario de las fuerzas de toda índole —y todas ellas deben ser movilizadas— no puede desdeñar el ideal, las fuerzas morales que sirven de bandera a unos y a otros. Por otra parte, resulta que el ideal de la libertad política ha adquirido un brillo juvenil, es una moneda de buen metal a la que le imprimió un cuño fresco y reluciente el espectáculo de las tiranías que enarbolan una mística marxista fracasada, es decir, denunciada ante el tribunal de la realidad, incapaz de asegurar el pan y la libertad, ni siquiera el pan sin la libertad. La crisis del llamado socialismo real es un escándalo imposible de ocultar y, por contraste, presta un valor nuevo e inesperado al ideal de la democracia. Se entiende, por supuesto, que se trata de la democracia liberal. En estas circunstancias se ha hecho del obvio descubrimiento de que la democracia en la libertad política o más bien la libertad política en la democracia es el hallazgo más original y admirable que haya creado el pensamiento jurídico. Los griegos no conocieron, aunque presintieron, el Estado que autolimita sus poderes y respeta la esfera personal de los individuos. Antígona clamaba por esta referencia a los dioses (a las instituciones no existentes en Grecia con la misión de proteger la libertad religiosa frente a los poderes del rey y de los ciudadanos de Tebas). Pues bien: hace sólo unos cuantos decenios, aunque las potencias que ya se titulaban democráticas solían invocar esta suerte de valores y no sin frutos sustanciales, sólo lo hacían en el trance apurado de la guerra (por ejemplo, frente a los imperios centrales, en la primera guerra mundial, frente al fascismo y al nazismo de Mussolini y Hitler, sobre todo de Hitler, en la segunda). Pasado el trance de peligro, desmovilizaban a la democracia y la ponían en su lugar descanso o la ponían primero en su lugar descanso y luego la desmovilizaban. Hoy no. Serían completamente estúpidas las democracias —que no son únicamente democracias sino otras cosas más y no todas buenas, naturalmente— si, por cinismo o por pereza, renunciaran a esta joven arma moral y espiritual o la dejaran perder crédito y prestigio. La democracia —¿quién lo duda?— tiene valor en el sentido moral o elevado de la palabra, pero también en el sentido en que el concepto de valor se aplica a cosas poderosas y materiales, como las armas o el dinero. Y la democracia española participa de esta apreciación de la libertad política y de la democracia, pues si llegara a eclipsarse produciría un vacío de consecuencias probablemente graves en las actuales circunstancias del mundo.

Por tanto, concluimos que la democracia española, que actualmente es una pieza de la OTAN (con Franco también la Unión Soviética vivía mejor), vale más de lo que suelen suponer muchos españoles. Pero también vale menos de lo que sopesan los partidos políticos de izquierda, quiere decirse, la cotización de la democracia española más allá de las fronteras. Vale menos y no vale menos. Conserva todo su valor objetivo, pero en determinado momento puede caer su precio en los mercados, ante ciertos apremios perentorios o por efecto de la mera estupidez humana en una coyuntura determinada. Los demócratas españoles suelen tener mala memoria. Si tuvieran buena memoria recordarían que el franquismo era más bien cómodo para esgrimir un pretexto útil, a fin de no tener que enfrentarse con problemas como la pretensión española de ingresar en el Mercado Común Europeo. Cuanto más gordo es el egoísmo, más leves y mezquinas son sus razones.

Si volvemos la vista a Francia —y que me perdone, pero no hay más remedio, porque ella condiciona el futuro de España más que cualquier otra nación europea—, la cuestión se hace meridiana: la democracia española sólo es incondicionalmente deseada y alentada por nuestra vecina cuando no hay democracia en España y mejor aún si no se vislumbra su advenimiento. Este hecho es compatible con la efusión idealista y sincera de un sector de la intelectualidad francesa; en cuanto al pueblo pueblo, lamentamos tener que pensar —aleccionados por la experiencia personal— en una situación paradójica, pues hay en Francia vastos sectores populares, en sus clases medias bajas, en el campesinado y en menor proporción en el proletariado urbano que son claramente hostiles a España y nada o poco afectos a la democracia española.

No es mera coincidencia que los regímenes democráticos españoles hayan sufrido un trato desafecto en Europa y no siempre, aunque sí principalmente, por parte de nuestros inmediatos vecinos del Norte. Valgan lo que valgan, siempre habrá alguna amenidad en evocar estas vicisitudes de la democracia hispana. Por de pronto, es penoso y podría parecer reiterativo si no fuera obligado, el recuerdo de la segunda francesada, la de los cien mil hijos de San Luis, en 1823, para restaurar a Fernando VII en el trono absoluto. Pero escrúpulos de justicia nos imponen el deber de que el acuerdo de aquella intervención fue plural y en él participaron las diversas potencias de la Santa Alianza y no sólo el gobierno francés; pero la mayor culpa de aquella humillación infligida a una de las naciones más ilustres de Europa le corresponde a los sectarios españoles, enemigos de la Constitución. Por otra parte, es cierto que España, en 1820, además de haber llevado a cabo una revolución liberal con el metrónomo cambiado, es decir, a destiempo, como de costumbre, había puesto a la vista del potencial invasor su debilidad fundamental, muy tentadora para los intervencionistas reaccionarios del otro lado del Pirineo, deseosos de ganar prestigio, de recuperar una calificación militar honorable después de las últimas derrotas napoleónicas: la debilidad española, como en tantas otras ocasiones, era la escisión profunda de la sociedad española, tan abrupta y apasionada que las mismas guerrillas de la guerra de la independencia, a sólo quince años de distancia, luchaban ahora al lado del mismo invasor contra sus compatriotas liberales. También como en tantos otros momentos análogos del futuro, tal vez invocarían un fervor patriótico más ardiente que el de sus adversarios políticos a los que acusaban de haber tolerado un estado de desorden, barullo y algarada, en lo que no les faltaba razón, salvo en un punto en que nada de eso autoriza la sublevación contra la legalidad, ni la cohonesta, ni la justifica y menos aún el acto deshonroso de abrir las puertas al extranjero, las puertas de la patria. Otro episodio. El 11 de febrero de 1873 se proclamó la república en España. Esta conversión española a la democracia republicana no aplacó la insurrección, también democrática y también republicana, de los cubanos, lo que parece bastante razonable desde el punto de vista de unos insurrectos que luchaban por la independencia de su isla nativa adscrita a un continente todo él emancipado, salvo algunas colonias menores residuales. Tampoco inmutó la democracia española a la democracia «monroísta» norteamericana. En efecto, el 31 de octubre de aquel mismo año, el de 1873, a unos pocos meses de la proclamación de la república española, se produjo el incidente del *Virginius*, apresado por un buque de guerra español, con un cargamento de armas y un grupo de voluntarios cubanos, americanos o ingleses, claro está, materiales, y hombres —éstos, al parecer, con categoría de jefes—, destinados a reforzar la insurrección en Cuba. El capitán general fusiló a los prisioneros sin aguardar a que llegase la esperada conmutación de las penas de muerte, demorada a causa de una avería del telégrafo. Estuvo a punto de estallar la guerra con Estados Unidos. Parece que la afinidad ideológica, en este caso como en otros, no impidió el envenenamiento de un incidente, aunque no sabemos si contribuyó y en qué medida a evitar consecuencias mayores.

Donde aparece con más claridad la discordancia entre la conducta de los poderes políticos y la concordancia ideológica de las partes implicadas es en la actitud de los gobiernos de París en ocasión de las guerras carlistas. La contradicción, en este caso o casos, es más significativa a causa de su reiteración a distancia en el tiempo y con protagonistas diferentes. Y vamos al asunto. Los carlistas de la guerra de 1833-1840, la primera, como ahora los terroristas de ETA, entraban y salían de territorio francés con la tolerancia de las autoridades. Pero es más: gozaban de una benevolencia notoria de los regímenes políticos, concretamente, el de Luis Felipe por lo que se refiere a la primera guerra. Luis Felipe era un monarca liberal, si los ha habido, tan liberal que, en realidad, tampoco podía ser otra cosa. Y he aquí que Thiers, republicano, aunque moderadamente, cuarenta años después repite la misma política en la carlistada de 1872-1876. Más cerca de nosotros, tenemos la acogida que tuvo en Francia la segunda república española y el trato nada favorable, contra lo que suele decirse, del bando vencido en la guerra civil de 1936-1939, a pesar de que la derrota republicana implicaba una situación amenazadora, en cualquier caso no beneficiosa, para los intereses fundamentales de Francia como nación, ideologías aparte. Cierto que los partidos de izquierda y el proletariado industrial apoyaron apasionadamente a los republicanos españoles —estaba de por medio una «guerra de religión», es decir, ideológica universal—, pero la resultante de conjunto de la sociedad francesa, en aquel trance, fue adversa a la república española. La no intervención era favorable al bando franquista y a las potencias totalitarias del Eje Roma-Berlín y la tolerancia en el tránsito de armamentos destinados al gobierno de Valencia más que una facilidad de apoyo era un escandaloso negocio, con suministros interrumpidos mediante cortes del abastecimiento cuando el bando republicano obtenía alguna victoria y aperturas calculadas en ocasión de las derrotas. Sobre este punto tendremos que volver en algún otro pasaje de nuestro discurso.

Lo que ahora mismo acontece en relación con ETA no hace más que confirmar una constante política francesa respecto a España que, en definitiva y por encima de anécdotas variadas y contradicciones ideológicas, prevalece a lo largo de un siglo y medio.

Pues bien: más interés que estos episodios reviste un dato diferente y que ofrece aristas en algún aspecto y medida opuestas a lo que dichas anécdotas parecen enseñarnos. Pero no es así. Aludimos a que la última guerra civil, la de 1936-1939, librada como anticipo de la segunda guerra mundial, dado el enfrentamiento de las potencias totalitarias de derecha con las potencias occidentales aliadas de la Unión Soviética, levantó en el mundo una ola de formidable emoción. Puede afirmarse que España, en aquellos años, sangrante, arruinada, inmolada, gozó de un cálido estío. Luego vino el invierno. Pero aún queda alguna chispa en el rescoldo. ¿Por qué nos importa este vuelco afectivo hacia España? Nos importa porque pone de manifiesto que los prejuicios y las fijaciones de la afectividad de las gentes respecto a otros pueblos y naciones no son rocas inmutables ni mucho menos. Tienen, desde luego, una gran fijeza y pueden resistir a la realidad. Pero también son susceptibles, en determinadas circunstancias, de ser conmovidos, corroídos, destruidos, y en breve tiempo. Parece innecesario decir que no evocamos ningún trance catastrófico para provocar una conversión de las ideas y de los afectos, pues aun el amor a costa de una guerra civil resultaría demasiado caro. No es eso. Quede sólo la constancia de que los estados de opinión son mudables y más en una época donde es posible actuar racionalmente y con poderosos medios sobre las ideas y las fijaciones de la mente.

Debemos saber, porque es la verdad, que la imagen de España en el mundo es más bien desfavorable. Debemos saber, asimismo, que aparte un sentimiento difuso impropicio a España, muy natural por otra parte dadas las condiciones que caracterizan a este país nuestro, incluso a causa de sus notas más valiosas, de algunas de ellas, hay naciones que, con un motivo o el otro, nos son más bien hostiles (es significativo que las relaciones no sean satisfactorias con Francia, con Portugal y tampoco con Marruecos).

Pues bien: no entregaremos esta presa al pesimismo español. No tiene derecho a ella.

Por de pronto, la hostilidad ajena no ha impedido a otras naciones el desplegar sus fuerzas constructoras y creadoras para levantar la morada de sus gentes a la vista de los enemigos y presentar el rostro de una personificación colectiva estimada y respetada. El único enemigo invencible que tienen los pueblos —si no media el genocidio real— es la parálisis moral, la inhibición, el estiaje de la creatividad, el pesimismo de principio que vuelve contra la sociedad fuerzas precisamente muy dinámicas. La hostilidad exterior —salvado el caso de una destrucción efectiva que aquí no se plantea— no es un mal absoluto. Puede ser y debe ser un bien. Es un bien en cuanto sea recibido por el destinatario del ánimo inamistoso como un incitante, como un estímulo cáustico para un desmentido, en los hechos, contra los juicios adversos y la malquerencia activa. La buena respuesta es una voluntad leal de competencia, consistente en hacer, cada uno, sus cosas bien y trabajar con buen ánimo por encima de toda otra consideración, sin mirar arriba ni abajo, ni a derecha ni a izquierda.

Lo cierto es que aun los peores traumas, si no aniquilan, son superables. Por eso, los derrotados de la segunda guerra mundial, que parecían hundidos cuando menos para un siglo o tal vez para cualquier tiempo previsible, son hoy las comunidades nacionales más prósperas y respetadas en el mundo. Lo que necesita realmente España es querer. Estamos seguros, meditadamente seguros. Y, por de pronto, el destierro del pesimismo estéril. Todo lo demás, incluso la benevolencia ajena, en todo caso, la benevolencia real, práctica o necesaria, le será dado por añadidura.

CAPÍTULO II

Las escarpadas veredas de la soledad

1/Quedar fuera de la Europa comunitaria no sería una calamidad ● 2/Sin embargo, dentro o fuera de las instituciones europeas, España no puede prescindir de Europa; pero si nos cierran la puerta, podemos entrar por las ventanas. La máquina de apalear. El perro de guarda que aúlla en la noche helada

1/Quedar fuera de la Europa comunitaria no sería una calamidad

El capítulo anterior y primero de este libro puede haber dejado flotando en el ánimo del lector la imagen mustia del muchacho a quien sus compañeros han excluido del juego.

¿Preocupación por el futuro económico y político del país? Naturalmente. Pero también y más que nada, la amenaza de una herida moral.

En rigor y a pesar del clima patético que se ha creado en torno al asunto, el ingreso o no ingreso en el Mercado Común no es, para España, al menos en el plano económico, cosa de vida o muerte. España podría haber elegido, sin incurrir en una opción insensata, el mantenerse fuera de la Comunidad europea y, en tal supuesto, estaríamos en situación análoga a la de Suecia, Suiza y Noruega, que no son precisamente mala compañía. Suecia y Suiza han adoptado esta resolución porque se sienten fuertes en la ausencia de compromisos que limiten su libertad y en la fidelidad a su tradición de potencias neutrales. El caso de Noruega es diferente y de gran interés. Se negó a entrar en el altivo recinto carolingio para no compartir con los comunitarios sus valiosos recursos naturales, el petróleo del mar del Norte y la pesca. España no es dueña de riquezas naturales dignas de ser codiciadas; así, pues, si se hubiera decidido a permanecer fuera de la Comunidad, sería para conservar, pura y simplemente, al precio que fuese y con los riesgos consiguientes, una libertad ascética. Pues aun así, no habría incurrido en insensatez —la cuestión es opinable— y no habría daño moral. Lo malo es que España ha hecho la peregrinación a los santos lugares del europeísmo con más devoción que nadie —la devoción del neófito enfervorecido pero inseguro—, y se adelantó a ganar las indulgencias de la OTAN. Con esto no critico esas decisiones: creo que no podía hacer otra cosa a menos de haber cambiado de temple, a menos de convertirse en lo que debe ser y aún no es, una colectividad capaz de pagar el coste de una vigorosa confianza en sí misma. El hecho es que la exclusión del peregrino en tales condiciones sería un golpe desmoralizador para muchos ya propensos a refugiarse en el desánimo y en un nihilismo en cierto modo hedonista. Por lo demás, no se puede negar que la situación sería más bien lúgubre, sobre todo si, como podría suceder, fuese España el único candidato amparado por el Tratado de Roma que resultase excluido, aunque abundasen las discretas razones o los indiscretos pretextos para justificar el hecho.

No creo que los efectos materiales o económicos tuviesen que ser muy graves. Pero, sí, insisto, los efectos morales o sicológicos. Es verdad que también son europeos —además de los que voluntariamente se han negado a ingresar en la Comunidad y los que tienen compromisos internacionales que se lo impiden (caso de Austria)— los países del Este que forman la ronda sideral del gran Saturno del socialismo «real»; pero estas naciones no han pedido entrar en el reducto carolingio de Bruselas. Por tanto, pueden achacar su no participación en el Mercado Común a la incompatibilidad ideológica o, en último extremo, si admiten que en realidad el impedimento consiste en el veto de Moscú, cabe que culpen a una fatalidad geográfica.

Y ahora volvamos sobre la materia económica. ¿Cómo viviría España fuera de la Comunidad? ¿Cómo haría para continuar en Europa —esto es un postulado necesario— y soportar o vencer los obstáculos legales de la Comunidad? Está claro que España se vería obligada a negociar, desde su condición de potencia algo menos que mediana con diez u once, algunas de magnitud más que mediana, y todas formando un grupo de un peso comparable al de los supergrandes. No sería cómodo. Pero un grupo no es tan fuerte como la suma de sus componentes, ni mucho menos. El grupo implica inevitables contradicciones, intereses divergentes y, a veces, encontrados. Esto por un lado. Por otro, está el hecho de que la Comunidad es mucho más vulnerable e imperfecta de lo que se supone y de lo que puede pensar un postulante que se acerca a ella y a los altos muros de su castillo en solitario. La Comunidad padece ciertas lacras constitucionales que pueden desintegrarla, y a no tardar. La crisis económica es un clima muy insano para esta suerte de asociaciones supranacionales. Más aún: la Comunidad nació tarada por las mismas fuerzas económicas que la hicieron posible. En otro lugar ya dijimos que la Comunidad no es un modelo de competencia irrestricta. Así, ciertos grupos de presión —de que son ejemplo los agricultores franceses, especialmente escandalosos— se resisten a aceptar las reglas del juego comunitario cuando no les conviene. Si la crisis se agudiza, el espasmo demencial puede propagarse a otros sectores más racionales por el momento.

A este respecto, Francia es un eslabón débil en el orden económico y muy fuerte en el plano político. Una contradicción particularmente explosiva. No olvidemos que en la crisis de los años treinta fue Francia la inventora de los contingentes cuantitativos de tan funestas consecuencias para todos. Por cierto que, en la crisis actual, ha actuado, de factor expansivo, el comercio internacional. El comercio tiene la decisiva ventaja, sobre cualquier otro sector, de que enriquece a quien vende y a quien compra a una velocidad insólita. Frenar el intercambio internacional, que aún es cuantioso, produciría un desastre catastrófico, pues incrementaría la crisis como si sembraran el organismo internacional con ácido prúsico. Es decir, paralizarían su funcionamiento. Y, sin embargo, vemos que hay gente estúpida que juega a provocar semejante calamidad universal. Que estos amagos mortales se produzcan, precisamente, en los intercambios comunitarios, es un signo escalofriante.

Con todo, debemos insistir en que a España le convendría entrar en el Mercado Común, precisamente por lo poco que éste tiene de mercado. España sufre de debilidades que le convendría compensar o atenuar en un colectivo donde reina un tempero más bien suave. Es el caso de la

Comunidad, con su tarifa exterior y, sobre todo, con los artilugios interiores para atenuar la competencia.

Y sin embargo, aquí, en España, hay no pocos temores a la prueba que implica el desarme arancelario y el cumplimiento de las demás reglas comunitarias, entre ellas el impuesto sobre el valor añadido, que tiende a clarificar la devolución de los gravámenes fiscales indirectos en las exportaciones. Fuera de España nos previenen algunos amigos contra las «duras» adaptaciones que será preciso llevar a cabo para convivir con los «temibles competidores» (sic) de la Comunidad. Hay algo de verdad en esas advertencias. Pero no mucha. La verdad es que la Organización de Bruselas fue concebida para una lidia de toros embolados, sin suerte de matar.

Si se me permite, aportaré aquí una anécdota personal. En mi condición de técnico comercial del Estado hube de asistir a una asamblea en la que participaban funcionarios de los Estados miembros de la Comunidad y de España. Alemania estaba entonces en la feliz primavera de la economía de mercado y de la libre competencia, y destacó en Madrid al doctor Gunther, director de la Oficina de Cárteles de Berlín, a mi modo de entender —y al de otros muchos— el hombre más capacitado de Europa en materia de competencia, hasta que se jubiló no hace muchos años. Por lo demás, Alemania es la nación europea que tomó más en serio la ortodoxia del mercado libre, aunque —una paradoja muy alemana— el credo liberal le había sido impuesto por los vencedores de la segunda guerra mundial, pues Alemania, además de la economía rígidamente intervenida y corporativa del nacionalsocialismo, arrastraba de antiguo una tradición cartelística muy peculiar, entre otros motivos, a causa de las relaciones del estado mayor imperial con la gran industria alemana.

Pues bien: el doctor Gunther habló de ciertos pecados, por lo demás muy ostensibles, de la economía europea con sus acuerdos restrictivos de la competencia. Entonces yo, el más modesto de los asistentes a la reunión, tuve la impertinencia de insinuar al doctor Gunther, amistosamente, que podía incurrir en ingratitud al formular esos reproches al empresariado europeo, pues si no hubiera existido y no se hubiera mantenido después del Tratado de Roma el complejo tejido de la cartelización de Europa por encima de fronteras, el Mercado Común no hubiera nacido. Bueno, lo que hay en esto de más reprobable es una cuestión de trastrueque verbal, pues el Mercado Común tiene poco de mercado y menos de común: siguen existiendo los mercados nacionales más o menos con abrigo y bufanda para andar por casa. También estuve en Italia por los años sesenta cuando la economía italiana se esponjaba gozosamente en el nuevo espacio comercial de la Comunidad. Tenía la misión de comprobar sobre el terreno si la industria italiana, con algunos sectores no competitivos frente a alguno de los campeones de la organización comunitaria, había sufrido mucho del aire libre europeo. Nadie me señaló ni un solo caso mortal. Casi todas las empresas, incluso las pequeñas —que en todas partes son la gran mayoría—, habían prosperado.

En cuanto a mi experiencia personal de la agresividad europea en la gran industria —evidentemente una experiencia limitada, es verdad—, he visto que los casos más o menos dramáticos fueron de breve duración y se han dado cuando alguien se metía en el juego de intruso, sin antecedentes de buena familia, y adoptaba aires de matón. Pongamos, como ejemplo, una fábrica italiana de sosa cáustica (actualmente es un subproducto, por así decirlo, de la gama del cloro) que decidió bombardear desconsideradamente a las demás industrias europeas del ramo. Le respondieron con remesas a bajo precio, hacia Italia, desde Alemania y desde otros socios de la Comunidad. Aquella *gens italica* que, al parecer, no pertenecía a los grupos industriales decentes, con tradición, invadió también terceros mercados, entre ellos España, en perjuicio de una industria multinacional aquí establecida de antiguo, con nombres conocidos, emparentados con la mejor sociedad. En un sitio y en otro todo se arregló con discreción y sentido común. Lo normal es que las empresas europeas, con Comunidad y sin ella, se repartan los mercados y los conflictos serios se cuentan por los dedos de una mano, aunque algunos existen y se han producido, generalmente sin mayores efectos. Así se explican anomalías que no debieran darse en un verdadero mercado común, con fuertes diferencias de precios de un país a otro en productos que, por no ser de marca, susceptibles de manipulación mediante la publicidad, y al operar entre empresas, no es lógico que registren esas desviaciones. Europa y, en parte también, el mundo están bajo la sombra «benévola» de un tejido de acuerdos y de prácticas cuyo objeto es restringir la competencia y evitar que los valerosos paladines se destrocen entre sí. Observé un hecho también curioso cuando una fábrica química española —química pesada—, en un momento de aprieto o por lo que fuese, llevó a cabo una remesa en un mercado que nunca frecuentara: creo que era el mercado holandés. Provocó un escándalo y una reacción airada de sus colegas europeos. Naturalmente, hubo pronto arreglo con arrepentimiento y propósito de la enmienda.

Claro que la realidad es siempre complicada y contradictoria y no sería difícil aportar otras anécdotas susceptibles de ser interpretadas como expresión de un clima competitivo más crudo en la CEE. Por otra parte, las cosas pueden tener un rostro más fosco ahora, en las duras condiciones de la crisis económica. La gente rica de otros tiempos solía refugiarse en sus castillos en épocas de epidemia y clavaba las ventanas para que no entrasen los «miasmas». También sucede que cuando los tigres tienen hambre salen a cazar en el borde de las aldeas indias y se llevan una cabra e incluso una lavandera. Acaso nuestros tigres comunitarios recobren su ferocidad natural en ocasión de que las débiles mujeres hispanas salgan fuera a lavar la ropa. Una vez más nos habría tocado a los españoles llegar al Edén tarde, es decir, no antes, sino después del pecado original. Puede ser.

Sólo podemos decir que hasta hoy la Comunidad no ha sido una selva implacable. Todo lo contrario. Su virtualidad real consistió en ofrecer a todos los miembros de la organización un espacio más amplio que el mercado nacional para mejorar las economías de escala y elevar la productividad en beneficio de un mutuo desarrollo. Nadie pensó —e hicieron muy bien— en un campo de Marte. El resultado fue bueno. Provocó en los empresarios una emulación con negocios planeados, según una expresión muy repetida, a «escala europea», con «calidades europeas», lo que no implicaba necesariamente la desaparición de las empresas menos competitivas y, en todo caso, si hubo desaparición, fue por muerte natural, no brusca y cruel, como a veces se imaginan sádicos o timoratos y algu-

La derrota de España frente a Estados Unidos en 1898 fue sentida como un insólito desastre, como una vergüenza nacional que ningún otro Estado europeo hubiera sufrido. Hechos futuros demostrarían que no era para tanto. (En la foto, el crucero «Oquendo» después del combate con la escuadra norteamericana, julio de 1898.)

nos otros interesados que, desde el extranjero, se empeñan en vendernos el miedo como si fuera un favor de amigo.

La verdad es otra y quizá en ciertos aspectos peor, pero diferente. En los tiempos que corren y en los que se avecinan, todo el mundo ha de pasarlo mal, dentro de la Comunidad y fuera de ella (sólo cabe esperar que cuando estas líneas lleguen a su destino natural haya cambiado el panorama, lo que tampoco es imposible). Entretanto, dentro o fuera, los mejor parados serán quienes tengan la inspiración y la resolución necesarias para apuntar más allá de los restringidos horizontes comunitarios de ayer y de hoy. Lo que realmente se necesita, en una perspectiva de alcance mayor que las ambiciones cautelosas de la CEE, es un esfuerzo tecnológico y un profundo cambio de mentalidad, con la vista levantada a una era postindustrial, lo que implicaría, en lo que atañe a la Organización de Bruselas, deslastrarse de sectores e intereses costosos e improductivos y orientar la inversión hacia los proyectos más avanzados. Y fuera de la misma organización será lo mismo, *mutatis mutandi*, en la medida de las fuerzas de cada cual. El proteccionismo irrestricto, es decir, no selectivo que se practica en la Comunidad es más funesto aún para ella que para sus víctimas. La CEE, con su proteccionismo de los sectores primarios y de las industrias de semimanufacturados, se parece a un banquero que se dedicase a hacer trabajos de escribiente.

2/España, dentro o fuera de las instituciones europeas, no puede prescindir de Europa

Algo hemos dicho antes de la conmoción moral que puede desencadenar en España la exclusión de este país de la CEE. También hemos aludido, en términos muy generales, a la hipótesis de la puerta cerrada en el orden económico. Pero ahora nos interesa detenernos un poco más en este aspecto de la cuestión.

Intentaremos imaginar lo que será de hecho la situación de una España que permaneciese ajena a la Comunidad.

Por de pronto será preciso recordar, aunque se trata de algo que está ahí a la vista de todos, que aún subsiste en Europa otra organización además del grupo de Bruselas. Nos referimos a la EFTA, a la que pertenece España, juntamente con Suecia, Suiza, Noruega y Portugal. No se habla de la EFTA desde que la abandonó Gran Bretaña, que fue su promotora y su socio más importante. Claro está que la EFTA no es un sustituto de la Comunidad, pero constituye, en todo caso, una organización institucionalizada de régimen preferencial en el intercambio que mantendría un vínculo con las naciones europeas que no pertenecen al Club de Bruselas.

Pero no es posible disimular el hecho de que la comunidad es un factor de mucho peso en la economía española. Baste decir que alrededor del 50 % de toda la exportación española va a los países comunitarios. Es un dato que quizá parezca alarmante y lo es. Sin embargo, si nos atenemos a la realidad tal cual, el panorama ofrece aspectos no tan adversos como parece. Sucede en esto como en las largas noches de cavilación y de tristeza que suelen despejar sus negruras con la luz del sol.

Pero aún hay más: como sabemos muy bien, España no dispone de caladeros de pesca. Ha sido pionera en el Gran Sol y en otros bancos pesqueros europeos. La extensión a las doscientas millas, junto con la cesión del Sahara, dejó a España sin sus pesquerías exteriores tradicionales. Así, la Comunidad es uno de los afortunados poseedores de caladeros con cuya benevolencia se ha de contar. La única contrapartida que España puede ofrecer y ofrece a los países dueños de caladeros y a la Comunidad es la concesión de facilidades para comprarles parte del pescado a causa de la fuerte demanda de nuestro mercado interior. Este factor jugaría —de quedar España fuera de la CEE— como está jugando ahora en las negociaciones pesqueras, si bien con una nota negativa cuya influencia no estamos en condiciones de estimar: la de haber dejado de ser España nación candidata a la Organización de Bruselas.

De cualquier modo, hay un plano firme de apoyo y es el interés natural de los países comunitarios en no provocar la ruptura con un cliente, entre otros pero al fin, no despreciable. Lo más probable es que se mantuviesen los intercambios aproximadamente en las condiciones actuales, incluso con posibilidades de mejora si el gobierno maneja con habilidad la ausencia de compromisos económicos y políticos. El permanecer fuera de la Comunidad tiene obvios inconvenientes, pero también ventajas susceptibles de ser utilizadas.

Entretanto, los intereses privados, españoles y comunitarios, se ocuparían de hacer lo necesario y lo posible para evitar una ruptura que a nadie conviene e incluso para incrementar los intercambios de mercancías y de servicios, así como, verosímilmente, las inversiones y los flujos financieros.

Hasta aquí hemos intentado situar las cosas en las condiciones de partida, es decir, a un nivel igual al resultante de continuar las actuales relaciones como país tercero. Pero hemos dicho que esto no bastaría. Sería preciso ganar posiciones dentro de la organización. Para conseguir este objetivo lo primero y esencial sería no imitar las lacras y debilidades de la Comunidad. A menudo leemos declaraciones y manifestaciones de sectores o intereses que aspiran a ampararse en los modelos de política económica de la Organización de Bruselas. Es un error o sería un error si no se tratara, como sucede a menudo, de la caza furtiva de subidas de precios injustificadas y de la adopción de artilugios restrictivos de la competencia, o de la petición de privilegios especiales. Para vencer a la Comunidad, para abordarla desde fuera, sería menester no parecerse a ella en lo que tiene de negativo. Sí, claro, en lo que tiene de positivo. Así, la política agrícola comunitaria es un tumor galopante muy tóxico y devorador. La agricultura debe ser reconducida a un modelo más parecido al de una economía de mercado, con las adaptaciones indispensables a las características de un sector que carece de la flexibilidad de los demás sectores.[1] La producción demencial de excedentes no es cosa que deba imitarse ni tampoco la corrupción inaudita que es la consecuencia inevitable de la política agrícola comunitaria. Del mismo modo no debe

1. Aun con el riesgo de que se me reproche, he de citarme a mí mismo en lo que se refiere al tratamiento de la agricultura. Hago referencia, en efecto, a *Los mitos agrarios*, Alvaro Fernández Suárez. Edición Postalx, Camichi, 19, Madrid-25. Se trata de un intento de podar la fronda viciosa que sofoca la verdad del sector agrícola y proponer medidas racionales para superar las condiciones de una política dictada por el grupo de presión que gobierna este sector.

imitarse un proteccionismo universal que alcanza a los sectores primarios, sin un criterio de selectividad razonable, lo que comporta la desprotección de los sectores más avanzados.

Parece ocioso o innecesario volver sobre ideas ya esbozadas o al menos aludidas en otros lugares. Sin embargo, queremos insistir en la impotencia de la Comunidad para integrar las contradicciones de sus miembros, a fin de subordinarlas al interés superior del grupo. Esto mismo sucede, claro está, en los Estados nacionales, especialmente a causa de la presión de los intereses fraccionarios. Pero en la CEE, el fenómeno es incomparablemente más incidente, pues no dispone de un poder político propio, aunque exista en la organización un esbozo de aparato investido de autoridad. La ausencia de una fuerte administración comunitaria favorece la corrupción que corroe al organismo.

Lo que hace la Comunidad es acumular las pretensiones de sus miembros, sumarlas, sin someterlas a un proceso de integración como, más o menos, aunque siempre con insuficiente eficacia, se haría en un Estado soberano. Cada miembro de la Comunidad aporta su problema y es preciso darle satisfacción para que, a su vez, este socio apoye las pretensiones de los demás. El resultado de esta política puede acabar con la Comunidad, hacerla no competitiva e inviable. Signos de esta posibilidad se advierten en el justificado descontento de Gran Bretaña y de Alemania.

El ejemplo clamoroso de los vicios comunitarios, aunque no sea el único, lo encontramos en la política agrícola de la comunidad. El mecanismo de los derechos móviles y los reglamentos de mercado viene a ser un proteccionismo sin competencia dentro de ciertos precios reguladores. Es decir, que el mercado comunitario sólo se abre a los terceros cuando la Comunidad no lo abastece. Así se produce el famoso Himalaya de la mantequilla, cuyos excedentes no impiden demandas constantes de nuevas alzas del precio, siempre muy por encima de los del mercado internacional. ¿Adónde se llegará con estas prácticas tumorales?

Si España llegara a establecer una política agrícola sana, ganaría por esto sólo una gran ventaja sobre la Comunidad. No porque facilitase las exportaciones del sector, sino, más bien, porque una fuerte agricultura, con precios razonables, por debajo de los comunitarios, haría más competitivos a los demás sectores, pues los alimentos funcionan como un *input* general. La agricultura no tiene por qué ser un sector a remolque con una vocación contumaz de convertirse en un parásito, viviendo de exenciones fiscales, incluso del fraude fiscal, como la venta a los camioneros del fuel oil desgravado para tractores, de subvenciones, de exención del pago de las cuotas de la seguridad social, y con todo eso, incapaz de elevar su nivel de renta. La agricultura tiene que producir como ya lo hace y mucho más y concurrir al mercado y obtener beneficios y capitalizar el sector fuertemente. Claro que todo eso requiere reformas de estructura y para eso debe recabar cuantas ayudas sean necesarias y deben dársele esas ayudas, no para llevar una vida lánguida, recargada de personal, que es la causa de su baja renta por cabeza. Insistimos sobre este sector porque es el modelo comunitario de lo que no se debe imitar. Pero otros sectores pueden ser ejemplos análogos, en situación más o menos semejante; por ejemplo, la siderurgia de la comunidad, amparada por un artificio anticompetitivo que el honorable Club de Bruselas exhibe con admirable impudor.

No imitar a Europa sería, también, poner en su sitio a los grupos de presión. Los grupos de presión falsean y distorsionan la política económica de los Estados. En España, lo mismo que en otras naciones. Y aún más. Así pues, en la lucha contra los grupos de presión, este país no sólo trataría de no imitar a la Comunidad, sino, también, de no imitarse a sí mismo. Es decir, trataría de reformarse. No es fácil. Pero es así.

Se supone que el poder de los grupos de presión les viene de que acumulan grandes riquezas y la fuerza consiguiente. No es tan verdad como parece. Lo que acumulan los grupos de presión es voluntad, voluntad concentrada en conseguir objetivos muy concretos, precios altos, subvenciones, protección arancelaria no justificada por el interés público ni siquiera por el del propio sector, considerado, desde un punto de vista lógico, de conveniencia real y a medio y largo plazo, restricciones y privilegios, anticompetencia, ventajas sobre otros sectores que se trata de explotar... En fin, todo eso y más. Del mismo modo que el grupo concentra la voluntad, concentra también la inteligencia y la atención en sus propósitos, en sus demandas que, a menudo, ni siquiera son las del sector mismo, sino de ciertos individuos que montan especulaciones basadas en la intimidación o la complicidad de los poderes públicos. No es tan verdad, insistimos, que sea el dinero el factor decisivo en cuanto a la fuerza del grupo de presión. No son todos, como ha propagado la literatura política al uso, banqueros y grandes industriales. Creo que los grupos de presión más eficaces como tales —no en otra cosa mejor— son los formados por una muchedumbre de pequeños partícipes manejados por una minoría de elementos de primera magnitud que, con el pretexto de proteger a su grey, la utilizan a modo de tropa menuda, de peonaje, para asaltar el tesoro público y los bolsillos del consumidor. ¿Qué interés tienen esas gentes en ayudar a su tropa? Con frecuencia se trata de alinear todos los precios del sector por el rasero de las pequeñas empresas improductivas. De este modo, los grandes, que son dueños de empresas mayores, mejor equipadas, con una productividad muy superior (en ciertos casos cinco veces, es decir, cinco veces menos de personal por referencia de producto), obtienen unos beneficios desaforados, incluso garantizados por la compra de los excedentes por el Estado, otras veces, no, pues deben concurrir al mercado, pero suele ser un mercado bastante seguro para que el negocio sea bueno y a cubierto de contingencias coyunturales. Es decir, que los grupos de presión peores —también hay en esto grados de perversidad— son aquellos que gozan de un mercado asegurado por la autoridad pública. En suma: los grupos de presión tienden a falsear la economía de mercado, a privarla de su virtualidad, de su eficacia como regulador automático del precio, de la calidad y de las inversiones. Pues bien: creo que los más dañinos de los grupos de presión son de composición mixta, multitudinaria y oligárquica. Disfrutan de una serie de ventajas de las que no es la menor la de explotar la «justicia» social, la igualdad de rentas, la protección de los pequeños —aunque sólo beneficia realmente a los grandes—, es decir, las corrientes emocionales de la época y otras más, la ventaja del número, la fuerza del voto en las democracias y la fuerza de la muchedumbre —nada desdeñable— en los regímenes autoritarios. En cambio, los grupos de presión formados por intereses mayores utilizan más frecuentemente la intriga secreta, la conexión con las administraciones públicas, y tienden, asimismo, a falsear el juego del mercado por vías más escondidas.

Por desgracia, los sindicatos de trabajadores se comportan como grupos de presión. Al igual que los otros grupos de presión, formados por empresarios, protestan por la subida de los precios y provocan consecuencias inflacionistas. Y esto suele deberse, en el caso de los sindicatos, sobre todo, porque traspasan, en sus reivindicaciones, el óptimo real de beneficio para el trabajador —es decir, el punto en el que el asalariado obtiene la más alta remuneración efectiva—, y eso lo hace el sindicato acuciado por el interés de los líderes de conservar y aumentar el poder sindical, que es el poder del propio líder.

La inevitable consecuencia de estas presiones es una dirección irracional del sistema económico. Normalmente se culpa de esta irracionalidad dilapidadora a los políticos y a los funcionarios, y con razón si se añade el detalle de que su pecado consiste, casi siempre, en ceder a las exigencias de los grupos de presión y de los pedigüeños airados.

Pues bien: la Comunidad de Bruselas, como los Estados soberanos, sufre de este desequilibrio irracional. Pero sufre más. En efecto, en las decisiones comunitarias falta la contrapresión ejercida por el interés nacional. El freno a la extorsión, en la Comunidad, lo aplican los otros Estados miembros a la vista de que uno de ellos o más de uno hace frente común con las demandas de elevación de los precios formulados por sectores nacionales del Estado en cuestión. Dicho de otro modo: los gobiernos que forman parte de la Comunidad apoyan a sus nacionales en peticiones que no habrían atendido en su país y de este modo tratan de endosar el coste a sus consocios. La elevación de precios, en vez de mejorar la estructura y la productividad del sector demandante, conduce a aumentar el proteccionismo comunitario frente a terceros en perjuicio de estos terceros, pero también de otros miembros de la Comunidad, que podrían aumentar los intercambios con el exterior en bien de todos. Así, la Comunidad propende a levantar sus barreras al nivel del proteccionismo de aquel de sus Estados que es más proteccionista. Otra consecuencia de gran importancia: la Comunidad es un caldo de cultivo ideal para la corrupción. No creo que haya habido nunca una organización más corrompida, y esto porque carece de una autoridad comunitaria que impida el fraude y los funcionarios que podrían reprimir el fraude dependen, en la práctica, no de la Comunidad —por lo demás, carente de «patriotismo» europeo—, sino de un Estado miembro propicio a dejar pasar ese fraude que a él le beneficia y el perjuicio va por cuenta de otro Estado miembro. En suma, la Comunidad es un patrimonio sin amo y los socios tiran cada cual por su lado y saquean y cierran los ojos al saqueo, pues otro es el que paga.

Países como Alemania se sienten como un pariente sano que debe cuidar y sufragar los gastos de sus consocios enfermos y dados al ocio y a la «mala vida». Todo esto debilita a la Comunidad y tiende a dislocarla. Lo sorprendente es que no se haya desintegrado. Veremos qué sucede en el futuro. Por el momento hay de cierto que los males y las tensiones consiguientes de la Comunidad no hacen más que acentuarse.

En esta perspectiva cabe considerar —nos referimos a un país como España— si conviene o no conviene ingresar en el recinto carolingio. Si España fuese una sociedad sin sus propias debilidades, el buen consejo sería no. Pero aun así habría que tener en cuenta factores políticos de primordial importancia. De cualquier modo, hay esto de cierto y seguro: que quedar fuera de la Comunidad de Bruselas no sería ninguna calamidad. Es una convicción firme. Y, desde luego, muy gustosos cambiaríamos la Comunidad por el aire libre, frío y tonificante, si el pueblo español se entregara, con decidida voluntad, al esfuerzo necesario para moverse no en la soledad —la soledad de una nación es muy funesta, sería la posición más infortunada—, no en la soledad sino en la libertad —la posible libertad—, que es otra cosa muy diferente.

Un detalle más: los grupos de presión no sólo en la Comunidad, sino en todos los Estados, en todas las naciones y administraciones, tienen su voz en la pedigüeñería. El hecho es más notorio en los grupos de presión gobernados por una oligarquía que echa por delante a una tropa de pequeñas empresas marginales. De este modo, el subgrupo oligárquico, con el pretexto demagógico de mantener en pie a los pequeños, se enriquece escandalosamente o puede enriquecerse con la diferencia de productividad y de costes entre los grandes y los pequeños. El rasero del precio protegido pasa por la empresa marginal, claro está, y así se crea un quiste de intereses, aunque dispares, tal vez contradictorios, aparecen firmemente trabados entre sí y con los partidos. Algo muy difícil de extirpar. Justamente a propósito del ingreso de España en la Comunidad se habla de reformar la agricultura comunitaria antes de concederle a España el arduo pasavante. Si para tan largo me lo fías... No parece razonable esperar que la Comunidad sea capaz de reformar una agricultura superprotegida que aspira al monopolio total de los mercados del grupo. ¿Para qué las reformas en esta situación privilegiada?

Pero volvamos al tema de los pedigüeños. En todo tiempo ha habido pretendientes y peticionarios que acuden a las administraciones en busca de un empleo o de ayuda o de justicia. Es natural y sólo cabe compadecer al que extenúa su paciencia en tales laberintos. Pero ahora todo es diferente. Hoy el solicitante pide en grupo y las administraciones no son tan menesterosas como en el pasado. Por lo demás, el Estado moderno ha asumido responsabilidades mucho más amplias que en otro tiempo.

Alto aquí. No más reflexiones austeras. Para darle un cauce risueño a la indignación que nos solivianta por causa de los grupos de presión y de la pedigüeñería —casi siempre acompañada de amenazas y de una palabra insolente, la palabra «exijo», «exigimos»—, nos da por soñar una fábula al estilo de las sátiras filosóficas y moralizantes del siglo XVIII, como la de Gulliver y sus viajes. Una manera de poner al día este género novelesco sería equipar nuestra fábula con el milagro de la electrónica. Si viviera hoy creo que utilizaría este recurso el genial cultivador de estas historias, Daniel Defoe.

Así, invito al lector a imaginar un país en el que cuando un solicitante se dirige al funcionario o al gobernante para pedirle —«exigirle»— que le dé dinero o haga en su beneficio tales o cuales cosas o tal vez que no haga las mismas cosas en favor de un prójimo, recibe la siguiente respuesta: «Está bien. Cuénteselo a la computadora, por favor.» El solicitante expone su asunto a la computadora, que le escucha con su paciencia mecánica y contrasta lo que oye con su enorme memoria. Si el pedigüeño resultare ser un embustero, si falseara los datos, si ocultara parte de la información, si la adulterase con la apariencia de la verdad, y, en fin, si al plantear su alegato se hubiera olvidado del interés público, la computadora, conectada con una máquina *ad hoc*, le administraría al sujeto una tanda automática de palos. Bastaría, para hacerse legítimo acreedor al varapalo, exponer el tema con impertinente consternación, como suelen hacerlo los interesados que tratan de conmover al personal y quienes describen en los periódicos y en los restantes medios de comunicación las miserias y penurias de la nación, casi siempre con un patetismo llorón y estéril.

Finalmente, para cerrar y completar esta consoladora utopía, los funcionarios y los gobernantes, si aspirasen a continuar funcionando y gobernando, todos los años, por Año Nuevo, harían confesión ante la computadora, de sus relaciones y tratos con los grupos de presión y con la pedigüeñería y, si lo hubieren merecido, recibirían su correspondiente rociada de palos.

Claro que esto es un sueño, una utopía. Desde luego. Pero es la utopía que mejor se ajusta a las necesidades de nuestra época, de nuestra sociedad infestada de parasitismo general. Ésta es una sociedad que parece destinada a morir, no de un bombardeo nuclear, como está, diríamos, previsto, sino como mueren las colmenas invadidas por abejas ladronas que un buen día deciden no hacer miel y dedicarse a robar la que elaboran sus congéneres laboriosas. Cuando las abejas, siendo como son de raza tan diligente, prueban la vida pirática, nunca más retornan al trabajo honrado, y los apicultores se ven en la necesidad de exterminarlas.

Utopías a un lado —¡no la verán nuestros ojos!—, con esto hemos dicho que la única respuesta posible, a una Europa impropicia —hipótesis que inspiró estas reflexiones, sugeridas por el espectáculo de aquel junio de 1980—, es la verdad y el trabajo. Trabajo y verdad sin que se eche mano de tal o cual pretexto o de tal o cual razón —quizá en otro caso válida— para eludir este mandamiento.

Pero la respuesta no sirve únicamente para el caso extremo de una España no admitida en Europa. La respuesta —verdad y trabajo— sería la misma, aunque España entre en·la Comunidad por la puerta grande. Debiera ser la misma, queremos decir. Ahora bien, no cabe duda que la exclusión de Bruselas sería un poderoso revulsivo capaz de arrancar un grito de la entraña de la nación; en cambio, todo sugiere que una acogida favorable por parte de la Comunidad difícilmente levantaría la borrasca de profundidad necesaria para provocar una conversión, una regeneración a partir del muermo hispánico que actualmente puebla las mentes de esta sociedad. Pero sea cual fuere el grado en que se produzca el cambio requerido por el *ethos* español, de cualquier modo, lo absolutamente indispensable será terminar con el pesimismo y con la manía de la denigración masoquista.

Europa puede ayudar a estos resultados de dos maneras: una, excluyendo a España; dos, admitiendo a España sin reservas, sin más condiciones que las previstas en el Tratado de Roma. En ambas hipótesis, aunque de manera distinta, España puede superar y debe superar el actual clima de pesimismo enfermizo para ponerse a trabajar con la misión de construir la Hispania IV que nos espera en el umbral de la historia. Porque —repetimos— el peligro no es que España sea desmembrada. El peligro es que España no llegue a existir.

Europa puede ayudar... ¿Pero qué le pasa a Europa en sus relaciones con España?

Suele decirse —con razón aunque, también, tal vez, con exceso— que España es Europa. Pero al pronunciar estas palabras estamos poniendo en duda su veracidad, pues si se tratara de algunas otras naciones sería una tautología innecesaria. Parece como si quisiéramos colar, sin prueba, la tesis de que España es Europa.

Pues bien: yo creo, seriamente, con la firmeza de una larga reflexión, no ya que España sea Europa, sino que es Europa con la fuerza de las opciones a vida o muerte. Era Europa, pero, además, eligió ser Europa. Sin embargo, la verdad nos obliga a reconocer que el querer ser no equivale a ser, sencillamente. El querer pudiera haber producido un cierto efecto deformante que, por otra parte, no afecta a la virtualidad del querer ser. Nos explicaremos.

La verdad es que España, al sufrir la acometida del islam, en el siglo VIII, optó por Europa, es decir, por el cristianismo y por Occidente desde la profundidad de los pueblos indígenas de la península, que, en aquel momento, muerta la Hispania I, romana, y rota por el impacto sarraceno la Hispania II, visigoda, por primera vez pueden hablar, los pueblos, sin intermediario, con su propio lenguaje. Es significativo que los pueblos peninsulares de estirpes célticas e ibéricas hiciesen suya la cultura grecolatina, romana, con matizaciones germánicas, en su expresión cristiana, lo que permitió incluir, en el conjunto, a los quistes no romanizados. La opción pudo haber sido otra y ninguna puede pretender ser la mejor, lo que no se sabrá hasta el fin del mundo. Por tanto, huelgan los pronunciamientos que expresan preferencias más o menos sentimentales o influidas por posiciones ideológicas. La historia es el pasado, fuera del alcance de las generaciones posteriores, y debe ser asumida y no suplantada.

El hecho es que la nación española se forjó a partir de aquella opción, en la que fueron factores decisivos precisamente los pueblos del Norte menos romanizados, una aparente paradoja que no es del caso analizar aquí. Es un dato importante que los Estados cristianos hubieron de importar, deliberadamente, cultura europea para reforzar sus propias posiciones culturales frente al islam. Incluso —esto por lo que se refiere a Castilla— se llegó a pagar en oro —aludo a los donativos de Alfonso VI al Cister— esta «importación» cultural. Es otro hecho: el ser de España, de la Hispania III, la del gran destino universal, transitó por el istmo de roca que suelda la península Ibérica al continente.

Claudio Sánchez Albornoz repitió mil veces su metáfora de España escudo de Europa. Es evidente. Pero nosotros añadiríamos que España ha sido, sigue siéndolo y lo será mañana, según todos los indicios, porque no puede hacer otra cosa, el perro de guarda de Europa. No puede hacer otra cosa, repetimos, si sopesamos todos los factores que entran en juego para conformar esta condición derivada de la geografía, de la geopolítica y de la historia.

España es un perro de guarda que aúlla en la noche helada para ahuyentar a los lobos, y cuando regresa con la aurora al hogar común de Europa se le reprocha que traiga el tufo lobuno en la pelambre.

CAPÍTULO III

La España del aislamiento

1/Soledad y aislamiento ● 2/Las anécdotas del aislamiento: desde la emancipación americana a la "marcha verde" ● 3/El planeta desconocido ● 4/La visión fatídica del mariscal Tito ● 5/Otra vez los sarracenos

1/Soledad y aislamiento

En el capítulo anterior hemos indagado en torno a una idea constante: la idea de la soledad. En este capítulo, tercero, lo que ocupa nuestra atención es el aislamiento.

Ambos conceptos, el de soledad y el de aislamiento, están emparentados. Sin embargo, difieren sustancialmente por el significado y por el campo de la realidad a que cada uno se aplica. «Soledad» es una palabra amplia, abierta, poética, de sentido indefinido. versátil y, sin embargo, con esa carga de materialidad concreta que lleva dentro lo poético; en cambio, el aislamiento, tal como aquí lo entendemos, se refiere a la esfera de la política, al trato entre naciones, Estados y gentes. La soledad arrastra una carga de emotividad y hay en ella una suerte de belleza de que carece el aislamiento.

Existen otras diferencias entre uno y otro concepto. La soledad deriva de una situación o es ella misma una situación que puede ser buscada, elegida por el sujeto, aunque también impuesta desde fuera por causas ajenas al solitario, el anacoreta, el que no tiene «cora», es decir, grupo social, el excluido porque él mismo se haya apartado o porque una sociedad lo expulsó y le cerró la puerta. El aislamiento, aunque haya sido rigurosamente condicionado desde el exterior, difiere de la soledad en que siempre hay en él una decisión del sujeto; responde a un querer del aislado, a una elección, por mucho que voluntades ajenas hayan podido constreñir al sujeto y aunque éste tal vez hubiera preferido no aislarse y si, a pesar de todo, se aísla es porque le conviene, acaso como mal menor o como respuesta emocional a la situación.

Hay muchas clases de aislamiento. Algunos aislamientos son calificados de «espléndidos». Otros se califican con algún adjetivo gris, oscuro y melancólico.

Los aislamientos espléndidos no rompen la comunicación con los demás Estados, con las demás gentes. Al contrario: en esta suerte de aislamiento la comunicación del aislado con sus congéneres, con otras sociedades, puede ser muy estrecha. Demasiado estrecha. Suele consistir, precisamente, en un abrazo, el abrazo del oso o el zarpazo del leopardo. En cambio, el aislamiento gris propende a la inhibición, practica la inhibición y consiste en un apartarse, en no tomar parte en el juego. Así pues, hay quien se aísla precisamente para tomar ventaja en los contactos, no para rehuirlos. Hay un aislamiento muy dinámico, viajero, móvil, abundante en movimientos e iniciativas. Hay otro aislamiento que se encastilla, pero aun en este recurso de encastillarse pueden intervenir causas muy variadas. Uno puede encastillarse para escapar de un enemigo que le supera en campo abierto; pero puede hacer otro lo mismo no para escapar del enemigo, sino para caer sobre él desde lo alto. O para robar a los viajeros que transiten por el valle. O para poner aduana y someter a los mercaderes a tributo de puerta o de puente. El castillo del aislamiento dinámico y agresivo está en un vado o domina un puente y desde la almena se acecha a los que cruzan el río y a los que transportan bienes codiciables por la corriente: ¡la corriente puede ser nada menos que el flujo de la historia!

Se llamó «espléndido» al aislamiento de Inglaterra que vigilaba y usufructuaba el tráfico encastillada en su insularidad y en una neutralidad de balancín, pronta a caer de un lado o del otro, para evitar que se rompiera el «espléndido» equilibrio continental. Estados Unidos también frecuentó esta actitud de aislarse en la reserva y la displicencia propia del virtuoso que desprecia a los pecadores y a sus grescas de gitanos. Pues bien: cuando a España le tocó aislarse, desde el Congreso de Viena (1815), se encontró con que todos los aislamientos «espléndidos» estaban ocupados o le venían demasiado grandes. Es indiscutible que España había infligido no pocos daños a Napoleón, pero la guerrilla no se cotizaba en Viena y nadie la despreciaba más que lord Wellington. Se sospechaba que la guerrilla ni siquiera era decente, impropia de caballeros y peligrosa para las cortes legítimas restauradas. El caso es que España hubo de aislarse con lo que había a mano. Había empezado la exclusión. Aun si le hubiera sido posible adoptar un aislamiento de salto, es decir, el que salta al camino o salta desde arriba sobre el caminante, bien estaría. Pero este aislamiento, modernizado, dignificado, empelucado, era a la sazón un monopolio del Reino Unido.

Mejor que abusar de definiciones y conceptos abstractos, nos proponemos ejemplarizar, en este capítulo, valiéndonos de episodios vivos —aunque sean la mayoría de ellos del pasado— que ilustran con imágenes y peripecias lo que ha sido el aislamiento de España y sus consecuencias.

Finalmente, del repaso de los hechos esperamos inferir un esbozo de lo que sería posible hacer en política internacional, dado un país que vivió cerca de dos siglos replegado sobre sí mismo, como si no le fuera ni le viniera el mundo. Pero no podía evitar que sus crisis internas llamasen la atención de quienes hacían o pretendían hacer la historia, y esas mismas potencias trataban de inmiscuirse en el recinto del asilado o aislado para sacarlo de su retiro y lanzarlo a la vorágine. España practicaba un aislamiento de gato escaldado, y los grandes decidieron más de una vez echarle los mastines. Estas vicisitudes del gato escaldado son, algunas veces, curiosas y aun sorprendentes. Otras veces, no. Pero siempre valen la pena de una mirada somera, a ver si se aprende algo o se divierte uno un poco. En ocasiones se trata de historias muy tristes. Por ejemplo, las anécdotas del aislamiento en relación con las feroces y estúpidas querellas intestinas que habían sustituido a las empresas militares españolas, también sangrientas y también extenuan-

En 1932 Salvador de Madariaga
y el presidente francés,
el radicalsocialista
Edouard Herriot, habían
llegado no se sabe bien
a qué esbozo de acuerdo
de alianza o de cooperación
entre sus dos países,
y Herriot tomó
el tren para Madrid.

Herriot, decepcionado,
agraviado, no les perdonó
a Azaña, a los
republicanos españoles
y a la República
el desaire de que había
sido objeto, pues hubo
de volver a París con las
manos vacías,
lo que afectó
a su posición política.

tes, de otros tiempos, pero al menos eran, naturalmente, aventuras en espacios exteriores.

El saldo del aislamiento no será fácil de establecer con validez para todos. Sin embargo, podemos llegar a una síntesis aceptable para unos y otros y, al menos, estaremos conformes en que el aislamiento haya podido ser confundido con una neutralidad razonable, aunque sean cosas diferentes el aislamiento y la neutralidad (se puede ser neutral y no estar aislado y estar aislado y no ser neutral). Pero, en fin, queríamos decir que España vio y era natural que viese en su aislamiento una cura de reposo, una convalecencia indefinida a fin de restaurar fuerzas. Para las potencias europeas, el aislamiento español resultaba cómodo a falta de cosa mejor, pues evitaba que un factor de dudoso efecto —esa gente rara que nunca se sabe qué es capaz de hacer— interviniese en el torvo equilibrio europeo.

2/Las anécdotas del aislamiento: desde la emancipación americana a la "marcha verde"

La España del siglo XIX, que se entrega al aislamiento, ha perdido la antigua integración de la Hispania III y falló, relativamente, en su incorporación a la modernidad. Por tanto, no se sentía fuerte ni mucho menos pletórica para proyectarse al exterior, y no sabía qué hacer consigo misma ni con los demás. Su destino natural en estos delicados juegos de las alianzas tenía que ser un papel secundario y, quizá peor, subordinado. De su gran pasado le quedaba el orgullo y un sentimiento de inferioridad. Por otra parte, habitaba una península prácticamente insular; de hecho formaba un archipiélago esta península muy cerrada por el istmo, con las islas adyacentes —las Baleares— y un sistema mediterráneo y atlántico con las islas Canarias y las posesiones del norte de África. Por otra parte, propendía a una economía autosuficiente (en los años veinte del siglo XX era una de las naciones más autosuficientes del mundo occidental y la autosuficiencia suele ser, en naciones pequeñas o medianas, aislamiento). Otra nota significativa era que el ejército de tierra estaba mal equipado, pero el país tenía una fama guerrillera que le venía de la guerra napoleónica y que, por cierto, desempeñó un papel acaso decisivo para preservar la neutralidad —relativa solamente— de España en la segunda guerra mundial, como luego veremos. Debe anotarse también que en el siglo XX, después del «desastre» del 98, el país se dotó con una flota moderna y razonablemente efectiva, construida en sus astilleros, que se puso de manifiesto en la guerra civil de 1936-1939, para quedar seguidamente obsoleta. En fin, diríamos que, sopesados unos datos y otros, hay motivos para pensar que las cancillerías europeas debieron mostrarse más bien cautelosas ante la decisión —o la tentación, de que hay constancias— de tocarle al bicho raro ibérico, pues los bichos raros pueden tener un aguijón oculto, y nunca se sabe... Luego lo veremos.

¿Un juicio adelantado sobre el aislamiento? Es posible. En conjunto, el aislamiento español se caracteriza por parecer una serie de treguas de una larga guerra civil. No es un elogio. Cierto que la tregua es, en algún momento o más que momento, muy larga, y debe decirse que estos períodos de paz, aunque no completa, fueron aprovechados. En los períodos críticos quedó patente que el aislamiento era tan peligroso como la aceptación de otros riesgos aparentemente más inquietantes. España pudo ver que no tenía amigos.

Estas oscilaciones y contrarias vicisitudes las vamos a considerar someramente, al probar el aislamiento por el contraste real de algunos episodios históricos.

El aislamiento se estrenó al final de las guerras napoleónicas, con el movimiento de emancipación de las colonias americanas. Cuando se inicia, en gran escala, el conflicto americano, por el año 1810, está viva aún la lucha de España contra Napoleón, la gran francesada. España es enemiga de Francia, pero aliada de Inglaterra, y así resulta que los ingleses, siempre muy interesados en la independencia de las posesiones españolas de ultramar, especialmente con vistas al libre comercio que inaugurará el sistema de colonización por vía económica, van a abstenerse, de momento, en la epopeya ultramarina de los pueblos de la corona española. Francia, que también desearía intervenir, está demasiado ocupada en las guerras de Europa. Así, España podrá reaccionar en la primera fase de estas guerras tendidas por un inmenso continente casi de un polo a otro, valiéndose de fuerzas locales y con éxito inesperado dadas las condiciones gravísimas que prevalecen en la metrópoli. Pero en 1815 continúa la insurrección de los patriotas hispanoamericanos y la situación en Europa aparece despejada de contiendas mayores. Las potencias toman posiciones respecto a la emancipación de las Indias Occidentales españolas y portuguesas. Ahora puede verse que Estados Unidos, el Reino Unido, Francia y hasta Brasil están a favor de los rebeldes. En España reina como monarca absoluto Fernando VII, que acude a sus naturales recursos, es decir, a las potencias legitimistas europeas más prometedoras, sobre todo a Rusia, en busca de ayuda contra sus súbditos sublevados del Nuevo Mundo. A todo esto, se acusan en España los efectos de la dicotomía de las dos Españas, de que es expresión más notoria la sublevación de Riego en Cabezas de San Juan, que registran, con especial dramatismo, todos los manuales docentes españoles. La Santa Alianza sofoca el liberalismo español y Fernando VII, instalado de nuevo en el trono, pide ayuda a las potencias del orden monárquico legitimista. No la obtiene. Europa no cree que España pueda mantener su dominio sobre los inmensos territorios americanos por falta de recursos y a causa de las divisiones internas. Por otra parte, ¿cuál sería el precio de la supuesta ayuda? Hubo negociaciones con Londres, que pedía pleno y total comercio libre con todos los territorios o con los mayores, desde el Río de la Plata a México.

El aislamiento hizo acto de presencia en esta crisis. Pero la crisis era de tal magnitud que ninguna fórmula diplomática y ninguna política internacional española, según cabe colegir, podría haber cambiado el destino manifiesto de la emancipación americana. Esto es lo más probable, lo que no impide registrar el efecto —aunque no como causa suficiente— del aislamiento español que estaba entonces en sus días iniciales.

Demos un gran salto en el tiempo, para no salirnos del hemisferio hispanoamericano. Estamos a fines del siglo XIX, salpicado por insurrecciones cubanas. Veremos cómo el esquema de las guerras de eman-

cipación del continente indiano de principios de la centuria va a repe-
tirse en los años finales, pero con más claridad, con más crudeza, por
efecto de la intervención de Estados Unidos y de la guerra subsiguiente
de España con la gran potencia yanqui, que, en sus mares, hubiera
podido derrotar a todas las naciones de Europa, incluso juntas. Pero
esto no se sabía en 1898. Por eso la derrota frente a Estados Unidos
fue sentida como un insólito desastre, como una vergüenza nacional que
ningún otro Estado europeo hubiera sufrido. Hechos futuros demostrarían que no era para tanto, y, en perspectiva, aquella calamidad ate-
núa mucho su aspecto de fenómeno excepcional, «cosa de España».
Visto el caso a distancia, continúa el proceso de emancipación de las
colonias que se inicia en el siglo XVIII en la América anglosajona, sigue
en la América española con las guerras que comienzan en 1810 y, en
lo que toca a España, concluye en 1898 para completarse a escala mundial en la segunda mitad del siglo XX con la liquidación de los imperios
ultramarinos europeos. Subsisten, sin embargo, los dominios exteriores
de la Unión Soviética y de Estados Unidos. Lo curioso y significativo,
por lo que a nuestro tema respecta, es que aquellas dos fechas —la correspondiente a las guerras de emancipación del primer cuarto del
siglo XIX y la de la insurrección final de Cuba— hayan repetido una
muy semejante petición de ayuda por parte de España. En 1823, Fernando VII se dirige a Rusia como a una tabla de salvación, y en 1896
Cánovas del Castillo, que había insinuado una aproximación a la Triple
Alianza, consideraba la posibilidad de lograr una gestión mediadora también de Rusia.[1] Otra vez Rusia... Washington protestó de estas veleidades de alianza *in extremis* con serias amenazas (19 de agosto de 1896).
Finalmente, España tuvo que hacer frente a la formidable potencia
norteamericana, en rigurosa soledad y en un ambiente universal hostil,
como cabía esperar y tenía que ser, dada la imagen histórica de España y el aislamiento en que vivía.

Pero después de este parangón en capicúa, entre el comienzo de la
emancipación y el fin de la presencia española en América, debemos
advertir que de una a otra fecha se producen sucesos en los que España ensaya una nueva salida al mundo, es decir, sucesos en los que el
aislamiento parece caducar y, precisamente por iniciativa española,
quiere decirse, sin que mediase una presión exterior o un riguroso condicionante. El más importante de estos acontecimientos fue, creo, la
intervención en México en la compañía de Francia y de Inglaterra, afor-
tunadamente cancelada —la intervención y la compañía— por el general Prim. El hecho se produjo, claro está, en el curso de la guerra de
Secesión de los estados del Sur norteamericanos, entre los años de 1861
y 1862. Otro episodio de parecida significación fue el retorno de Santo
Domingo a la soberanía española —la única tierra americana que efec-
tuó este regreso a la madre patria— y ocurrió, asimismo, durante la
guerra civil norteamericana, que si hubiera durado más le habría dado
vacaciones indefinidas a la doctrina de Monroe. Estas operaciones suscitaron el natural recelo en los demás países del hemisferio y en las
cancillerías europeas. La expedición a México y el retorno de Santo

1. Pedro Aguado Bleye, *Manual de Historia de España*, tomo III, p. 768. Espasa-Calpe.

Domingo tuvieron un apéndice de gran aparato en la llamada guerra del Pacífico, siempre en la misma época y circunstancia, por los años de 1862 y 1863, cuyo episodio más espectacular y sangriento fue el bombardeo de El Callao por la flota española.[2]

Estos acontecimientos dan que pensar y sugieren la idea de un cambio de política exterior en España. Pues bien: no. Tales aventuras no se acompañaron de la entrada en el sistema de alianzas, lo que sería congruente. Sorprende que se hubiese adoptado este arriesgado y nada rentable cariz de imperialismo solitario. Ya en 1850 se incurrió en uno de estos episodios exteriores, pero fue de menor cuantía y del brazo de Francia: la expedición a Cochinchina, que no produjo ningún fruto, salvo una victoria militar contra tropas del que llamaríamos hoy «tercer mundo». Tales veleidades de actividad exterior no respondían, al parecer, a una política congruente, y puede decirse, sin agravio, que fueron desplantes toreros, aunque expresivos de una cierta recuperación nacional, con el gobierno de la Unión Liberal, bajo la presidencia de O'Donnell. Aquella etapa, en efecto, fue un ensayo, relativamente afortunado, de estabilizar un régimen liberal de estilo europeo con la vista puesta en una prosperidad burguesa realzada por un claro ingrediente moral de nacionalismo moderno. La política exterior de la Unión Liberal respondía, aunque en un plano superficial, a este esquema ideológico y programático, pero adolecía de cierto aventurerismo, estimulado por las maniobras de la oposición, en suma, por la inestabilidad interna. De todos modos, es una fase del siglo XIX español que nos parece interesante y digna de ser estudiada. Pero de vuelta a nuestro tema, es decir, al asunto del aislamiento, insistimos en que prosiguió sin cambios permanentes. Sería una omisión grave olvidarnos, aquí, de la guerra de África (1860), muy caracterizada como una operación de considerable magnitud, inspirada por las necesidades de prestigio del gobierno —tal se considera, aunque acaso sin irreprochable justicia—, con las notas de patriotismo nacionalista moderno, imperialismo muy de época, y también el aventurerismo que hemos advertido en las expediciones de aquel momento, sin perjuicio de los éxitos militares que acompañaron a aquellas salidas al mundo bajo la vigilancia celosa de las cancillerías de las grandes potencias, prontas a poner freno y a esterilizar estas sugestivas pero improductivas empresas. De todos modos, repetimos, este despertar de España —aunque parecía haber despertado en medio de una borrachera— merece más atención de la que se le presta, aunque no sea sino porque fue un intento de superar los condicionantes del pernicioso pesimismo español de tan funesta memoria y más funesta presencia.

Seguimos con los episodios relacionados con el aislamiento español. Hubo pequeños incidentes a lo largo del siglo XIX, sin mayores consecuencias. Por ejemplo, la intervención en ciertos asuntos españoles por Palmerston, en 1850, que intimó a Narváez con respecto a su política

2. Fuera de texto y a título de curiosidad —aunque no deje de tener una significación importante— diré que le oí relatar a don Ramón María del Valle-Inclán el bombardeo de El Callao, con fuego y entusiasmo no sólo literarios (también patrióticos) y con detalles asombrosos, como si hubiera estado él allí, a pesar de que, por los días de aquel episodio, el genial escritor no había nacido. Vendría al mundo en 1866, cuatro años después.

interior. El Espadón de Loja entregó sus pasaportes al embajador británico, y nada más. Prim, en 1870, mientras los prusianos avanzaban sobre París, fue objeto de presiones y solicitudes para que —a cambio de promesas seductoras— España entrase en guerra a favor de Francia. El general resistió la tentación, si es que hubo tentación. Esta suerte de requirimientos se repitieron en 1916, en curso la primera guerra mundial, y la incitación francesa se apoyaba en hechos tales como el torpedeamiento de buques mercantes españoles por submarinos alemanes y las consabidas promesas de dar pasavante a España en un rango muy honorable de privilegiada potencia europea. Se acusaba a Lerroux y también al conde de Romanones de ser agentes de esta importante operación que, desde luego, hubiera sacado a España del aislamiento, por supuesto, a un precio —todo tiene su precio— que, a la sazón, era rigurosamente incalculable. O no. Pero no es cosa de entrar aquí en disquisiciones sobre la historia que no fue. Se impuso la política conservadora, la misma de aquel dicho cínico de los trigueros españoles por los días de la guerra de Crimea: *Lluvia, sol y guerra en Sebastopol.*

Todo tiene su precio. Por supuesto lo tiene el participar en una contienda en compañía y en defensa de amigos, por lo demás poco seguros en todos los sentidos de la palabra. Pero lo tiene también el abstenerse. Anotemos, por de pronto, las ganancias de la neutralidad española en la primera guerra mundial. Es un hecho que este país ingresó, con los negocios de aquella coyuntura —negocios nada desbordantes de decencia—, unas reservas de oro, plata y divisas que hubieran durado hasta hoy —eran relativamente muy cuantiosas—, de no ser porque el *Karma*, que, al parecer, rige a veces en los asuntos políticos, se las arregló para quemar ese impresionante tesoro en la pira de Caín que fue la guerra civil de 1936-1939. Además, o más bien en concurrencia natural con aquella balanza comercial copiosamente favorable —los beligerantes compraban cualquier cosa—, está la rápida industrialización de España que culmina en 1929, el desarrollo de la flota mercante y de la construcción naval, la adquisición por intereses españoles de los ferrocarriles, el progreso espectacular de la industria de material ferroviario y la de armamentos. Entretanto, financieros españoles salen al mundo con éxito. Es el caso de Cambó y de la compra de la Chade...

Pero no nos desviemos más del tema del aislamiento. Hemos dicho antes —y mostrado el ejemplo de Prim y el de 1916 en la primera guerra mundial— que en los días de peligro las cancillerías europeas se brindaron para sacar a España de su aislamiento. Otro episodio de este fenómeno lo tenemos en el famoso viaje del presidente Herriot a Madrid en los años treinta. Se había proclamado la república en España (1931). Un año después (1932) regía en Francia un gobierno de izquierda presidido por Édouard Herriot, radicalsocialista. Salvador de Madariaga y el presidente francés habían llegado no se sabe bien a qué esbozo de acuerdo de alianza o de cooperación entre sus dos países, y Herriot tomó el tren para Madrid, según parece, en la creencia de que la operación estaba madura para concluir algo en firme. Pero don Manuel Azaña, a la sazón jefe del gobierno de la república española, esquivó toda conversación de fondo con Herriot. Tal vez estaba asustado de su propio compromiso, si es que existía, o acaso irritado y disgustado si Madariaga había ido más lejos de lo que le permitían sus instrucciones, y no sabía cómo enfrentar a su huésped. En todo caso, lo cierto es que de una u otra manera, por una u otra causa, actuó el sentimiento de inhibición que prevalecía en la sociedad española. Azaña era simpatizante de la República Francesa —no digamos— y había sido aliadófilo. Pero probablemente era neutralista y, de hecho, aislacionista, dadas las condiciones de la España a la que gobernaba.[3] Y no se equivocaba en cuanto a que la república corría el peligro de hundirse si osara comprometerse en una conflagración que se asomaba al horizonte de Europa y del mundo en aquellos años; y, por otro lado, tenía que asumir el riesgo de provocar la indignación de Herriot y de caer en el cepo del aislacionismo. Esto último es lo que habría de suceder. Herriot, decepcionado, agraviado, no les perdonó a Azaña, a los republicanos españoles y a la república el desaire de que había sido objeto, pues hubo de volver a París con las manos vacías, lo que afectó a su posición política.

Este episodio, según se me ha informado, tuvo consecuencias. Por ejemplo, se hizo sentir al encontrarse la república enfrentada con la guerra civil.

La victoria de Franco debía haber echado a España en los brazos de Hitler y de Mussolini, es decir, debió haber cancelado la política de aislamiento. Pero una serie de circunstancias iban a modificar este fácil esquema. Nos referimos al forcejeo entre Franco y Hitler en relación con la operación Félix.

En el verano de 1940, Hitler podía optar por la invasión de Gran Bretaña, objetivo que se mostró, a causa de la resistencia aérea, más arduo de lo que había pensado; o bien atacar a la Unión Soviética y someterla, una ambición tan dilatada como los espacios asiáticos; finalmente, había un objetivo más asequible y de una rentabilidad segura: tomar Gibraltar y cerrar el paso del Atlántico al Mediterráneo, lo que prometía los máximos beneficios en energía y otros bienes estratégicos.

Hitler, esta vez sensatamente, se decidió por Gibraltar. La operación fue preparada con minucia alemana, incluso una maqueta, a escala, de Gibraltar a la que no le faltaba detalle. Las tropas que habrían de ejecutar el asalto fueron adiestradas en una formación rocosa, análoga a la de Gibraltar, que había en el Jura francés.

Los militares presentaron al Führer planos y demás datos y le aseguraron, salvo imprevistos, que Gibraltar sería tomado. Sólo faltaba un punto a poner en claro y era el asentimiento del general Franco. Parece ser que Hitler no abrigaba ninguna duda: Franco era su aliado seguro. Haría lo necesario. Por lo demás, Hitler no podía comprender que Franco desaprovechase la ocasión de recuperar Gibraltar y lavar así la afrenta histórica que pesaba sobre España. Y es que Hitler no entendía a su colega español —lo juzgaba por la medida de sí mismo— y tampoco tenía noción de las fuerzas sociales que respaldaban al caudillo. Eran dos mundos muy diferentes Hitler y Franco, pero quizá ni el uno ni el otro lo sabían.

3. Según Alcalá Zamora (*Memorias*, p. 319, Planeta), «fue Azaña quien más resueltamente aconsejó que nuestro porvenir sería asistir en paz a la nueva conflagración general».

Hitler era un conductor de muchedumbres y descansaba sobre una base popular germánica, animada por poderosas corrientes emocionales que tal vez venían de muy atrás —de Odín y Thor y demás comparsa mitológica nórdica—, pero en realidad de manantial más próximo, del tumultuoso romanticismo alemán, estruendoso y wagneriano; este poso mitológico y racista, convenientemente removido por una demagogia seudosocialista y la promesa de un cuantioso botín capaz de saciar el hambre y el orgullo de un pueblo sometido y sumiso que necesitaba, como el aire, transferir su resentimiento en forma de dominio sobre otros pueblos, constituía la sólida plataforma del poder hitleriano. Por lo demás, Hitler creía en lo que creía. La base de Franco era una burguesía enriquecida en el copioso botín de la desamortización, inculta más bien que rural, pesimista y escéptica, sin más ansia de conquistas que el afán de explotar a sus braceros. El gran acierto de Franco, lo que mejor explica su dilatado gobierno, consiste en su absoluta fidelidad a aquella clase social dominante, a la que no contrarió nunca, a la que sirvió en todos sus actos, incapaz de hacer nada que no fuese previsible desde el punto de vista de su clientela. Franco, en este aspecto, era perfecto. Nunca hubo y probablemente nunca habrá un gobernante más concorde con sus seguidores. Franco era la voz y la conciencia misma de aquellas gentes, si bien en un plano evidentemente superior. Que Franco era mejor que su tropa civil es indudable, mejor en todo, pero no diferente. Tenía exactamente la conciencia ramplona, la cultura ramplona igualmente, toda la ramplonería de su gente. Pero a otro nivel, con otra calidad, pues si esta superación le hubiera faltado no se habría mantenido tanto tiempo en el poder. Por ejemplo, Franco tenía un sentido del deber que los suyos ignoraban por completo. Y un valor del que ellos carecían, así como un autodominio de que podía dar pruebas. Pero con todo eso, Franco obedecía sin chistar al espíritu colectivo de la burguesía española y de sus clases medias más vulgares. Recuerdo, a este propósito, un viaje a Andalucía de Franco, en los años cincuenta, durante el cual, a la vista de la condición del peonaje agrícola andaluz, formuló el caudillo declaraciones en el sentido de remediar aquella situación, mediante un cambio que apuntaba a una gran reforma de la economía andaluza y del sector agrario. A la vuelta a Madrid se montó por los terratenientes andaluces una campaña de crítica del caudillo, y el poderoso Franco calló para relegar al olvido aquellos planes de «subversión» social. Repetimos que Hitler creía en lo que creía y las creencias de Hitler eran, claro está, monstruosos y crueles disparates. Pero creía. Franco, en cambio, creía, si acaso, en sí mismo, en el alto clero, quizá un poco en los santos, pero nada en Dios. Su realismo le mostraba el buen camino, y el buen camino no era otro que el de las personas serias, sólidas, conservadoras... Por tanto, el camino de los aliados que parecían a punto de ser vencidos, pero Franco olía el futuro y el futuro pertenecía no a Hitler con sus teorías heterodoxas, sino a las personas formales de siempre que estaban en el otro bando. Por si acaso, Franco no quería comprometerse sin retorno en la arriesgada vía por donde transitaban hacia su fracaso y su muerte los dos queridos aliados, Hitler y Mussolini. Para ellos, buenas palabras, admiración y honores. Para los otros, los enemigos, un tanto masones y otro tanto liberales, buenos y efectivos servicios, aunque siempre en la ambigüe-

Estamos muy lejos de desdeñar la resistencia de Franco. En aquel momento
(octubre de 1940) se necesitaba valor o una insensatez temeraria para resistir a Hitler.
No le resistía nadie en el continente. Ahora bien: Franco estaba lejos de ser un insensato.
Debió sudar en aquellos días, en aquellas horas. Y Hitler también.

dad, como quien sitúa, en la duda, sus fondos en dos sitios diferentes, entre dos bancos que, entre sí, se hacen una competencia mortal.

Por lo demás, los argumentos de Franco para resistir a las presiones de Hitler (acampado en los Pirineos, no exentos de una depresión transitable, una o dos) no carecían de verdad. Que España estaba exhausta era más que verdad, una situación horrible. Era un pueblo que se moría literalmente de hambre. Se necesitaban alimentos, municiones, armamentos, de todo, para embarcarse en aquella aventura. Y se necesitaban ahora mismo, antes de acometer la empresa, antes de comprometer a España en la guerra, no después, ahora mismo. Estamos muy lejos de desdeñar la resistencia de Franco. En aquel momento se necesitaba valor o una insensatez temeraria para resistir a Hitler. No le resistía nadie en el continente. Ahora bien: Franco estaba lejos de ser un insensato. Debió sudar en aquellos días, en aquellas horas. Y Hitler también.

¿Por qué no forzó Hitler las cosas? ¿Por qué no llevó a cabo la operación Félix sin el consentimiento de Franco? Parece ser, según fuentes alemanas, que la cautela de Hitler se debió a que identificaba a Franco con el pueblo español y al pueblo español de 1940 con el del 2 de mayo de 1808.[4] Prefirió meterse en el fangal de Rusia. Luego, cinco años más tarde, cuando ya los hechos habían dictado su inexorable veredicto, Hitler decía que había perdido la guerra por no haber forzado el paso hacia Gibraltar.

¿Y el aislamiento español? Se mantuvo e iba a acentuarse mucho más con la victoria de las democracias y de la Unión Soviética. Pero de momento Franco dejó una puesta en la ruleta de la suerte con la División Azul, de modo que no fue totalmente neutral. Fue un beligerante limitado y cauteloso. Franco jugó a dos paños en la segunda guerra mundial: apostó al mismo tiempo por Hitler contra la Unión Soviética y contra Hitler —de hecho, en la práctica— por las potencias occidentales, no obstante ser éstas más o menos democráticas y masónicas. Ser al mismo tiempo amigo —aunque en sesgo y por debajo de la mesa— de Churchill y de Roosevelt —menos de Roosevelt que de Churchill— y amigo también de Hitler, al que los primeros habían anticipado su condena a la horca, podía resultar un tanto difícil. Franco logró salir con bien de semejante apuesta. Fue el único superviviente de los tres dictadores. ¿Cómo se explica que Stalin no hiciese cuestión fundamental de la erradicación militar de Franco al término de la guerra?

Se dirá, tal vez, que la División Azul, enviada a combatir en la Unión Soviética contra el comunismo, había sido, después de todo, poco más que simbólica. Pues bien: no. Fue una sola división, pero alimentada para mantenerla en condiciones para el combate. Y es el caso que cuando las tropas soviéticas hicieron saltar el cerco de Leningrado, el mando soviético, en el correspondiente parte de guerra, ponderaba la tenaz resistencia y la combatividad de la División Azul. Desdeñar la ayuda que Franco prestó a Hitler, con mayor motivo si se acumulan a la cuenta otros servicios —económicos, información, pongamos—, no en-

4. Profesor Charles B. Burdick, *Germany's Military Strategy and Spain in World War II*. Syracuse University Press, 1968.

traría en los hábitos soviéticos. Y aparte de todo ello, el aspecto político e ideológico que no podía ser despreciado. Cabe explicar el sólo moderado empeño soviético de eliminar a Franco, por la resistencia de sus aliados occidentales a meter la mano en la olla loca de España con el peligro de precipitarla en el comunismo. Pero lo dicho son meras conjeturas. Lo único que sabemos de cierto no se refiere al final de la guerra, sino a los años posteriores en los que la presencia de Franco en el poder benefició no sólo a los occidentales —luego veremos por qué— sino también a Moscú, al impedir, como impidió, el ingreso de España en la alianza atlántica. Con Franco estaban mejor, también, los gobernantes del Kremlin, como quedó bien probado con la adhesión a la OTAN de la democracia española.

El fin desastroso de los fascismos europeos dejó a Franco, por el momento —un momento de muchos años—, en total aislamiento. Un aislamiento impuesto, esta vez, desde el exterior, no elegido por los gobernantes españoles, ni aun en mínima parte. La aspiración de Franco era la de ser recibido en la buena sociedad de las decadentes democracias. Sabemos que murió sin conseguirlo. Peor aún: tan católico como él era, a su modo, hubo de negociar laboriosamente con la Santa Sede para firmar un concordato mediante concesiones jurisdiccionales que limitaban seriamente el poder del Estado y que llegaron a resultarle incómodas al mismo Vaticano. Pero con todo eso, Franco no tuvo ocasión de ser recibido por el papa y no digamos por los gobiernos de la ortodoxia democrática, si bien fue visitado por los presidentes norteamericanos que se sucedieron después de Eisenhower, el primero de los que acudieron a El Pardo.

Pero nos hemos adelantado. El aislamiento de Franco fue estricto, de todo rigor, desde el fin de la segunda guerra mundial hasta el año 1953. Incluso se le impuso una retirada de representantes diplomáticos y un bloqueo o interrupción de los abastecimientos de petróleo y hasta hubo un cierre de fronteras. El concordato y el acuerdo hispano-norteamericano sobre las bases rompió parcialmente la incomunicación, pero no el principio del aislamiento. Es significativo al respecto que Franco no haya podido conseguir nunca un tratado con Estados Unidos y tuviese que contentarse con un acuerdo. No era una cuestión formal: la primera fórmula hubiera permitido un compromiso, por parte de Washington, de acudir en defensa de España si ésta fuese objeto de agresión, cuando menos si las bases fuesen causa del ataque. Ni esto. Los acuerdos con Estados Unidos, en tales condiciones, implicaban riesgos especiales para España y eran un vacío capaz de atraer el rayo. Pero Estados Unidos consideraba, al parecer, que ya hacían bastante sacrificio con frecuentar la casa de un sujeto como Franco, tan mal visto en sociedad. Por su parte, Moscú se regocijaba de tener un buen argumento para acusar a Washington de hipocresía por enarbolar el estandarte ecuménico de la democracia y de los derechos humanos en compañía del superviviente residual del fascismo. En fin, que Franco era cómodo para ambas superpotencias y quizá más aún para la Unión Soviética —también los soviéticos estaban mejor con Franco—, pues bloqueaba el ingreso de España en la OTAN.

El aislamiento —a esto íbamos— estaba aún vigente en los últimos días, en las últimas horas del régimen de Franco, cuando asistimos al desconcertante espectáculo de la «marcha verde», en los últimos días del franquismo y de la vida de Franco.

Pero antes hemos de dedicar algún recuerdo a las presiones que se ejercieron, por parte de las potencias occidentales, durante la segunda guerra mundial, sobre el gobierno de Madrid. Parece ser que se llegó a formalizar un plan de ocupación de las islas Canarias. Finalmente, se desistió de cualquier intervención en las circunstancias del desembarco aliado en África del Norte.

Otro punto importante, demasiado relacionado con el aislamiento para prescindir de él, es la exclusión de España del Plan Marshall y de sus beneficios. Pero ¿fue excluida España o se excluyó ella misma por medio del régimen franquista? Era por el año 1947 y durante la presidencia de Truman. Truman ofreció al gobierno español la inclusión en el Plan Marshall si se avenía a introducir reformas internas, en el sentido de la restauración de la democracia, claro está. La respuesta fue una rotunda negativa. España no aceptaba intervenciones en sus asuntos internos... El régimen no estaba dispuesto a abnegarse, en beneficio de un pueblo que se moría de hambre, y por la incorporación del país al *status* general europeo. En este aspecto es indudable que España perdió una oportunidad, pérdida cuyas consecuencias se están viviendo aún en estos momentos, en relación con el ingreso en las comunidades europeas y en mucho otros aspectos.

España quedó al margen de los beneficios del Plan Marshall, lo que, sin duda alguna, ha ejercido una gran influencia en el pesimismo español de la posguerra y en el muermo hispánico. España había salido de su guerra civil extenuada y en una situación de extrema miseria. Hasta el año 1953 no consiguió alcanzar el nivel de renta de 1935. En cambio, las naciones vencidas en la guerra mundial se beneficiaron copiosamente del Plan Marshall. Eran naciones enemigas, pero no aisladas. España no era enemiga sino a medias, pero estaba totalmente aislada. Claro está que no podía invocar las calamidades de su guerra —civil—, en la que la misma nación asumía el papel de agredida y agresora, vencida y vencedora, todo en una pieza, todo metido en la misma redoma, todo macerado y cocido en el recipiente del aislamiento. Es cierto que la España franquista había colaborado militarmente con las potencias del Eje y había cultivado, con el ojo puesto en la evasiva, es decir, en el burladero, por si acaso, la amistad, entre platónica y aristotélica, con los dos fascismos comprometidos en la guerra. Pero nada de esto desvanece la paradoja de que España no había sido beligerante plena y, sin embargo, los enemigos derrotados y vencidos recibieron el maná norteamericano que se le negó, salvo condiciones, al medio consocio fascista (la otra mitad del consocio o aspirante antedicho propendía hacia las potencias occidentales vencedoras). La explicación de esta paradoja —o, también, media paradoja— está en que los enemigos completos y totales, derrotados sin duda y arrastrados ante la justicia de los vencedores, eran, de cualquier modo, parte del juego, no estaban aislados, ni excluidos, sólo castigados.

A pesar de los acuerdos con Estados Unidos de 1953, a pesar de haberle sido abiertas las puertas de las Naciones Unidas a Franco, a pesar de haberle dado pasavante para otras instituciones internacionales, en fin, a pesar de todo, sería un error creer que había desaparecido el aislamiento tradicional de España, agravado ahora por el régimen autoritario que gobernaba al país. El aislamiento continuó. Y cuando podía creérsele en proceso de disolución, tuvo un movimiento regresivo, un paroxismo, en los últimos meses de la vida del dictador. Esta fase tardía de aislamiento alcanza su punto cenital en el momento de la «marcha verde».

Debe reconocerse que la «marcha verde» fue un invento ingenioso de Hasan II, rey de Marruecos y del oportunismo. Consistió en llevar a cabo la conquista de un territorio muy bien defendido en el aspecto militar, valiéndose no de un ejército, sino de una muchedumbre, una gran multitud, con la consigna de pasar sobre las líneas españolas guarnecidas por la Legión. Parecía cosa de locos. Pero no. Hasan sabía que el gobierno español no se defendería. Quien le informó conocía muy bien la situación. Franco agonizaba, lo que favorecía el desmoronamiento moral de las gobernantes de Madrid, pero la causa profunda del espíritu de capitulación que prevalecía en el gobierno y en la clase dirigente franquista venía de atrás y era un peculiar fenómeno español, consistente en un pesimismo radical, total, múltiple e incondicional. Por aquellos días tuve ocasión de pulsar este desánimo absoluto en la clase dirigente del sistema franquista. Y en cuanto al pueblo o participaba de la misma flojera o se regocijaba al ver al régimen metido en apuros. Efectivamente, uno de los factores que inquietaban al franquismo era la presión revolucionaria, más sensible aún fuera que dentro. Así, se hablaba en Francia de otra marcha, no ya verde sino roja, a través de la frontera de Irún, y se llevaron a cabo, si no nos equivocamos, ensayos de este movimiento. Se trataba de poner a Franco en el dilema de retroceder o reprimir una especie de invasión pacífica. Se decía entonces que Franco ya no podía matar a nadie más, después de las ejecuciones del 27 de setiembre de 1975, cuando fueron fusilados cinco individuos, unos, miembros de ETA y, otros, del GRAPO (por cierto que en la madrugada siguiente caían en Madrid, asesinados en venganza, cinco policías armados, detalle que suele olvidarse, con tantos otros de la misma especie, al contar las víctimas del terrorismo asesinadas en el período franquista). Debe anotarse que los fusilamientos de setiembre de aquel año se llevaron a cabo a pesar de las presiones ejercidas por los gobiernos, las asociaciones filantrópicas, el papa y el conjunto de la opinión pública mundial, lo que acredita una energía considerable, una dureza que, sea cual fuere su calificación moral, pone de manifiesto una resuelta voluntad de independencia frente al juicio ajeno y a su fuerza y debe reconocerse así, sobre todo si se compara con lo que sucedió inmediatamente después.

Y he aquí lo que sucedió... Hasan II aprovechó aquel ambiente de hostilidad general hacia el franquismo y la desmoralización de sus últimos servidores, para poner en movimiento su famosa «marcha». ¿Qué probabilidad de éxito tenía aquella riada humana? Si se considera, en términos cifrables, la relación de fuerzas en presencia, la «marcha verde» debería fracasar. España disponía de fuerzas militares escogidas, la Legión, en un terreno que conocía muy bien, con la ventaja de poseer los puntos de agua en un desierto y un armamento eficaz. Mientras se tratase de combatir a Marruecos podía contar, además, con la población saharaui. La cercanía de las islas Canarias, con buenos puertos, era otra ventaja sobre Marruecos atenido a las largas e insuficientes comunicaciones terrestres. Finalmente, tenía España la razón jurídica. En efecto, su dominio sobre el Sahara no le confería derechos soberanos. Era, sólo, una potencia administradora, y esta condición la preservaba de qué Marruecos pudiera acusarla de negativa interesada si rechazaba, como tenía el deber de rechazar, las pretensiones de Hasan II. España podía atenerse al principio de autodeterminación del pueblo saharaui y, en efecto, había proclamado insistentemente, en las Naciones Unidas, su fidelidad a este principio.

¿Por qué se metió en el laberinto del Tratado de Madrid? Hubiera sido mejor, incluso para los intereses materiales españoles —por cierto muy importantes—, mantenerse en el terreno de los principios a todo evento. Pues bien: hizo lo contrario. Tuvo que perder la cara cubriéndose con artificiosos distingos delante del mundo entero. ¿Obedeció el gobierno de Madrid únicamente a sórdidos cálculos? ¿Fue acaso la prisa de deshacerse de aquel tizón ardiendo que era el Sahara? Lo primero no me parece probable. Lo segundo me parece seguro. Pero lo que interesa es saber por qué el Sahara se había vuelto tan incandescente. A nuestro modo de ver se debió a que aquel gobierno franquista de la agonía, desmoralizado por la expectativa de un futuro sombrío, se encontró de pronto solo. Estados Unidos y la misma Francia veían con suspicacia un Estado saharaui proclive a la extrema izquierda, apoyado por Argelia, aparte de los intereses franceses en el propio Marruecos y en Mauritania. La simpatía argelina y saharaui no se juzgaba en Madrid segura, tarada por contradicciones ideológicas respecto al régimen político de Madrid. En las Naciones Unidas no se veía con desagrado que el régimen franquista se encontrara envuelto en un conflicto internacional y no le brindaban facilidades para organizar el referéndum de la autodeterminación que, sin embargo, las Naciones Unidas afirmaban como su propia doctrina aplicable al caso. Todo esto operaba sobre el fondo de pesimismo total que aquejaba a los españoles como una enfermedad de la medula.

Como puede advertirse, el aislamiento tuvo parte considerable en este fenómeno y en el precipitado abandono del Sahara. Es de notar también que el ejército, tan sensible a la mera sombra de la pérdida de territorios o a la idea separatista, no se conmoviera, de modo más explícito, en presencia de una acción tan evidentemente poco honrosa.

3/El planeta desconocido

El fin del régimen franquista promueve en España un claro movimiento de integración en las instituciones internacionales, en particular la Comunidad Económica Europea. Esta tendencia no encuentra ninguna oposición perceptible en los partidos políticos, en las organizaciones sindicales, en los diversos estamentos de la sociedad. Parece que se trata de romper decididamente el viejo aislacionismo.

Sin embargo, no existe la misma unanimidad cuando se considera la posibilidad del ingreso en alguno de los dos grandes bloques militares, cuyo enfrentamiento caracteriza tan fuertemente a esta época. En este punto, el pueblo español aparece dividido en dos bandos: la derecha y el centro, en términos generales y amplios, si se prescinde de matices más formales que sustanciales, se inclinan por la entrada de España en la OTAN. Pero no todos concuerdan en un mismo tiempo para el ingreso, y son muchos los que piensan en un orden de prelación, que consistiría en entrar en la alianza atlántica no antes sino después de haber tenido acogida en el grupo de Bruselas. En cuanto a los socialistas —el otro gran partido de la democracia—, son partidarios de mantener el estatus bilateral con Washington —bases militares incluidas—, pero sin compromiso alguno con la OTAN. A su vez, los comunistas abogan por una política antibloques con la cancelación de las bases.

En este cuadro de opiniones y posiciones, el gobierno presidido por don Leopoldo Calvo Sotelo decide pedir la adhesión de España a la alianza atlántica de inmediato. Y lleva a cabo esta gestión resueltamente y en medio de un tejido vibrante de tensiones entre los dos bloques y en diferentes regiones del mundo. Dadas las condiciones amenazadoras de la situación internacional, destaca aún más la firmeza en la decisión del gobierno, y lo que hay en ello de riesgo en diversos y complejos aspectos, peligros exteriores y también interiores, incluso un posible estímulo al terrorismo.

Las mismas dificultades del cuadro en el que se lleva a cabo la gestión del gobierno, subrayan el propósito patente de que se trata de cambiar radicalmente la vieja política contraria a los compromisos exteriores. En efecto, al lado de las inquietantes conjeturas que sugiere el clima internacional de este momento, otras crisis del pasado comportaban sólo leves motivos de cautela.

Nos importa ahora ver si esta política constituye en sí o bien encaja como pieza de una política exterior de España acorde con los intereses principales del país y, en su caso, si hay otra alternativa preferible.

Y en este momento recordamos aquel tanteo temeroso del primer astronauta que puso pie en la Luna, al que nos permitió asistir la televisión. El hombre, vestido con su hábito de fantasma, salió del vehículo espacial, descendió por la escalerilla y, al pisar el último escalón, se detuvo, se le vio dudar, bajó el pie, retiró el pie. Era un pie elocuente y perplejo. La perplejidad de dar el paso que no tenía un antes y se dudaba de que tuviese un después, porque aquel pie iba a posarse en lo desconocido. Nunca, nunca, otro ser humano y ningún animal, ninguna semilla, nada terrestre, había dado aquel paso que se iba a dar... Hasta que el astronauta se decidió, puso la planta en el suelo virgen del astro, y no pasó nada. Era probable que no pasara nada. Las condiciones físicas de la Luna eran conocidas y por ser físicas presentaban un rostro más bien sencillo, porque allí no existía esa cosa complicada que es la vida. Pero aquí abajo cualquier paso nuevo que se dé es una aventura. Nuestro planeta no es un astro desnudo de vida en el espacio. Está habitado y fue poseído por un factor con el que no parecía contar la creación: en él flota ese algo terrible que llamamos conciencia, inteligencia. ¡La intencionalidad! Una vez, en un despoblado de América, vi venir a un hombre. Nada más que un campesino con su sombrero de paja roto por el ala, la barba medio crecida, medio cana; sus ojos enfoscados en las cejas, pequeños y agudos, negros, me clavaron la mirada. Sentí algo parecido al miedo. ¿Y él? Creo que también sintió algo parecido...

—Buenos días.

—Buenos días.

Nos cruzamos como dos mutuos enigmas intencionales, como dos naves en el océano. Los pájaros y los insectos parecían haber callado súbitamente.

El hecho de estar ahí la conciencia ha sido siempre un inquietante misterio que acompaña al hombre, por serlo, en la tierra. Pero han pasado milenios y la conciencia, cargada de intención, ha tejido un enorme capullo, una maraña, una insólita realidad diferente de todas las demás realidades, una esfera superpuesta a la esfera natural del planeta. El hombre ha hecho la historia. La historia fue aceptada, digamos por contraste, con «naturalidad». Pero he aquí que, de pronto, la historia que se creía recluida en su sitio, como el modesto capullo del hombre, subordinada a los dioses y al orden de la naturaleza, ha sido capaz de invadir este campo, precisamente el campo donde se gestan los truenos y los rayos que parecía reservado a las deidades superiores. Dicho de otro modo: hubo seres humanos que, acumulando sus saberes, lograron detraer la energía de sus cauces eternos y represarla, para darle suelta mortal bajo el gobierno de la intencionalidad humana, por lo demás mediatizada por impulsos brutales, propios de un cerebro antiguo de reptil. Seguimos respirando aún el aire y asistimos a la recurrencia de las estaciones, pero este planeta ha cambiado. A sus enigmas primitivos ha venido a sumarse el laberinto creado por el hombre.

Un factor de este laberinto humano, aunque superficial, es la política y en la política la que pretende regir y pastorear al rebaño de las naciones, actualmente incrementadas por las nuevas soberanías nacidas de la desmembración de los imperios coloniales. Todo esto ha hecho al mundo actual más imprevisible que nunca. Es un mundo que no gobiernan, aunque tal vez se lo crean, ni los imperios, ni las oligarquías, ni las aristocracias, que, por lo demás, no existen. Una de las incongruencias más desconcertantes de esta cosa que llamamos mundo es la aparición de pequeños grupos de asesinos en posesión de ideas ridículamente cargadas de suficiencia, dispuestos a construir un futuro según sus esquemas sociales, económicos y políticos, cada vez más indigentes de contenido real. Así pues, también los terroristas y no sólo los comités de los grandes intereses y de las grandes sectas, creen que pueden trazar los caminos del futuro de la humanidad. Pero el terrorismo es sólo, en realidad, un movimiento de expresión que usa un lenguaje criminal, sin la más mínima capacidad de construir, un lenguaje de estruendosa incoherencia.

¿Cómo reducir este desconcierto a la razón? Por de pronto, falta un estado de reposo para ver. La historia, en cierto modo, ha invadido y usurpado una parcela, antes exenta de la mano humana, como lo estaba el rayo. Y así, la historia galopa desenfrenada delante de nosotros, ante nuestra mirada, atónita, insensibilizada por el hábito o por una estupidez fatigada de portentos. Pasan, pasan, asombrosas mudanzas. La historia envejece más aprisa que la vida efímera de cada cual. Creencias que se dan por verdades evidentes y posiciones firmes de la razón, dogmas extendidos por toda la tierra, esperanzas de los pueblos, todo eso se desvanece en pocos años.

No es fácil orientarse, decidir y vivir en este ágil laberinto, con la pesadilla de jugar un juego de ajedrez cuyas fichas cambian de valor según se juega. ¿Cómo prever las consecuencias de nuestros propios movimientos? Los vertidos que el hombre descarga en la sociedad, en el empeño de regirla o de cambiarla, se convierten, a su vez, en factores causales y generan otros más que, a su vez, tuercen los procesos en marcha y la resultante escapa a todo juicio y a toda previsión. Y es que el hombre de este tiempo vierte caudales muy grandes de toda especie: ideas, bienes y, sobre todo, desperdicios y basuras irreductibles. De ahí graves problemas que desbordan la capacidad de gobierno.

¿Cómo no compadecer a quienes tienen la responsabilidad de tomar aventuradas decisiones en un medio tan indócil a la comprensión? Tal es el que hemos llamado «planeta desconocido». El planeta desconocido es nuestra vida cotidiana y nuestro mundo inmediato traspuestos a un plano social, a la escala de la sociedad. Estas prevenciones son válidas y aplicables por lo que respecta al tema de las presentes reflexiones, concretamente por lo que se refiere a la consideración de lo que este país puede hacer y no hacer en el momento en que abandone la reclusión secular en el aislamiento.

Son muchas las dudas que se nos ofrecen. Pero también, y a pesar de todo, el mero sentido común nos dicta algunas orientaciones seguras. La primera de estas orientaciones válidas es, precisamente, que esta comunidad ya no puede regresar a su viejo aislamiento. El aislamiento, hoy, sería una utopía de inhibición, pero utopía de todos modos.

Es seguro, en efecto, que este país, tal como es hoy, depende para vivir de aportes procedentes del exterior. La relativa pero muy elevada autosuficiencia del pasado ya no existe. Tiene que proveerse fuera del territorio nacional de energía, de materias primas indispensables para mantener la economía en actividad, así como piensos, semillas para extracción de grasas, y últimamente una de las más perentorias dependencias es la falta de caladeros de pesca que se hace preciso obtener por concesión ajena, penosamente negociada sin contrapartida proporcional de la misma especie, es decir, en pesquerías canjeables. Los permisos de pesca se pagan en dinero y también a cambio de abrir a los pescadores extranjeros el gran mercado español, uno de los más consumidores de pescado del mundo.

La realidad es que nunca fue más activa España en sus relaciones con el exterior ni siquiera en la época de su gran imperio europeo. Constantemente se crean en el extranjero situaciones que reclaman la intervención de los negociadores españoles. En plena paz debe atenderse a actos de violencia, casi cotidianos, contra intereses españoles. Por otra parte, el flujo de millones de viajeros, más visitantes que habitantes tiene España, es fuente de conflictos menudos y de incidentes. En las condiciones de un aparente aislamiento, hoy, los poderes públicos y los órganos de la administración competentes se mueven azacaneados para dar respuesta a incitantes externos.

Si trasponemos estos hechos a un plano de alta política, es claro que este país, a pesar de su relativa marginación en los negocios internacionales, tiene pendientes y en marcha asuntos de importancia: en este mismo momento, las negociaciones para el ingreso en las comunidades europeas y en la OTAN y la gestión de convenios de cooperación con varios países, considerables inversiones en el exterior, ayudas como la dispensada a Guinea Ecuatorial y otros varios asuntos que hemos olvidado. Son muestras del tejido o entretejido de actividades e intereses de este tiempo.

Finalmente, se adoptan, ante nuestros ojos, decisiones de posible incidencia en el ser y el no ser de la comunidad. En la era nuclear este ser y no ser no alude a ninguna metáfora simplemente declamatoria, sino a una realidad física.

El riesgo que comporta este juego es verdaderamente serio. Sin embargo, hay que jugar. Inhibirse no nos asegura la salvación. Inhibirse es participar también en la partida, de otra manera. Y es el caso que esquivar la respuesta al enigma puede ser una temeridad no menos peligrosa que meterse locamente en el vórtice del huracán.

Se vive al filo de la guerra. Pero es el caso que no se trata del demencial fenómeno conocido con ese nombre. En realidad es otra cosa, por el momento desconocida, pues no fue experimentada. Nos referimos, claro está, a la guerra nuclear. No creo que exista siquiera una doctrina militar válida sobre la guerra con armas nucleares. Traspuesto el fenómeno al campo de la diplomacia y de la política exterior, las dudas que suscita la expectativa de la guerra nuclear son y tienen que ser abrumadoras para la imaginación y para la razón. Por ejemplo, relativamente a la validez efectiva de los compromisos internacionales. Tomemos un tratado de alianza como la OTAN e imaginemos que uno de sus miembros sufre una agresión, la agresión prevista. El agresor dispone de abundantes explosivos nucleares y de los medios para hacerlos llegar al territorio del presunto enemigo, es decir, de la potencia que se ha comprometido a defender a la que fue agredida. Este agresor es moderado: propone a la potencia obligada, por el tratado de alianza, a dar la réplica, una limitación del incidente; o amenaza, como alternativa, con la acción estratégica nuclear sobre el corazón mismo del contrario. Es decir, amenaza con destruirlo, aunque se exponga él mismo a igual suerte. No parece necesario concluir que, en situaciones como la descrita, sería difícil reprochar a la potencia obligada una muy probable infidelidad a lo pactado. Hemos hecho uso de un supuesto tal vez demasiado grosero en su planteamiento para que sirva de ejemplo probable. Las cosas no suelen ser tan sencillas en la realidad ni tan extremosas en sus términos. Pero algo análogo en el fondo, en lo esencial, puede plantearse en los hechos. Consecuencia: si en todo tiempo los convenios internacionales se cumplían o no se cumplían, ayer y en el pasado lejano o menos remoto, hoy, en la era nuclear, los tratados son menos fiables que nunca. Así, en algún momento, ha cundido en las cancillerías europeas occidentales la preocupación por un supuesto plan norteamericano para localizar y recluir una futura guerra nuclear en Europa.

4/La visión fatídica del mariscal Tito

En estas condiciones se comprenderá fácilmente la dificultad que supone salir del aislamiento, participar en el juego de la política exterior, lo que implica comprometerse en situaciones cargadas de riesgo y, sin embargo, preservar la seguridad de la nación. Pues bien: para ciertos arbitristas todo eso es sencillo con solo echar por el camino de en medio. Así, entre bloque y bloque hay una rendija que no es ni el uno ni el otro. La rendija se llama «no alineación».

¿Qué es la no alineación? Es una especie de neutralidad en común, en grupo, el grupo de los no alineados que, en teoría, están contra un bloque y otro. En la realidad, las cosas son muy diferentes.

Cuando la no alineación fue inventada por el mariscal Tito parecía o podía parecer algo real y consistente. Pero pronto pudo verse que se trataba de una metáfora, como la metáfora del prado esmaltado de blancas florecillas: una imagen seductora cuando era nueva y una trivialidad una vez puesta en uso.

La no alineación fue útil, era útil y rentable cuando Tito la puso en marcha. Por de pronto venía a ser un biombo chino para ocultar el hecho crudo de que la Yugoslavia comunista había cambiado de campo, había pasado del campo socialista al campo capitalista o, si se prefiere, occidental. Aparentemente, Yugoslavia seguía donde estaba, pero la realidad es la realidad y pasa sobre las palabras y las formas.

Sucedió, como bien sabemos, que Tito se rebeló contra Moscú, que le asignaba un papel subordinado en el sistema comunista. Sea lo que fuere —no entraremos en detalle—, Tito no quiso aceptar los reglamentos stalinianos. No le faltaban razones de todo tipo y, en primer lugar, que Yugoslavia había combatido en la guerra hitleriana y había aportado a la victoria una cuota de sacrificios y de valor muy elevada. Merecía, por tanto, un trato de extremada consideración.

Pero un día o una noche —la noche es más propensa a las visiones—, Tito vio la sombra terrible de Stalin proyectada en el cielo socialista. El dictador moscovita llevaba la mano izquierda armada con el anatema contra los herejes y en la derecha la espada flamígera. Y en tal zozobra salvó al mariscal Tito otra imagen más consistente, la silueta reconfortante de las naves de guerra norteamericanas que surcaban el Adriático. En suma: Tito hizo un giro de noventa grados y se puso a la sombra del Capitolio capitalista.

Este cambio, aunque forzado, obligado, necesario para sobrevivir, podía y debía hacerse y se hizo en la realidad; pero era intolerable para el verbo, para la palabra, para los símbolos. Es decir, que fue necesario arbitrar perentoriamente una fórmula que cubriese la operación y velase el rostro verdadero de los hechos. Ni siquiera le convenía a Washington aparecer como un brutal violador de las virginidades socialistas. No se ganaría nada con ello. Era preferible alimentar una buena conciencia en la muchedumbre devota de los intelectuales comunistas y en los políticos del socialismo autoritario para facilitarles una conversión material, sustancial, sin perjuicio de conservar las fórmulas del credo y la mímica consagrada del rito.

En tal estado de cosas, la no alineación fue un artilugio útil para todos menos para Stalin, que hubo de aguantarse, morderse el bigote y tolerar a Tito, el réprobo. La no alineación tenía el aspecto inocente de un balancín de esos que hay en los parques donde juegan los niños, esos parques casi siempre pequeños donde las máquinas recreativas y deportivas parecen juguetes de conmovedora fragilidad. Tito nos hizo creer que el balancín era de verdad y que podía caer tan pronto de un lado como de otro, contra un bloque y contra el otro, como si se tratara realmente de la balanza de la Justicia. De hecho, el balancín no existía como tal. Era un artefacto inmóvil y, por lo que a Tito se refería, no capaz de despegarse de la protección norteamericana. No por nada, no porque Tito no fuera un hombre justo, sino a causa del peso natural de las cosas, en suma, a causa de la vecindad soviética. El peligro de Tito venía del Este, no del Lejano Occidente. Es decir, que Tito, pese a cualquier retórica, estaba por fuerza en Occidente, no sin cierta analogía —sin perjuicio de las diferencias— con la situación de Fidel Castro, otro no alineado que en realidad estaba estrechamente vinculado a Moscú y no podía hacer otra cosa.

Con esto estamos diciendo que la no alineación quiere ser una neutralidad de grupo, pero no lo ha sido nunca ni podía serlo. El propio fundador, Tito, como hemos visto, no era neutral, no era un verdadero no alineado. Y no digamos el otro gran sacerdote de la no alineación, Fidel Castro. Y como ellos dos, muchos otros. La no alineación hoy subsiste con el recato al aire. Forman en el grupo, además de los que pertenecen a uno de los bloques, otros que han sido brutalmente violados, y ahí están sin que nadie pueda hacer nada por ellos. La mayoría de los cofrades se limitan a perorar y hacer bulto y sólo alguno, con su gran peso natural, obtiene tal o cual ventaja de pertenecer a la cofradía del silencio. Es el caso de la India. En fin: la no alineación no ha servido más que para aumentar aún más el número de sectas internacionales que rinden culto a la hipocresía. ¿Podría alguna nación seriamente expuesta, por su posición geográfica o por otras circunstancias, expuesta, decimos, a que le pasaran por encima, ponerse al amparo de esa neutralidad de grupo? Es evidente que la respuesta sería no. Esa cofradía carece de fuerza material, pero, sobre todo, le falta fuerza moral.

Sin embargo, es verdad que la doctrina de la no alineación ayudó al prestigio de Tito, entre otras razones, porque era Tito y por su circunstancia. Y aun al prestigio de Yugoslavia. Produjo una renta no desdeñable sin más inversión que unas palabras, una metáfora obvia, seductora por su misma sencillez, es decir, un auténtico huevo de Colón. Colón, en este caso, se llama Tito, el huevo de Tito.

No deja de haber cierto paralelismo entre la no alineación y otro invento del mariscal yugoslavo, que es también una síntesis elemental. Tito era un hombre ágil en el arte de saltar sobre las contradicciones y luego decirle al público como los artistas de circo: *Voilà!* Pero la gracia de este juego es que no existía realmente el salto. El artista no saltaba, no hacía nada. El otro invento de Tito se llama «autogestión», el gobierno de la empresa socialista por sus propios trabajadores. Y sucede lo mismo que con la no alineación, que no es nada real. La «autogestión» —se supone— se sitúa también entre los dos bloques, entre el capitalismo y el comunismo que se practica en la Unión Soviética. Pero el expediente autogestionario viene a ser, en su propio terreno económico y social, lo que es la no alineación en el terreno de las relaciones internacionales. Es decir, una síntesis verbal. En efecto, el socialismo autogestionario no pasa de ser el socialismo hasta ahora único existente, el socialismo real burocrático y autoritario atenuado y acaso humanizado por una intervención de los trabajadores en cuestiones menores, ajenas, de hecho, a la gestión económica. En cuanto a la gestión económica de las empresas no hay mejor solución ni puede haberla que

El acuerdo hispano-norteamericano sobre las bases rompió parcialmente la incomunicación, pero no el principio de aislamiento. Es significativo al respecto que Franco no haya podido conseguir nunca un tratado con Estados Unidos y tuviese que contentarse con un acuerdo. (En la foto, firma del acuerdo entre España y Estados Unidos, setiembre de 1953.)

Por el año 1947 Truman le ofreció al gobierno español la inclusión en el Plan Marshall si se avenía a introducir reformas internas, en el sentido de la restauración de la democracia, claro está. La respuesta fue una rotunda negativa.

la centralización de las decisiones importantes y, en definitiva, el control estatal. Se da la curiosa contradicción aparente de que la autogestión, llámese socialista o como se quiera, donde puede existir es, precisamente, en régimen capitalista o, en definitiva, en un sistema de control de la empresa por el mercado o, dicho con más amplitud, de control automático según alguna fórmula que aún no se ha inventado. Lo demás es, en el mejor de los casos, expresión de un buen deseo.

Sin embargo, la autogestión, pese a no ser nada sustancial, es probable que haya contribuido a humanizar el socialismo yugoslavo y, además, brindó un pasto fresco y fragante a las ovejitas de una intelectualidad poco conocedora del marxismo y gustosa de hacer sonar sus bucólicas campanillas.

Autogestión y no alineación no tienen más remedio que languidecer y con mayor motivo en un período de crisis económica que nos encuentra a todos desnudos de soluciones reales. ¿Qué ha hecho el grupo de los no alineados por Afganistán?

Para el pueblo español —el más pesimista del mundo, incapaz de creer en sí mismo ni en sus hombres públicos—, la no alineación verbal no tiene sentido, suponemos que no la entendería, es decir, a menos que experimentase una conversión repentina y aberrante a la fe política en sus expresiones, precisamente, de menor consistencia. Pero no es probable.

Quizá lo peor de este camino de en medio que no conduce a ninguna parte, de esta síntesis entre los dos bloques hecha de viento y debilidad, es que sirviese para alimentar la ilusión de una neutralidad falsificada. Ya sabemos que hay en España una fuerte tradición neutralista, lo que pudiera favorecer una confusión, un equívoco, consistente en identificar, más o menos, inhibición, negligencia, confusión y neutralidad. Pero la neutralidad es algo muy distinto de las escapatorias inauténticas ante las cuestiones internacionales, tan serias, de hoy en día.

Creo, efectivamente, que la neutralidad sería lo mejor ante las amenazas de esta hora, que exceden, por así decirlo, la medida de lo humano, de lo que se entendía por humano en otras épocas, en otras civilizaciones menos golémicas. El sentido común lo dice. La alianza atlántica es, a mi modo de entender, incalculablemente mejor, más sensata que el convenio bilateral de las bases llamadas «conjuntas». Las bases conjuntas son una chimenea tragarrayos, un vórtice fatal, un vacío para chupar la destrucción del país, una invitación al desastre. Se trata de un producto residual muy peligroso del viejo aislamiento agravado bajo el reinado de Franco. Franco aceptó las bases en su afán de salir del foso. Se atrevió a hipotecar la vida, no ya el patrimonio, sino la vida de la nación, de la nación real, concreta y viviente, a cambio de mínimas compensaciones materiales y de una entrada para las recepciones del Capitolio. Las bases deben terminar cuanto antes si hay un leve sentido del decoro nacional y del instinto de conservación. Por eso nos parece desconcertante la posición socialista que admite la persistencia de las bases, pero no la entrada en la OTAN. Es como si alguien aceptase tirarse de un avión, pero, eso sí, no con paracaídas. Si ha de haber bases, tiene que haber OTAN, quieras que no. O ni bases ni OTAN. Una vez más nos topamos con un camino de en medio impracticable, con una síntesis entre contrarios que no es sino un disparate temerario. Sin la menor duda puede decirse que la OTAN es preferible a una neutralidad de plastilina. La OTAN implica gravísimos riesgos, incluso el de infidencia de los consocios o de algunos de ellos. Los hay que pueden fallar el día de la prueba. Y en este caso debemos encomendarnos a Dios para que el fallo —lo que también puede ocurrir— constituya al fallido o fallante en un tapón interruptor capaz de apagar un área más extensa que él mismo donde otros puedan cobijarse. Las condiciones de un conflicto en esta época son desalentadoras para la fiabilidad de los compromisos.

Por todo ello y por otras razones que huelgan, el sentido común, a falta de conclusiones de base científica o del don de la profecía, nos inclina por la neutralidad. Lo mejor o lo menos malo sería, en efecto, conservar la libertad de decisión hasta el último momento, si es que ha de haber un último momento y, en último extremo, morir por cuenta propia y sin intermediarios.

Pero la verdadera neutralidad supone, ante todo, el conocimiento de lo que es, un conocimiento sin los engaños del autoengaño y de la ilusión. Hay que saber de qué se trata. Y se trata de una situación con graves riesgos y de enormes costes. Los riesgos provienen de una gigantomaquia que excluiría cualquier escrúpulo jurídico, ante la expectativa de la destrucción o de la derrota del gigante. Los costes no consisten sólo en recursos materiales y en expresiones financieras, sino, también, en algo mucho más difícil de obtener, que consistiría, primero, en una moral nacional y popular, de arriba abajo y de abajo arriba, un temple distinto, un nuevo temple, un espíritu de trabajo y de sacrificios incondicionales, un heroísmo civil y la confianza en los gobernantes y en los jefes. Pero no bastaría: también es un bien raro y aleatorio el de la capacidad para moverse con acierto en el laberinto del tejido internacional, y esto al estrenar una novedad, quiere decirse, en un mundo del que falta experiencia, el planeta desconocido y enigmático que es la civilización técnica de este tiempo.

Una neutralidad auténtica tiene que ser no sólo una neutralidad apoyada en el prestigio, en la calidad del sujeto, sino, más que otra cosa, neutralidad armada y bien armada. Es costoso. Sin embargo, no sería imposible arbitrar los recursos necesarios para hacer frente a las necesidades militares y a todo lo que comporta, económicamente, una neutralidad efectiva. La dificultad reside en otra cosa. En primer término se exigiría la convicción de que se había elegido el buen camino, el mejor camino o el menos malo, ponderados todos los factores. Sería, en suma, el camino de la libertad de la nación en circunstancias muy severas en las que lo más funesto sería errar en compañía, dejarse arrastrar por intereses y juicios ajenos. La libertad es, en sí, buena, ante todo, porque se trata de un bien moral, y la neutralidad efectiva es condición necesaria para el grado máximo de libertad posible dada una situación internacional caracterizada por la existencia de dos bloques comprometidos en sendas alianzas militares. Ahora bien: la voluntad de sacrificio, la disciplina cívica, el heroísmo civil, llegado el caso —es más fácil el heroísmo del combatiente en el molde de las fuerzas armadas—, implica fe en el mando, confianza en la dirección... Estas condiciones reclaman para España un temple del que actualmente carece.

Proponerse un modelo de neutralidad sin un pueblo unido —lo que debe ser compatible con la pluralidad política e ideológica, si queremos una unidad real y radical, de raíz—, es una peligrosa ligereza. La comunidad deberá vivir en la paz, incluso en la paz, como si se estuviera en la guerra, como si estuviera en juego la existencia física del pueblo. Para salvar la paz sería preciso vivir en la paz como se vive en la guerra. No se trata, empero, de suscitar un espíritu espartano. El *ethos* espartano es una manifestación monstruosa de la sociedad civil. Lo que sugerimos es un temple, otro temple, y la palabra «temple» excluye por principio la monstruosidad. Un buen temple no es fanatismo ni demencia. Es una firme moderación, una moderación heroica. Algo mucho mejor que cualquier dogmatismo fanático, que cualquier sentimiento exasperado hasta el paroxismo.

Y si la sociedad española fuere incapaz de llevar a cabo la reforma moral que proponemos, a nivel del hombre real, ¿qué hacer, qué podría hacerse?

Es preciso ser rigurosamente sincero. Si no es posible o si no se realiza este cambio moral, no sabemos lo que podría suceder. ¿A qué dramatizar? En realidad no sabemos y es lo que decimos: que el tema excede nuestra capacidad de aprehensión. En tal supuesto, en el supuesto de que no se haya superado la situación creada por los factores desintegrantes de la sociedad española —como es el caso del pesimismo hedonista—, sería ridículo pretender un juego de gran estilo entre los dos bloques. Lo más probable sería incurrir en fracasos humillantes. Para evitar esos fracasos que podrían amenazar —esta vez, sí, en serio— la integridad de la nación, lo mejor sería caminar por una pista rodada, no correr improvisadas aventuras. Dado que la geografía y la historia condicionan rigurosamente la libertad de decisión del país, lo menos malo sería atenerse a estas realidades y seguir el rastro de la mayoría, el común sendero que tales condicionantes nos trazan. En suma: unirse a la OTAN, colocar la cabeza bajo el paraguas norteamericano, como cualquiera. Es lamentable decirlo, pero la verdad tiene sus exigencias. Cobijarse bajo el techo común y pagar la cuota correspondiente. El famoso paraguas... Ignoramos la protección efectiva que puede dispensarnos este adminículo inquietante, pero a pesar de sus incertidumbres es, al menos, algo más que una mera ficción.

¿Y las bases? Las bases, en el trance de guerra entre las superpotencias, constituyen una participación en el conflicto. Una participación que puede ser activa o pasiva, y sólo pasiva. Me parece que da lo mismo una u otra alternativa. Ya está dicho que las bases sin la OTAN o sin garantías equivalentes por parte de Estados Unidos son inaceptables. Pero aun dentro de la OTAN, sería preferible prescindir de las bases. Sería preferible asumir los compromisos de la alianza atlántica, sin reservas, con toda decisión e incluso conceder las bases ya formalizado el conflicto que entrar en la crisis con las bases establecidas. No se trata de rechazar las bases por razones sentimentales. Se trata de una actitud racional, de una cesión de potestades y de la adquisición de compromisos particulares, de la creación de situaciones anticipadas, antes de que la alianza entre en la fase prevista de aplicación, de ejecución y cumplimiento. Declaramos bajo juramento que no intentamos eludir las obligaciones pactadas. Es otra cosa. Es una prevención racional perfectamente lícita. Las bases son un riesgo adicional, un riesgo precoz que podría brindarle un pretexto al adversario para escarmentar en cabeza ajena —que sería la cabeza de España— las veleidades guerreras, un tanto dudosas, por otra parte, de la OTAN.

5/Otra vez los sarracenos

Como ya insinuamos antes, sería más bien higiene preventiva imaginar que, a la hora de la verdad, algún socio de la OTAN optase por capitular con variadas y posibles consecuencias. Una de ellas sería que el dispositivo avanzado de la defensa de Europa cayese como el proverbial castillo de naipes. Está probado que la OTAN es bastante buena para la paz, como paramento no sabemos si muy disuasorio, pero, en todo caso, impresionante. Por lo demás, la alianza atlántica tiene dos o tres piezas fuertes y sólidas.

Al pensar en el sistema de la OTAN, uno hace referencia a la defensa del continente europeo en el supuesto de un ataque de Este a Oeste, a través de la República Federal Alemana.Pero ahí está una de las piezas sólidas en cuanto cabe conjeturar no sin alguna reserva. Y es el caso que el sistema, desde el punto de vista español, presenta, tal vez, un flanco más vulnerable que la vía Norte-Sur.

Está claro que pensamos en el Mediterráneo, mediante una progresión por la vía marítima apoyada en puntos de la costa, especialmente la del norte de África. El camino terrestre por el norte de África, para un invasor venido del Este, no es ideal (tampoco lo sería siguiendo la costa europea por el borde del Mediterráneo). Sin embargo, la costa africana es mejor, más practicable y, además, tiene el aliciente de ser un espacio vacío en el orden estratégico. Los desiertos y la falta de vías de comunicación no son un obstáculo tan arduo como pudiera parecer. El grueso de la fuerza operativa marcharía por la vía marítima con apoyos puntuales en tierra y los desiertos son superables para los vehículos acorazados y no acorazados, como se ha visto en la segunda guerra mundial.

En todo caso, estamos exponiendo una hipótesis en modo alguno desdeñable. Ciertas tomas soviéticas de posición, por ejemplo en puertos libios, ilustran el supuesto desde ahora mismo.

En suma: España podría verse en una situación parecida a la que vivió en el siglo VIII cuando fue el objeto, el objetivo, de la invasión sarracena. La invasión sarracena no se generó en África, que hubo de servir de puente, de tierra de paso. El impulso agresivo procedía de Asia y se relacionaba con movimientos de pueblos asiáticos. África del Norte sigue siendo hoy, de hecho, un tránsito susceptible de ser utilizado, quizá de otra forma, de otro modo, si bien con efectos análogos a los de la anterior expansión árabe hacia Occidente. Pero el papel que entonces —en el siglo VIII— desempeñaron los árabes estaría, en realidad, hoy o mañana, a cargo de una potencia de primera magnitud, lo que no equivale a dar a los árabes por ausentes o ajenos a la operación. En efecto, los árabes —o algunos de ellos— podrían ser un camuflaje útil para enmascarar un poco al auténtico protagonista o, al menos, adulterar tanto como fuere posible sus intenciones. Los árabes podrían aportar a la invasión, por ejemplo, algún pretexto histórico.

Y aquí nos viene a consideración el tema de la amistad hispanoárabe que adquirió, en los últimos años, una consistencia sorprendente. El primer sorprendido fue el pueblo llano. ¿Qué pasa con la amistad hispanoárabe tan dejada de la mano de España durante siglos y, de pronto, convertida en un postulado de la política española? Quienes suelen preferir las explicaciones cínicas y materiales atribuirán el fenómeno a los petrodólares. Pero no es, en todo caso, la verdad entera, aunque tengamos que reconocer, con cierto rubor, que algo hay de eso, y cómo no habría de haberlo. De eso hay de Este a Oeste y de polo a polo.

La reciente amistad hispanoárabe —antes lo que existía era otra cosa llamada «arabismo», como existe en otros sitios el «hispanismo», un modo erudito y entusiasta de poner al margen valores exóticos y decadentes— se relaciona con el aislamiento de que hemos hablado aquí abundantemente. Franco, metido en el foso donde lo habían puesto al terminar la segunda guerra mundial, encontró en los Estados árabes que estrenaban su independencia una acogida amistosa. Por el contrario, los israelíes sentían escrúpulos ideológicos hacia Franco y, tal vez —¿por qué no?—, hostilidad a una España que conservaba el tufo del nazismo y de los campos de exterminio, aunque no hubiese participado en tales monstruosidades, sino al revés, si nos dicen la verdad los testimonios de judíos que se beneficiaron, en días de tribulación, de alguna ayuda de Franco (por cierto, según parece, consciente de su estirpe israelita). En suma: que los árabes encontraron una ocasión propicia para cultivar un amistoso acercamiento a España —que a la sazón fuese una España franquista era para ellos mero accidente sin especial calificación— en contraste con la postura adoptada por los israelíes. En realidad, España no tiene gran cosa de árabe, pero sí tiene mucho de judía, lo que no afectó al curso de esta amistad en ciernes. Es decir: que la amistad hispanoárabe es, más bien, una enemistad hispanoisraelí, no por nada sustancial, no por nada intencionado, todo lo contrario, simplemente por el juego de las circunstancias. El petróleo hizo el resto cuando se convirtió en un arma política temible.

De cualquier modo y al coste de mantener una murria artificiosa en las relaciones hispanoisraelíes, algún servicio ha prestado a España la amistad hispanoárabe, aunque esos servicios consistan, más bien, en un trato correcto, nada más, en la sustancia y, eso sí, afectuoso en la forma. Ahora bien: esta situación no está exenta de un pasivo que no debiera existir. El ideal de las relaciones hispanoárabes debiera consistir en el mejor trato entre las partes y fomentar todo intercambio pacífico —incluido el intercambio cultural, naturalmente— sin ninguna hipoteca, empezando por la hipoteca del no reconocimiento de Israel. Precisamente, no es signo de verdadera amistad, sino de todo lo contrario, que España, con la argolla del petróleo al cuello, sintiese el temor de irritar a los árabes si concediera a Israel un reconocimiento que es obligado conforme a las prácticas diplomáticas normales.

La amistad hispanoárabe debe ser libre y no condicionada, menos aún condicionada por una intimidación humillante. A los árabes no debiera extrañarles que con su roe roe, este gusano toque mañana o pasado alguna fibra nerviosa muy sensible del pueblo español.

Por de pronto, bueno será llamar la atención, por principio y sin ánimo de prevención suspicaz, sencillamente porque así son las cosas, acerca de ciertas sombras que pueden oscurecer la perspectiva de las relaciones hispanoárabes. Los españoles no deben dejarse anestesiar por situaciones que parecen ofrecer una seguridad no autorizada por los condicionantes de la geopolítica. Antes hemos dicho que los árabes podrían aportar a una eventual invasión de España un pretexto histórico. Vamos a desarrollar un poco esta idea, nada más que lo indispensable.

Israel es un incitante del mundo árabe que probablemente acabará por dinamizar a ese complejo de pueblos islamizados. Ahora bien: Israel es un fenómeno asombroso, y para los árabes bien pudiera convertirse en un presente de Alá. Los árabes, en su constante enemistad y en su lucha contra los israelíes, acabarán por aprender de ellos. A veces se aprende más de los enemigos que de los amigos. Pues es el caso que Israel consumó el prodigio, a que aludimos ya en otro lugar, de materializarse como nación, con todos los elementos de un Estado soberano en medio de gentes que habitaban el país de Palestina sino de antes, desde hacía dos milenios, durante los cuales los judíos permanecieron en exilio. Fue una materialización. La cultura, la tradición, la Ley, cobraron materia con una vida y una fuerza que los mismos árabes pusieron a prueba en vano repetidamente. Pase lo que pase, este singular fenómeno quedará como una aparición portentosa en la historia humana.

Y uno se pregunta si el ejemplo del enemigo israelí no llegará a exaltar un día a las víctimas del prodigio, para inducirlas a ensayar parecido empeño a expensas de otras víctimas y en otros lugares, en Granada, en Sevilla, tal vez como premio por la ayuda prestada por los árabes a uno de los colosos que rivalizan por el dominio del mundo. Sería negligencia culpable desdeñar estas lucubraciones, hoy aparentemente absurdas, si bien fundadas en la experiencia histórica y en el modo de ser del hombre que trueca incesantemente los papeles y unas veces sufre el mal y otras lo inflige.

Por desgracia, no faltan signos que insinúan la posibilidad de que estas perspectivas lleguen a concretarse en realidades. Podemos asegurar, en efecto, que según todos los indicios hay personas que sueñan con ciertas grandezas capaces de revesar la historia. Por de pronto, la imagen del Al-Andalus está en el corazón de los árabes y no sólo como una evocación nostálgica. Existe ya una mitología árabe que cultiva una forma de irredentismo sobre la España meridional, ostensiblemente. Llega a decirse por quienes se mecen con estos sueños que el «árabe fue idioma nacional de España», lo que es perfectamente falso, pero eso poco importa. Sería más válido decir que el romance primario español llegó a ser una lengua de los árabes establecidos en España. La realidad es que España no existía en los territorios españoles dominados por el islam.[1]

La frase que acabamos de escribir necesita alguna aclaración para que sea inteligible. Existía el territorio como parte de la península Ibérica, claro está, existía una población de estirpe ibérica que era la gran mayoría. Lo que faltaba era la nación española precisamente. Y faltaba, ante todo, porque España, en cuanto nación, nació al calor de la lucha

---

1. José Antonio Maravall, *El concepto de España en la Edad Media*, p. 197, 2.ª edición, Instituto de Estudios Políticos, Madrid, 1964.

de los cristianos del Norte y de la población cristiana en general para reparar «la pérdida de España», como dice el *Romancero*, pérdida que sobreviene por efecto y consecuencia de la rotura y quebrantamiento de la Hispania II a causa de la invasión sarracena. Esta idea era un firme postulado popular que informa la conciencia nacional española durante los siglos de la Reconquista.

Como observa a este respecto el citado José Antonio Maravall, los árabes establecidos en España, a diferencia de los cristianos, carecían del concepto mismo de España. Ellos estaban en Al-Andalus y formaban un pueblo, una etnia, unida por el vínculo del islam, y España carecía para ellos de sustancia política, de sustancia nacional, de entidad propia, por encima de las fronteras de los Estados y de las fronteras religiosas. «O dicho con más precisión: para los cristianos, España era concepto histórico-político que obliga, mientras que para los árabes es un concepto geográfico del que no se desprende ninguna exigencia.»[2]

Se pueden ensayar muy diversas piruetas verbales y dar suelta a variadas efusiones emocionales a propósito de España, para afirmarla o para negarla. Pero atendida la resultante que llamamos España, en sus variados componentes y en su síntesis real y viva, España es, culturalmente y de otros modos, una roca romana —antes de Roma no existía, salvo como multiplicidad protohistórica—, y sobre esta roca transitaron sin desgastarla y sin desintegrarla otras corrientes históricas, torrentes militares y modos de vida que no prevalecieron. Sin entrar en calificaciones, en juicios absolutos de valor, bueno o malo o ni malo ni bueno, lo cierto es que prevaleció la civilización cristiana occidental europea, a la que España juntamente con Portugal, le dieron su característica singular —entre otras— de ser una civilización planetaria, la primera civilización planetaria de la historia. Y este ensanchamiento trascendental se llevó a cabo cuando los Estados ibéricos terminaron la empresa de la llamada Reconquista —en rigor fue, también, una conquista—, en la que adiestraron sus capacidades y, en particular, aprendieron a fundar ciudades y naciones. Y este aprendizaje fue posible gracias a la ciencia astronómica venida con la riada islámica sarracena, junto con otros saberes especialmente de la cultura grecolatina oriental que los invasores captaron y, en ciertos aspectos fundamentales, elaboraron —nos referimos a la matemática moderna, a los signos y fórmulas de esta ciencia—, dotando así al futuro de un instrumento decisivo para el desarrollo científico, concretamente, en aquella sazón, aplicado a la navegación.

España se aprovechó, por tanto, de los aportes del saber árabe, a su vez originado en el mundo grecolatino y, en algunos puntos decisivos, en la India, para llevar a cabo las empresas de su plenitud. Sobre esto no hay duda. No sólo España, toda Europa, todo Occidente tiene esta deuda y una vez más se hace patente que la riqueza intelectual es fecundación. Pero esta verdad no oscurece el hecho esencial y fundamental —de fundamento, de cimiento, de base de un edificio— conforme al cual España nos aparece inmersa y vitalmente consubstanciada en la civilización occidental que alimentó o amamantó a la personificación hispana cristiana en los siglos de su gestación y de su crecimiento y,

2. Ob. cit.

alcanzada la plenitud del siglo xv, traspuso esa plenitud a la sociedad planetaria que es, hoy, Occidente.

No en vano, ni por casualidad o capricho los pueblos hispanos crearon el mito de Santiago antiMahoma, y por algo ese mito provocó el gran flujo europeo hacia el santuario donde España y Europa se encontraban en una comunicación que nunca, desde entonces, ha cesado.

Ante tan consistente realidad parece aún más pueril la idea que se propaga estos días, aunque con mínimo caudal, de islamizar Andalucía. Andalucía, la Andalucía que hoy existe no es Al-Andalus. Es un producto perfectamente distinto. Según se nos ha dicho, hay un emir de los musulmanes españoles en Córdoba. Suman los musulmanes españoles, si no se nos ha engañado, alrededor del centenar. Además de estas conversiones, la vasta empresa de islamizar Andalucía dispone de dos mezquitas y ha celebrado alguna reunión, no sabemos si ritual, bajo las magníficas columnas de la Gran Mezquita de los Omeyas, lo que fue causa de una nota del obispado, donde éste se lamenta de no haber sido informado del acto o de no haberse pedido el correspondiente permiso para la utilización de la catedral.

Empero no hay duda de que el proselitismo religioso es una forma de fecundación cultural y, en este sentido, es una buena cosa, aunque el islam, a juzgar por el pasado, es cuando menos tan político y militar como religioso. Y sucede que, del lado cristiano, la resistencia al islam se montó, a su vez, en el orden emocional y doctrinal, con un complejo de política, guerra y religión, lo que nos parece una característica más bien inquietante. Son demasiadas cargas de pasión y es lamentable o sería lamentable que se hiciera reaparecer, de algún modo, con el refuerzo del nacionalismo moderno, este explosivo emocional, por poco importante que sea en sí, a no ser porque coincide con una crisis política, no peligrosa en su propia entidad, pero alusiva a la existencia misma de la nación española. En fin: queremos decir que no es sensato soliviantar a los viejos demonios, reclusos en el pasado o tal vez dormidos, pero no muertos. Para demonios son más que suficientes los que tiene cada época, cada tiempo. Bastante guerra nos dan los demonios contemporáneos sin ir a buscarlos a los infiernos de otras edades.

Por lo demás, esta campaña se ha montado sobre falsos supuestos. Así, el pueblo andaluz actual no ha sido nunca musulmán, como ha dicho algún personaje islamizante, ni tiene ninguna cantidad apreciable de sangre agarena, ni sus antepasados han hablado árabe jamás, como también se ha querido suponer. A este propósito, el sabio arabista Emilio García Gómez, bajo el título de *¿Andaluces moros?*, publicó un importante y oportuno artículo donde hace su propia presentación para recordarnos que «toda mi vida he exaltado las glorias de la civilización arábigo andaluza», lo que le valió cicatrices polémicas que aún lleva en sus brazos, y añade:

«Pero el famoso péndulo español se ha pasado a la otra banda. Ahora hay quienes añoran no estar bajo un Estado musulmán y quienes se han convertido o están medio convertidos al islamismo. Respeto tales ideas, aunque no las comparto. Ahora bien: una cosa son las ideas y otra la historia. Si alguien sostiene, además, tener sangre árabe, y no es pura fantasía romántica, tiene que probarlo, y por dificilillo lo tengo. Caso de pertenecer a esas familias que antes se llamaban nobles, es posible, al revolver viejos papeles, pergaminos y repartimientos, encuentre que no procede de ilustres tribus de Tamim o de Zais, sino que sus antepasados bajaron a la maravillosa Andalucía de Cintruénigo, de Mondoñedo, de las Encartaciones o de Frómista.»

En efecto, nos informa una vez más García Gómez de que «las ciudades conquistadas se repoblaron con hombres del Norte. Ahí están, casi todos publicados, los *Repartimientos*, desde los grandes de Córdoba y Sevilla (luego Málaga), hasta los mínimos, como el de Comares. Las «morerías» rezagadas eran insignificantes. Un documento publicado por Romero de Lecea dice que en 1495 quedaban en Córdoba 45 vecinos moros, pronto 30, luego nada. De la ridícula exigüidad de la morería de Sevilla nos ha hablado Collantes de Terán... Después de la gran rebelión de los moriscos, Gómez Moreno dice que *no quedó uno solo de los 48 000 que vivían en la Alpujarra, sustituidos con gentes de todas las comarcas españolas, extremeños en gran parte, y con gallegos en las cumbres de más duro clima al pie de Sierra Nevada.*[3]

En fin, que aquí unos andaluces madrugadores se nos han disfrazado de moros y unos moros sonámbulos se han vestido de toreros. Es una cosa que hacen también las personas formales, pero en carnaval. Ahora, en un mundo tan revuelto y cargado de amenazas, estas diversiones pueden resultar peligrosas. Por eso mismo deben servirnos de aviso, de signo precursor, y si la fiesta cobra volumen y ruido, sabremos que se concreta y toma cuerpo un torvo proyecto contra la paz y la seguridad de esta parte de Europa que nos afecta directamente.

Fuera de esto, no merecería el tema más que una atención amable, curiosa y divertida. Resulta así que los moros vestidos de andaluces fueron invitados a una bodega de Jerez, como tantos otros turistas, y se olvidaron de las prohibiciones del Corán. ¿Y los andaluces vestidos de moros? A ésos fueron los petrodólares lo que se les subió a la cabeza. Nada: que unos con otros se marearon y han cambiado las bebidas.

3. Emilio García Gómez, de la R. A. E., *ABC*, 26 de enero de 1982.

PARTE SEGUNDA

Muermo.
Pesimismo y desencanto.
Origen y causa

CAPÍTULO IV

El muermo hispánico

Introducción a la parte segunda con una referencia previa a la parte primera ● 1/El muermo cocea a la esperanza ● 2/La mentira es la fétida respiración del muermo ● 3/El muermo en acción ● 4/El esperpento y la total denigración

Introducción a la parte segunda con una referencia previa a la parte primera

Hemos cobijado la primera parte de este libro bajo la advocación del Hijo del Trueno. Pero cambiamos el grito de guerra tradicional de «Santiago y cierra España» por el de «Santiago y abre España».

Santiago, sí. Porque si se nos permite una metáfora tal vez abusivamente traspuesta de la biología a la historia, Santiago es la clave genética de esta personificación política territorial que llamamos España, gestada en una historia en la que el Hermano del Señor fue símbolo y mito de la opción cristiana occidental de los pueblos ibéricos, vitalmente necesitados de un milagro.

Santiago estuvo siempre y sigue estando dispuesto a hacer cualquier cosa, incluso montar a caballo y levantar la espada por poco que este además se ajuste a las costumbres de un bienaventurado. Pero no le pidamos que cierre a España, porque cerrar a España es volverla infecunda. Que levante la espada si fuere preciso, pero que abra la tierra y el aire como estuvo abierta a todos los peregrinos.

Precisamente, en la primera parte de estas reflexiones hemos recapitulado los tiempos de la soledad y los del aislamiento y hemos propuesto una era abierta al tráfico, a los negocios, a las exploraciones, a los viajes —otra vez—, a las ideas, a la simple curiosidad. Y también al combate.

Ahora bien: cuando nos pusimos a considerar el modo de robustecer a esta sociedad y hacer más elástica y más potente su musculatura —la física y, sobre todo, la moral—, nos hemos encontrado con un obstáculo que consiste en una masa oscura, inerte y aun contraria. Es el pesimismo tradicional español que, tras una fase creativa, en los primeros decenios del siglo, se pudrió y se convirtió, después de la guerra civil de 1936-1939, en una enfermedad del ánimo que nosotros hemos llamado muermo hispánico (*Morbus hispanicus*). Sí, una broma, aunque seria y desconsoladora. Observamos la mudanza del pesimismo en muermo a la vuelta de un largo exilio e inmediatamente nos pusimos a luchar contra él en todos los terrenos donde lo encontramos. Y debo decirlo: no sin frutos. Este libro continúa la misma lucha con otros medios.

¿Qué es el muermo? ¿Qué es el pesimismo tradicional español? ¿Y el más reciente y más superficial desencanto?

Damos respuesta a estas preguntas en tres sucesivos capítulos. Y aquí nos apresuramos a decir que, gracias a Dios, el muermo, sus antecedentes y consecuentes, no son ninguna enfermedad —aunque nosotros los hayamos motejado de tales, siempre por broma— que caiga en la jurisdicción de la psiquiatría. No, se trata de *fijaciones* sicohistóricas que se pueden cambiar y modificar valiéndonos de la educación, de la emulación, del ejemplo, de las mudanzas introducidas en los condicionantes económicos y sociales. Y ésta será la materia de la *Parte tercera* de las presentes reflexiones. Pero aún no hemos aclarado que el análisis del muermo, del pesimismo y del desencanto, así como sus causas y sus orígenes, son el contenido de la *Parte segunda*, que aquí mismo se inicia.

1/El muermo cocea a la esperanza

El muermo es una enfermedad triste que ataca a las ovejas y a los caballos, y no respeta a los hombres. En España *(Morbus hispanicus)* es una patología del corazón.

El morbo o muermo es muy contagioso. Gran parte de la gente que se dedica a escribir para el público es muermosa, a veces sin saberlo, y su trabajo —si así puede llamarse hacer una cosa que daña a la gente— consiste en glosar el muermo, exagerarlo, glorificarlo, hincharlo, propagarlo, gimotearlo, infectar al prójimo de muermo. Cuando un sujeto común atrapa el muermo se pasea muy ufano, contento y orgulloso, en vez de meterse en la cama a sudar. Si alguien le propone que deje de una vez el condenado muermo, el muermoso no quiere escuchar. Ante todo, porque no le gustan los que gozan de buena salud y, además, porque dice que eres un «optimista», es decir, un tonto. El muermoso no se deja engañar. Lo que más teme es eso: ser engañado. A fuerza de suspicacia ha perdido el sentido común. No escucha nada por razonable que sea. Sólo oye la respiración pantanosa del muermo: floc, floc, floc...

El muermoso se apodera ávidamente de las dificultades, de las desgracias, de los errores, de los desaciertos, de todo lo que sale mal o cree él que sale mal. Secretamente, está de parte de la gentuza, sin excluir a los terroristas, de cualquiera que no tenga razón. El muermoso conoce las miserias y los fracasos, pero no hace nada para remediarlos o impedirlos. Finge lamentarse, pero en el fondo se regocija de que las cosas anden mal o le parezca a él que andan mal, aunque anden bien. Cuando, a pesar de todo, se le ofrecen soluciones, el muermoso contesta tirando coces a la esperanza. Quizá tema que la esperanza le obligue a trabajar. Porque siempre encuentra motivos para no hacer nada bueno: asegura, por ejemplo, que él tiene bastante con estar al cabo de la calle... ¿Por qué al cabo de la calle y no al principio o en medio de la calle? La respuesta pertenece al misterio de los adagios. Será porque el muermoso las ve venir, como él dice guiñando un ojo, y a él no hay quién se la dé.

El muermoso es feliz con el muermo. Para él ser muermoso es una superioridad, pues confunde la tos, el carraspeo y todo eso con la inteligencia, la perspicacia y el talento.

La única verdad que el muermoso proclama y reconoce es la verdad indecente, la que expresa el fracaso, la ineficacia, el fraude, la trampa, la corrupción. Por eso prefiere siempre y hasta llega a pagar más cara una mala mentira que una buena verdad. Las verdades buenas no existen, para el muermoso, más que en el extranjero.

Le gustan las malas cosechas, las malas noticias, las malas compañías y las malas acciones. Pero es justo reconocer que si esas cosas malas, a las que el muermoso adora, le tocan a él, le perjudican a él, se refieren a él, entonces no, las rechaza, las condena, las niega en su caso... No todo es malo en el muermoso.

En realidad, el muermoso se las arregla para vivir de su muermo. Es otro de sus rasgos positivos. ¿Cómo puede vender lo que es una enfermedad mortal para las comunidades humanas y para los rebaños? Pues bien: sí. El muermoso vende su muermo dentro del país y también lo exporta. En el país, pase: la misma abundancia de muermo crea su necesidad, pues nadie quiere prescindir de su cuota de muermo. Hay demanda para muermo en píldoras, es decir, juicios sintéticos de muermo útiles y con destino a malas acciones y a peores inhibiciones. Hay garañones de muermo que lo propagan gratuitamente, por placer, y los hay estipendiados, prostituidos. Abunda la gente que se complace en el muermo y está dispuesta a pagarlo si no es demasiado caro. Pero, y en el extranjero, ¿para qué quieren el muermo español? Sí que lo quieren. No faltan personas más allá de fronteras a quienes les reconforta ver al vecino muermerizado. Incluso se puede ganar fama, un poco de dinero y gloria literaria repartiendo muermo traducido a diversos idiomas. Hay ejemplos.

Cuando alguien empieza un discurso, una frase, diciendo: «En este país...», aléjate de él. Está infectado, es un muermoso. No respires el mismo aire que el de «este país...». Claro que debe distinguirse. *Este país* —el «este país» a que nosotros nos referimos— no es un «este país» cualquiera. Está dicho en un tono especial, con los labios apretados, un poco al sesgo, de tal modo que sale cortando, con una carga agresiva, afilada... El tipo empieza así por expatriarse, por «extrañarse», como diría el Cid Campeador, pero sin Cid y sin buena intención. Se nota que el sujeto es algo aparte de «este país»... Que diga «este país...» un individuo ansioso de afirmar su ego porque carece de contenidos apreciables, no debe extrañarnos. En efecto, la mediocridad, en sociedades prestigiosas, se refugia en el ente colectivo para levantarse sobre su insignificancia. En España, dominada por el pesimismo comunal, el mismo tipo humano pretende elevarse mediante la denigración de su «país». Es peor que haga lo mismo un sujeto con auténticos méritos, admirado, colmado por sus compatriotas. Probablemente no le perdona a su «matria» el haberle hecho nacer en su seno.

Pero lo más frecuente es que el muermoso no valga gran cosa. Es vulgar, provisto de lugares comunes triviales, como sucede con el tipo humano conformista de otros países, pero el español muermoso, en vez de tópicos glorificantes, hace uso de otros pesimistas y denigratorios para su comunidad nacional. Esto significa que el muermo o, al menos, el pesimismo tradicional se ha extendido y forma parte del *ethos* común. La vulgaridad del muermoso se asocia con un cierto engallamiento personal, no siempre, por fortuna, pero sí en bastantes casos. Es el afán de los pequeños por afirmarse sobre sus coturnos. Así, el muermoso vulgar, para dar realce a su estatura, se ve en la obligación de rebajar a los demás. Es uno de los motivos de que el muermoso sea un generador infatigable de mentiras denigratorias y calumnias contra quienes ocupan puestos eminentes. Este automatismo de respuesta suele atribuirse a la envidia. No decimos que la envidia no tenga que ver en el asunto, pero sospecho que el fenómeno es más complejo, pues obedece a motivaciones más bien relacionadas con el muermo y el pesimismo tradicional. Me parece, en efecto, que muchas veces el sujeto calumniador, difamador, denigrador, no odia a nadie —envidia y odio andan juntos—, sino que, sencillamente, no quiere pasar por tonto y para él la buena fe, aunque se apoye en firmes datos, en realidades o en un llano y sólido sentido común, es ser tonto. En fin, el muermoso es escéptico para el bien y profesa una fe ciega para el mal. La reacción airada del muermoso cuando alguien lo contradice no responde a que se le hiera en su sensible corazón de envidioso, no lo significa necesariamente. Puede ser que se trate, simplemente, de la identificación que suele hacerse, que hace cualquier ser humano de sí mismo, de su vida, de su seguridad, de su orgullo, con las opiniones que tiene sobre las cosas.

La abundancia del muermo explica el rápido contagio muermerizante y que exista tan abundante producción de muermería. Hay, en efecto, un muermo profesional, como ya hemos sugerido en otro lugar. más aún: el muermo se filtra, se insinúa, se hace sutilmente presente en sitios y en juicios donde no debería estar necesariamente. Por ejemplo, en los titulares de los periódicos. Es obvio que el periodismo requiere una cierta tensión sensacionalista o efectista (el periodista vende emociones intensas y es natural que explote esta veta). Le basta al periodista, sin violentar su ética profesional, con no mentir en los conceptos. Ahora bien: entendemos que alterar mediante recursos tipográficos el valor lógico de la información afecta a los conceptos mismos, afecta al dato y no es un detalle de mera coloración donde cabe una gama bastante elástica. Así pues, nos parece que no es normal titular de «caos» con gruesos caracteres en ocasión de una huelga, una y otra vez. El caos suele ser demasiado. Por supuesto, no nos referimos a la prensa cuando la mueve el factor político que explica perfectamente estas conductas sin recurrir al muermo. Precisamente, lo que tenemos presente, al aludir a esta suerte de exageraciones —digamos—, es aquellas publicaciones que por su índole y por su tendencia ideológica no sería previsible que abusaran de la destemplanza catastrofista. Es significativo, en efecto, que publicaciones no interesadas —cabe suponerlo— en sembrar la desconfianza, el pesimismo, la inquietud, de un modo sistemático, con sorprendente constancia, cuando una noticia tiene dos caras, una positiva, la otra negativa, o si se trata de dos noticias bajo una misma rúbrica —una optimista, la otra pesimista—, titulen con el hecho negativo o pesimista y hagan desaparecer el dato susceptible de favorecer o al menos de no perjudicar el clima anímico de un lector interesado en que las cosas no marchen mal. Quiere decirse, pues, que el periódico supone que, de alguna manera, su clientela se complace en las malas noticias. ¿Hasta qué punto puede ser esto verdad? A juzgar por la coloración emocional de los diarios españoles podría concluirse que, efectivamente, el lector acoge bien una información o unos juicios pesimistas, cáusticos o consistentes en una chismografía sarcástica. Pero sucede en la práctica que ha disminuido la demanda de prensa diaria por el público desde el advenimiento de la democracia y de la libertad

Debe reconocerse que la «marcha verde» fue un invento ingenioso de Hassan II,
rey de Marruecos y del oportunismo. Parecía cosa de locos.
Pero no. Hassan sabía que el gobierno español no se defendería.

de expresión. ¿Cómo interpretar este hecho? Puede deberse a que, después de todo, en España, como en todo los países y en todas las sociedades, el ser humano desea su propia felicidad y acaba por cansarse de que le abrumen de malas noticias, y esto con independencia de un talante pesimista o —en el caso— muermoso, del público. Cabe, en efecto, que el muermoso se empache de muermo, y nos parece que eso puede estar sucediendo en la sociedad española. Pero nos tememos que esta interpretación sea demasiado simple y demasiado influida por el tema que estamos tratando. Es, ciertamente, como suele acontecer en esta suerte de hechos, la resultante de muy diversos factores. Tampoco sería lícito, creo, atribuir a nuestro muermo todos estos fenómenos. Así, por ejemplo, el predominio de un tipo de comentarista político chismoso, más bien frívolo, casi nunca dotado de conocimientos serios en la materia, no se debe, a mi modo de ver, únicamente, a un talante muermoso dominante, sino, también, a una moda, a la preferencia por un género de periodismo que logró sus cotas más altas precisamente bajo la dictadura, antes de haberse iniciado la transición a la democracia. El maestro de este género era —quizá sea exagerado decir que siga siéndolo— un periodista precisamente adicto al régimen de Franco y a su servicio, en realidad, pero ducho en insinuar una actitud crítica mediante esguinces escurridizos de la prosa, alusiones retorcidas y otras habilidades propias de una prensa sometida a suspicaz vigilancia, con censura o autocensura. En suma: el cultivo de estos modos periodísticos responde a factores de coyuntura, al menos en parte, y a una imitación más o menos consciente de prácticas que han tenido éxito en su momento. Evidentemente, el muermo puede intervenir en el producto e interviene, pero mezclado con otros ingredientes. Claro está que sería mejor conceder el espacio a un tratamiento periodístico de una actualidad trascendental y grave, un tratamiento serio, bien documentado y tan objetivo como fuera posible. Pero cabe que al lector muermoso no le gustara la receta, aunque tampoco le guste del todo, quizá, el comentario insidioso, turbio, donde la malicia misma acaba por ser aburrida y vacía. Pero esto ya es otra cosa un tanto fuera de nuestro tema.

2/La mentira es la fétida respiración del muermo

El muermo segrega mentiras para su propia satisfacción y goce. Si se tratara de pesimismo solamente, parece que el sujeto no debiera tener tan acusada propensión a la mentira. El pesimismo puede ser perfectamente decente y veraz. Raramente, desde luego. Porque el pesimista, como todo pasional, exagera, hiperboliza, niega y reniega para acrecer su propio ego a expensas de la estatura de los demás.

Así, el pesimista tradicional puede ser confundido con el muermoso de más reciente gestación. Pero no son la misma cosa, aunque se parezcan hasta el punto de que nos perderíamos en sutilezas de dudosa o ninguna eficacia cisoria si tratáramos de separar al muermoso del pesimista mediante definiciones y distingos abstractos. Por eso acudimos a las realidades concretas, a los hechos, a las hijuelas históricas de estas y ambas especies tan cercanas la una a la otra y, sin embargo, diferentes. Aquí vale aquello de que por los frutos los conoceréis. El pesimismo de la derrota del 98 produjo obras muy valiosas emanadas precisamente del sentir pesimista y no impidió la fertilidad de aquellos tiempos de la Edad de Plata. En cambio, no sabemos que del dilatado cepellón del *Morbus hispanicus* hayan salido retoños comparables. El muermo proviene del fracaso moral que dejó tras sí la guerra civil de 1936-1939, aquella furia cainita que quiso asentar la gloria y la prosperidad de España sobre la muerte, incluso física, de la otra España.

Caracteriza al muermo la esterilidad. Sin embargo, es cierto que al lado del muermo continuó fluyendo la manida creadora del pueblo español, con pena y estrechez, sobre todo la poesía (la poesía, como la pintura, tiene la vida tenaz en España).[1] La esterilidad del muermo es más notoria no en su entorno, sino en sí mismo. Si el muermo no hubiera sido estéril, tendría que haber dado un brote explosivo de creatividad desesperada, como, a causa de una desesperación menos grave, dio algo semejante la generación del 98.

El muermoso ha encontrado la coartada ideal para su inferioridad: frustración en las debilidades, reales o supuestas, en las insuficiencias, en los fallos, verdaderos o mentidos, de su país, en vez de ponerse a trabajar, en la soledad y la ingratitud, si así vinieran las cosas, para corregir y superar estas penurias o esas vergüenzas, si es que existen, como hizo don Santiago Ramón y Cajal. Pero resulta más cómodo exhibir tales miserias, pregonarlas, agitarlas, sobarlas, acecharlas para saltarles encima y decir que las hemos atrapado y denunciado, pero no hacer nada para remediarlas.

El muermoso dirá que presta un servicio a la comunidad al perseguir las lacras que proclama. Es mentira. No se supera el mal cuando quien dice combatirlo se complace en él.

Es preciso reconocer que el muermo se ha hecho general, popular en el sentido chabacano y ramplón de la palabra, vulgar, tópico, automático, mecánico. La gente más tonta se ha hecho muermosa y se cree muy lista.

Así, en este momento, cualquier analfabeto repite aquel dicho de Larra según el cual escribir en España es llorar. En Larra, la frase tuvo sentido. Hoy es un lugar común que repiten los loros, por nada, para hacer ruido o, lo que es peor, para insinuar el mendaz aserto de que el pajarraco chillón es un genio desperdiciado por España. Por lo demás, es hora de hacer constar ciertos datos elementales según los cuales resulta que España figura entre las primeras naciones por el número de títulos editados y la tirada media pasó de tres mil ejemplares hace unos decenios a más de veinte mil en la actualidad, y en cuanto a la adquisición de libros por individuo, referida al total de la población o a la parte tomada como referencia, aún no hemos visto estadística ni encuesta fiable.[2]

1. La poesía es un género muy significativo donde se hace más evidente y más profunda la fecundidad, a pesar de medio siglo en que preside a España la representación más genuina de una burguesía culturalmente en penuria desde hace siglos. Pero debe notarse también el despliegue de la investigación histórica, por ejemplo, con una abundancia de trabajos sin precedente en España.

2. El Instituto del Libro no dispone, al parecer, o no disponía cuando nosotros nos interesamos por el dato, de información al respecto. Para comparación, cita-

La verdad de este discutido asunto de las frecuencias en la lectura es sencilla e ingrata. Ingrata, en todo caso, para quien esto escribe. Resulta, en efecto, que en España, como en otras naciones más acreditadas, hay escritores que venden cientos de miles de ejemplares de sus libros y cobran millones de pesetas en derechos de autor y en premios. Y hay otros, como yo mismo, que cuentan con un mínimo de, al parecer, arriesgados lectores. Ante tales hechos sólo podemos decir que los unos tendrán sus méritos, sean los que fueren, y los otros tendremos nuestras culpas, también sean las que fueren.

Pero volvamos al muermoso y a sus astucias. Por ejemplo y a propósito del dato que hemos mencionado con referencia al crecimiento de las tiradas de libros. Ese dato es una consideración dinámica de una realidad. El dato en cuestión es más significativo y útil y refleja mejor la realidad que el simple enunciado del porcentaje de compradores de libros en determinado momento. En todo examen de los fenómenos, la tendencia es el elemento de juicio más expresivo. Así, importa más una serie estadística de varios años que el dato aislado de un año. Elemental, claro está. Pero el muermoso, justamente, se desinteresa de este modo dinámico de presentar los hechos, si esta presentación no es productora de muermo. En suma: le importa su muermo. No le importa la realidad a la que finge prestar atención y pasión. Su pasión real es el muermo.

Sin embargo, con todo eso que hemos dicho y mucho más que podríamos decir, el muermoso se considera a sí mismo como un realista, y el público también lo cree así. Con la óptica del muermo, en efecto, ser realista es ser muermoso. Pues bien: no. El muermoso desdeña la realidad, a menos que le golpee a él directamente. El muermoso es tan pesimista en las duras como en las maduras. Se ha visto la agravación del muermo precisamente en presencia de las mejores expectativas y a pesar de hechos objetivos satisfactorios comprobados y vividos. ¿Será tan tenaz y resistente también un optimismo desatento de la realidad? Tal vez, pero lo dudamos. La ventaja de un talante pesimista consiste en que el sujeto no padece personalmente por el simple hecho de su humor melancólico, porque su melancolía suele ser fingida y una especie de placer secreto. Por tanto, muy compatible con una bienandanza que el muermoso usufructúa sin compartirla, también en secreto. ¿Qué mejor? En cambio, el optimista está más expuesto a sufrir el contraste entre su concepción de las cosas y una realidad adversa, y sus posibilidades de aislarse de esa realidad son probablemente menores.

El muermoso imagina ciertos males o exagera los que realmente existen, para dar satisfacción a su muermo (ya hemos dicho que se trata de un autogenerador de mentiras). Esta idea del muermoso se proyecta al exterior y acaba por formar un fantasma materializado que produce efectos en el orden objetivo. Resulta así que la mentira muermosa se convierte en una cosa puesta ahí, es decir, gesta el mal imaginado. Queremos decir que el muermoso inhibe lo que debiera existir y confiere

mos, sin garantía de veracidad, unas manifestaciones del ministro de Cultura francés. Según nota periodística, uno de cada tres franceses nunca ha comprado un libro, tres de cada cuatro nunca visitó un museo, uno de cada dos nunca ha ido al teatro. Según parece, la cultura es un lujo, más o menos, en todas partes.

existencia a sus fantasmas suplantadores. De otro modo: el muermo es causa de males, de daños sociales, de perjuicios ciertos. No es posible medir, ni estimar fundadamente las consecuencias de un ambiente muermoso. Pero sí podemos exponer algunos ejemplos de las funestas consecuencias del talante muermoso.

3/El muermo en acción

La mejor manera de conocer el muermo es observarlo en acción. Por su fruto lo conoceréis.

Recuerdo lo que aconteció con los capitalistas españoles —con capitalistas muermosos o influidos por el muermo, quiero decir— en los días de la reforma económica de julio de 1959. Entre las medidas que por entonces adoptó el gobierno figuraba una devaluación de la peseta por debajo de su cotización en el mercado negro. Se fijó un cambio de sesenta pesetas por dólar, cuando una estimación técnica del valor real podía situar la peseta en cincuenta y cinco por dólar o cerca (no tengo cifras a la vista, pero creo que la cotización más probable debía andar próxima a estos guarismos). Por lo demás, se impusieron severas limitaciones al crédito, se liberalizaron las importaciones y se exigió un fuerte depósito previo inmovilizado. En estas condiciones era seguro que se produciría un flujo de divisas hacia España y un mejoramiento espectacular de la balanza de pagos, como habría de suceder efectivamente. Pues bien: la respuesta a estas medidas fue exactamente la contraria de la que cabía esperar. ¿Desconfianza? Cierto, pero no desconfianza política, puesto que la mayoría de los tenedores de fondos eran adictos al régimen y a Franco. Debemos suponer que se trataba de una falta de confianza en el país mismo, de un pesimismo radical e incondicional. En todo caso, lo que hicieron aquellos leales franquistas fue cambiar sus pesetas hasta el último céntimo, con infracción de la ley y del sentido común y quebranto de sus propios intereses. Durante un mes o más después de implantadas las medidas estabilizadoras, el mercado negro, en vez de cotizar el dólar a cincuenta y nueve o quizá a cincuenta y ocho, cambió a razón de sesenta y cinco pesetas. Después operó el efecto racional, se acabaron las pesetas y, en muchos casos, los mismos que habían emigrado sus capitales pagando los dólares a 65 tuvieron que repatriarlos a 57 o 58. Es decir, sufrieron pérdidas importantes. De modo parecido, los acaparadores de metales, por ejemplo, en vez de venderlos a la vista del rigor de la estabilización, los retuvieron hasta que su situación se hizo insoportable. Aquello parecía una feria de despropósitos.

No decimos que haya nada de extraordinario en un error de la especulación. Pero un error de esa magnitud y en condiciones objetivamente claras sólo pudo deberse a lo que nosotros llamamos «muermo». Es el muermo en acción.

El muermo se ha mostrado muy dañino para la economía. Podemos citar muchos ejemplos. El pesimismo sistemático ha perjudicado frecuentemente la creación de industrias con una dimensión adecuada, y con falta de previsiones de ampliación. El empresario calcula o calculaba por bajo la capacidad del mercado, lo que implicaba costes mayores del negocio. Yo mismo tuve alguna parte en una iniciativa del Estado para confeccionar tablas que permitían anticipar la demanda por áreas comerciales con la esperanza de que sirvieran para aproximar más a la realidad la dimensión de las empresas. El optimismo puede ser loco. Pero el pesimismo sistemático y muermoso fomenta una cautela temeraria.

Estoy seguro de que el ambiente muermoso ha hecho y sigue haciendo daño a la investigación científica y a la creación de tecnología nacional. Por de pronto, en los planes de desarrollo de los años sesenta el pesimismo contribuyó a descuidar sin razón estas necesidades superiores de la sociedad española. Con todo y así, se nos asegura que hay no poca tecnología nacional encerrada en armarios, sin luz ni aire, tecnología muy valiosa pero desdeñada por las empresas españolas. La propensión a importar tecnología innecesaria —la necesaria debe ser importada y es un error criticar la importación de estos bienes de la inteligencia— es un fenómeno muermoso, pues se basa en un escepticismo cerrado y previo, sin examen, acerca de la capacidad inventiva del país, un escepticismo ciertamente ajeno a la realidad. Esas mismas empresas llegan a comprar tecnología obsoleta o a punto de caer en desuso y —más aún— se me ha mencionado algún caso hilarante, como el de la central hidroeléctrica que usaba un producto importado —suponemos que en exclusiva rigurosa— y al faltarle ocasionalmente lo hizo analizar en un laboratorio nacional y resultó ser polvo de cáscara de cacahuete molido. La dirección de la empresa temió, antes de conocer el resultado del análisis, que se vería obligada a suspender la actividad de la central. Eso es muermo del género grotesco, pero muermo.

No exagero nada —es la verdad misma— que al serle presentado un estudio prospectivo de la economía española a un grupo de capitalistas, fue rechazado sin más y archivado «por ser demasiado optimista». En realidad, las expectativas de aquel estudio habían sido abatidas en un fuerte porcentaje, las expectativas optimistas, quiero decir, y los hechos confirmaron que las previsiones más audaces habrían de cumplirse con creces.

En una ocasión me consultó un amigo con negocios en el extranjero acerca de posibles inversiones en España. Le aconsejé que consultara con un director de empresa español cuyos negocios se verían favorecidos por la ejecución del· proyecto. Efectivamente, la entrevista se llevó a cabo. Pero el consejo recibido por el inversor fue catastrófico. Todo iba mal, el desastre se cernía como la sombra del Apocalipsis sobre el país... Nunca supe por qué el consejero disuadió de tal manera a un empresario cuyo establecimiento en España habría beneficiado sus propios negocios. No hay más remedio que atribuirlo a un muermo delirante y «desinteresado».

Creo que el pesimismo español que últimamente ha degenerado en muermo perjudicó, incluso, al trazado moderno de las ciudades. Así, las calles fueron proyectadas con mezquindad. Claro que en estas cuestiones interviene la especulación de los negocios urbanizadores. Con todo, la misma tolerancia de la angostura irracional denuncia un ánimo muermoso. Sin embargo, debemos señalar, por contraste y a la vez confirmación del influjo del humor, es decir, de la emocionalidad, en estos asuntos, el caso de Barcelona. Barcelona tuvo un gran urbanista en el siglo XIX, y aunque debieron jugar, como es inevitable, intereses contrarios a los planes de este gran arquitecto, triunfó una concepción más generosa que en otras ciudades. Debe haber influido la atmósfera de prosperidad de la gran urbe catalana en la pasada centuria. Creo que Barcelona —si exceptuamos los valores monumentales arqueológicos de otras capitales, como Roma— debe ser la mejor ciudad de Europa meridional. Lo es no sólo por sus monumentos góticos, sino también porque es una ciudad moderna de gran dignidad urbanística.

Sin embargo, y ya que hablamos de urbanismo, debemos llamar la atención acerca del sentido de grandeza y decoro urbano de los españoles de otras épocas. Así, los edificios coloniales de América, aun en pequeñas ciudades del Imperio español, suelen ser magníficos. El México colonial fue una ciudad espléndida y bien equipada y cuidada para la época, quizá la mejor ciudad, en este aspecto, de todo Occidente. Aún en el siglo XVIII continuaba la tradición suntuaria en los edificios públicos y en el trazado de las ciudades. Por ejemplo, en un apostadero naval como Montevideo la administración colonial construyó un cabildo de noble fábrica que hoy conserva su rango arquitectónico. Sé que esta propensión a la magnificencia arquitectónica y urbanística, especialmente manifestada en las catedrales, se ha criticado en los españoles. No comparto esas objeciones. Me parece que es una nota muy honorable, siempre y cuando responda a una preocupación por la belleza. No debe confundirse el decoro público con la inversión privada de lujo ostentoso, que es una de tantas manifestaciones de un ego hipertrófico y cuanto más grande más deforme.

No sé si me arriesgo en un campo incierto habitado por un subjetivismo sin fundamento real. En todo caso, debo revelar sentimientos e ideas que se apoderaron de uno en ocasión de la guerra civil de 1936-1939, y ello en relación con lo que hemos llamado muermo (Morbo hispanicus). Se nos dirá que el odio cainita es patrimonio firme del hombre y también lo es el fanatismo de las guerras de religión, a las que cabe asimilar las guerras ideológicas modernas. Cierto que en todas las guerras civiles se mata y se destruye sin piedad y sin miedo a la ruina, y es ocioso ponerse a buscar causas adicionales, peregrinas o sutiles, peculiares estados de ánimo o particulares afectos de los pueblos. Basta y sobra con las motivaciones comunes y generales en esta clase de pródigos ritos de la fraternidad humana. De acuerdo.

Pero estas reflexiones, muy sensatas, no nos impiden trasladar a este momento recuerdos y sensaciones de la propia experiencia en la guerra civil española de 1936-1939. En primer lugar se observaba en los combatientes una especie de postergación de los intereses nacionales, por lo menos al principio y en el bando republicano. Aquellos hombres eran cruzados de una causa universal. Luchaban no tanto en pro de un ideal como para oponerse a la victoria mundial del fascismo, especialmente en su versión alemana, que atacaba todo cuanto se consideraba bueno en el corazón humano. España había pasado no ya a un segundo término. Más bien se prescindía de ella. No he visto contienda menos nacionalista. Sin embargo, a medida que avanzaba la guerra, iba cuajando un sentimiento nacional cada vez más consistente, pero la derrota final cortó el proceso de nacionalización que tal vez se prolongó, de alguna manera, en las conciencias, durante los años del exilio. Esta ausencia de nacionalismo era percibido por los extranjeros y acaso influyó en el amor efímero, pero apasionado, de que se hizo objeto a España en el mundo. Nunca antes ni después gozó de este calor emocional.

Ahora bien: más de una vez me acometió, en aquellos años, la sospecha de que tan pródiga y ecuménica generosidad de los españoles podía deberse a la prédica del pesimismo nacional durante el tiempo que precedió al conflicto civil. Diríase que los actores de aquella lamentable orgía de sangre y de ruinas mataban y destruían con la conciencia muy tranquila porque España no merecía ser preservada. Y esto sucedió en ambos bandos, cada uno con su fanatismo, pues ambos postergaban el interés concreto e inmediato de la patria real y de la patria viviente. Nos parece que el pesimismo radical y esencial respecto a una comunidad preanuncia su destrucción. Es de temer, en efecto, que los espíritus infernales del muermo, en manifestación nihilista, posean también a los incendiarios de los bosques que, en verano, celebran aquelarres de fuego, para reducir a su patria a cenizas. En otro lugar volveremos, acaso más de una vez, sobre esta conducta criminal, no sabemos si la más abominable, aunque haya tantas dignas de la mayor execración. Veremos que los incendiarios de bosques incurren en un crimen nuevo, no por el incendio mismo, sino porque atentan contra una norma ética que ha cobrado expresión en los últimos tiempos.

El muermo es igualmente un estímulo real y efectivo para el terrorismo. El terrorismo se basa en un nacionalismo fraccionario, por tanto en una alta o altísima valoración de una parte del territorio —nos referimos, claro está, al terrorismo vasco, especialmente— y en una desvalorización de España, para el caso tachada de opresora y además juzgada como una personificación ensombrecida por toda suerte de notas negativas. El muermo hispánico es un cohonestador ideal del terrorista, lo que no les impide a los muermosos, incluidos los que tienen en sus manos medios de comunicación, condenar el terrorismo y estimular, al mismo tiempo, su virulencia. En muchos casos, el sujeto muermoso no obra de mala fe, pero esto no hace sino poner de manifiesto la costra de estupidez e insensibilidad, de impudicia, diríamos, generada por el muermo.

Se nos reprochará que estamos obsesionados por el muermo y así le achacamos el ser la fuente de todos los males. No hay tal cosa. Lo que pretendemos es llamar la atención acerca del peligro que comporta el muermo, más de lo que se pudiera imaginar. No es que el mal nazca directamente del muermo como causa suficiente. No es causa suficiente. Pero en el clima muermoso, en el ambiente muermoso, las fuerzas negativas asesinas y destructoras encuentran un medio propicio para desarrollarse. El muermo es un caldo de cultivo donde proliferan y multiplican su virulencia todos los agentes destructores.

No debemos perder de vista que el muermo no es una idea, no es un razonamiento, no es un teoría ni el enunciado de una ley científica. Es un estado mental, un estado emocional, en suma, una fuerza que estimula unas acciones del sujeto e inhibe otras. El muermo frena, paraliza y, también, puede dinamizar a los individuos y a los grupos de cualquier clase que sean.

Somos conscientes de la dificultad de distinguir el muermo de la crítica racional y sana. No es fácil, ciertamente. Sin embargo, la sensibilidad nos da la alarma cuando hemos adquirido conciencia del muermo. Tal vez sea preciso un tratado del muermo. Por el momento nos limitaremos a insistir en que el muermo es peligroso, muy peligroso. De momento debemos precavernos contra el muermo por la sencilla respuesta consistente en combatir cualquier forma de pesimismo exagerado o sistemático, sea o no muermoso. El pesimismo irracional es fácilmente perceptible, pues basta contrastarlo con la realidad, lo que tampoco es fácil, pero sí hacedero. Es una cuestión de ejercicio, un método, y no cabe duda de que la educación puede ayudar a la clarificación de este problema. De otro modo: la creación de un temple, de un buen temple, de otro temple para este país, para esta sociedad, un modo de reacción templada, fruto de una educación social, sería un saneamiento del ambiente muermoso. Pero éste ya es otro tema que tiene su lugar más adelante.

4/El esperpento y la total denigración

Y sin embargo, y a pesar de todo lo que acabamos de decir, faltaríamos a la verdad por omisión si prescindiéramos aquí de los aspectos positivos y creadores del pesimismo tradicional español. Es hasta cierto punto desconcertante que el pesimismo español haya generado importantes valores culturales. Esto quiere decir, entre otras cosas, que hay también en las sociedades una suerte de equilibrio ecológico y no suele ser tan buena como parece la extirpación de ciertos males. Parece que la conducta prudente consiste en combatir lo que es o nos parece un mal, pero sin un ánimo exterminador. El exterminio es una acción que corresponde a los dioses, pues saben más y ven más lejos que nosotros. Nuestra función es de lucha, y al combatir contribuimos al misterioso equilibrio de la historia sin pretender dominarla. No es, la historia, un objeto de dominio, aunque sea campo de agonal.

A las grandes creaciones literarias españolas —la novela moderna, la novela picaresca— habría que añadir el esperpento. Y el esperpento es el arte más pesimista que existe. Por eso mismo, porque el esperpento es pesimista —y acaso muermoso o sería muermoso si no fuera un valor positivo—, vale la pena prestarle un poco de atención, entre otros motivos para entender mejor el pesimismo español y para defendernos de la considerable influencia que puede tener el esperpento sobre el talante muermoso. El esperpento no es muermoso, pero dudamos poco de que ayuda al muermo. Ahora bien: una mejor inteligencia del esperpento nos permitiría una lectura diferente de la lectura muermosa, y entonces el esperpento, en vez de alimentar al muermo, nutriría o debe nutrir —nos parece— las fuerzas anímicas productivas y creadoras; en vez de estar del lado de la muerte estaría del lado de la vida porque, en sí mismo, a pesar de su raíz pesimista, el esperpento es vital, apunta a la catarsis trágica y apunta también al humor, a la risa, lo que es salud del espíritu, y, por tanto, antimuermo, auténtico suero antimuermoso.

Quizá estas reflexiones parezcan un tanto contradictorias. Pido perdón. Pero la realidad es así y nosotros demasiado inhábiles para traducir a un buen lenguaje coherente las caprichosas antítesis y las paradojas con que tenemos que habérnoslas si queremos ser enteros y veraces.

Y vamos con el esperpento. Se admite generalmente que el esperpento se inicia con Quevedo, especialmente en los *Sueños*. Quevedo era dueño de un instrumento verbal muy eficaz y de un gran poder expresivo, aunque al servicio de un ideal arcaizante. La sátira de aquel hombre, animado de una suerte de patriotismo temprano y amargo, crea un protoesperpento, pesimista, sarcástico y divertido.

El esperpento es una visión de la realidad deformada, con notas grotescas, una caricatura que abarca a todo el sistema, al marco, al paisaje, a las cosas y a los personajes. Es un mundo dislocado donde nace el sarcasmo, la burla y a veces aparece el fondo mismo de la condición trágica del ser humano.

Lo más valioso de la sátira quevedesca es el lenguaje, más que el elemento sustantivo, quiero decir, la materia de la composición, el objeto al que la sátira se dirige. La víctima del látigo quevedesco puede ser, a menudo, deleznable —sastres, escribanos, corchetes, alguaciles, gente menuda que cubre a otra de mayor entidad—, pero la prosa suele ser magnífica. La prosa de Quevedo es, frecuentemente, un águila enjaulada, hecha para la caza de altura y empleada a ras de tierra. Sus metáforas inesperadas y sus conceptos alejados unos de otros se juntan bruscamente con un efecto detonante en el que descarga la risa. Una risa acre, pero potente.

Quevedo fue el abuelo del esperpento culminante y total de don Ramón María del Valle-Inclán. El padre, el que le dio al esperpento la más rica y profunda sustancia, fue Goya, como el propio don Ramón admite. En Goya —esto no lo dijo expresamente Valle-Inclán—, el esperpento alcanza su cima (lo demás, por espléndido que sea, ya es bajar de la cumbre), pero el lenguaje, en Goya, no es verbal, sino plástico, claro está. Y esto confirma que los escritores, en España, tiran a pintores y los pintores tiran a filósofos. El hecho es que Goya trascendió el alcance del esperpento, al proyectarlo a la humanidad, más allá de España y de la política, más allá también de la sociedad, un tanto menuda, a la que satirizó Quevedo. Goya creó un esperpento a la vez trágico y caricaturesco, una visión de la realidad distorsionada en la superficie, exacta en el fondo. Describe un mundo de horror —y el horror del mundo— sin la belleza robusta y formal de la tragedia clásica, pero más seria y creo que más honda, más esencial, no declamatoria.

Comparemos ahora una pintura de Quevedo con una epopeya muda de Goya, la figura de un médico quevedesco, un retrato, con el poema trágico de los *Fusilamientos de la Moncloa*. Escribe Quevedo (cito de memoria, quizá con alguna infidelidad: *Con su barba negra* —la del médico, claro— *su garnacha negra, montado en una mula negra. Parecía una tumba con orejas.* Y ahora el muñeco de Goya en el centro del cuadro de los fusilamientos: parece no un hombre, sino harapo de hombre, en el que fulgen unos ojos menudos y agudos que probablemente han dejado de ver, pero vivos y cargados de una fuerza atónita, estupefacción en el límite de la conciencia, más allá o más acá de la conciencia, un fantoche esperpéntico y más verdadero que ningún héroe de la tragedia antigua; es el horror desnudo, sin consuelo, con la espantosa pureza de la tragedia, de la experiencia humana, al límite, la muerte seca, nada más que la muerte.

Cuando la no alineación fue inventada por el mariscal Tito
parecía o podía parecer algo real y consistente. Pero pronto pudo verse
que se trataba de una metáfora. (En la foto, Tito es recibido por Nixon, 1971.)

Fidel Castro, otro no alineado que en realidad estaba
estrechamente vinculado a Moscú y no podía hacer otra cosa.
(En la foto, Breznev es recibido por Castro, 1974.)

Valle-Inclán cultivó y creó otro esperpento prodigioso de color, de gracia, cuya sátira es cruel pero regocijante. El chiste de Valle-Inclán no desarbola completamente los valores que denigra por varias razones: la primera porque opera al nivel de la estampa pintoresca en busca de una burla divertida, no precisamente amable ni piadosa para la víctima, pero grata para el lector que no se siente atacado. La víctima es siempre otro, alguien que se lo tiene merecido. En este aspecto, el humor valleinclanesco es un tanto panfletario y castiga a los malos de la comedia, aunque los malos sean, si se hace el inventario, todo el mundo excepto el propio autor; la otra razón o causa de que Valle no desarbole completamente los valores que denigra es que sólo emplea la dinamita para objetivos españoles y rara vez alcanza la onda expansiva a los extranjeros y no digamos al hombre sin apelativo gentilicio. Valle-Inclán es fiel al pesimismo español, que no es pesimista respecto a la condición humana en general. Al contrario: con referencia al mundo de más allá de las fronteras, el español, incluso el muermoso, es optimista. Cree ingenuamente que por esas tierras todo anda bien y todo es verdad. Por cierto que esta ingenuidad ha favorecido mucho la imagen de un español acogedor, hospitalario, y ha estimulado el turismo. Al turismo lo favorece mucho la sensación de que engañamos un poco a la gente del país. El mismo Valle-Inclán participaba de esta óptica de luminosidad espléndida en la distancia. Nos lo dejó dicho en *Luces de Bohemia* y en un pasaje muy citado. Aquel donde Max Estrella habla de este modo: «El esperpento lo inventó Goya. Los héroes clásicos han ido al Callejón del Gato (un sitio donde había unos espejos deformantes). Los héroes clásicos, reflejados en los espejos cóncavos, dan el esperpento. El sentido trágico de la vida española sólo puede darse con una estética deformada... España es la deformación grotesca de la civilización europea... Mi estética actual es transformar, con matemática de espejo cóncavo, las formas clásicas...»

No siempre es lícito, evidentemente, atribuir a un autor los juicios de sus personajes. Pero en este caso suponemos que nadie dudará de la identidad entre Valle-Inclán y Max Estrella. Pues bien: siendo así nos parecerá un error del genial artista que era Valle pensar que España fuese una deformación de la cultura europea. Más bien podría decirse lo contrario, aun en esta época, a pesar de la degradación formal que sigue al colapso cultural de fines del siglo XVII, a pesar de todo —rudeza, tosquedad—, a pesar, lo que nos parece más inverosímil, de la ramplonería que caracteriza a los siglos posteriores. A pesar de todo, quedan y subsisten los rastros de un buen estilo. ¿Es que el maestre don Rodrigo, cuyo retrato nos dejó Jorge Manrique, su hijo —aun juzgado como una idealización—, es menos que un héroe clásico, antiguo o moderno? Será menos henchido de forma, de un mármol menos opulento, pero más verdadero que los héroes que alababa Valle-Inclán como auténticos. No eran sino más declamatorios. ¿Los héroes de la épica española tienen algo de deforme? No. Son, simplemente, más reales. ¿Es alguna caricatura la magnífica hombría, en su sencillez, del alcalde de Zalamea? ¿Y el personaje colectivo de Fuenteovejuna? No creo que tengan nada que ver con los patizambos personajes a los que infligió su desprecio el maestro del esperpento.

Con frecuencia pienso en el retrato de Felipe IV, pintado por Velázquez, del Museo del Prado, y lo asocio con el de Luis XIV, pintado por Rigaud, del Museo del Louvre. El uno, el español, sobrio, sin pompa, modestamente escueto; el otro, con el ostentoso ego que no le cabe dentro, bajo la inmensa hipérbole de la peluca y el hombro cargado con el manto real como un mozo de cuerda. ¿Dónde está aquí la imagen del Callejón del Gato? Igual contraste en el cuadro del encuentro en la isla de los Faisanes. ¿Y qué decir de ese humilde triunfo del cuadro de las lanzas de Velázquez? Parece imposible que alguien haya podido incurrir en la enorme injusticia de afirmar que la cultura española es la deformación grotesca de la cultura europea. Sólo puede explicarse semejante aberración como un efecto de la degeneración emocional que hemos llamado muermo, el muermo hispánico.

La técnica del esperpento consiste, en líneas generales, en una deformación sistemática y total de la realidad. Esto sí. Es un postulado del género. Pero esta trasposición literaria sólo es válida como clave de una realidad, no como la realidad misma. Como clave, la misma degradación, la misma caricatura, goza de una irreprochable licitud. Por ejemplo, el lenguaje de Tirano Banderas es la lengua de ninguna parte, como sucede también en otras obras de Valle-Inclán. Hace muchos años escuché de Unamuno un juicio crítico acerca del lenguaje de Valle —él no le llamaba nunca de otra manera— y creo que no tenía razón. El hecho es que en un plano artístico, aquella lengua inventada era efectiva y los mismos personajes deformados, maltratados, suscitaban una imagen viviente. ¿Y qué más? Del mismo modo, descifrada la clave, cualquier realidad valleinclanesca recupera su forma verdadera.

Entretanto, los seres humanos del esperpento son muñecos grotescos y huecos. No son seres humanos. Por eso el autor no les concede ninguna piedad. Ni siquiera mueren. Dan una zapateta final, y eso es todo. Figuras de indudable valor, como el general Prim, queda reducido a su «barba cosmética». A Cánovas del Castillo se le caen los anteojos mientras pronuncia un discurso hecho de lugares comunes dinásticos en las Cortes (el propio Valle-Inclán me condujo ante un retrato del importante político que hay o había en el Ateneo para que viese cómo aquellos anteojos tenían que caerse). El Palacio de Oriente, en las ceremonias reales, es oropel y estuco. El limpio y ascético paisaje de Castilla es desconocido si no ridiculizado (Valle Inclán, sin embargo, respetaba y valoraba el paisaje gallego y el vascongado o navarro de la epopeya carlista). Nada vale nada —fuera de algunas excepciones— en el esperpento: hombres, cosas, tierra, ¡nada!

Si Valle-Inclán pudo creer que la realidad española y la cultura española no pasaban de ser una deformación grotesca de Europa, fue porque él mismo era un celtíbero —más bien que celta— aquejado de iberismo claustral —yo le conocí y lo escuché desde el modesto nivel de un estudiante ateneísta—; el iberismo de un tiempo de la desintegración de la sociedad española, de la cultura española que fracasó plenamente a las puertas de la modernidad. Todos somos, aun hoy mismo, fragmentos sin sentido de un sistema desnuclearizado que no hemos sabido o podido sustituir. Por eso sufrimos de un malestar sin nombre, sin traducción racional, enfermos de un pesimismo que nos sirve de refugio, pues el pesimismo nos releva del esfuerzo incondicional necesario para superarlo.

Don Ramón María del Valle-Inclán, maestro del esperpento, confiesa que ante sus personajes esperpénticos adoptaba la actitud de «un demiurgo que no se cree hecho del mismo barro que sus muñecos», «enanos patizambos que juegan una tragedia». Pero lo más significativo del caso es que esos personajes, conforme a la estética adoptada por Valle-Inclán, eran ni más ni menos que hombres reales, concretos, de carne y hueso, como diría Unamuno, y no sólo personajes que pueden ser inventados, imaginados por el autor. Y aun así, los personajes imaginados aluden a personas, a ejemplares humanos vivientes, sustituyen a estos otros entes y los representan. Si esto es así, lo que hace el autor es infligir a los personajes y, a través de ellos, a los seres humanos, un estado de cosificación. Hace de ellos unos entes subhumanos, ahistóricos, colocados fuera de la historia, seres esenciales, no existenciales, a los que el autor, bululú de la farsa, contempla sin piedad desde la altura. El autor es el único hombre en el mundo del esperpento. O algo más que hombre. Pero aún más: el esperpento de Valle-Inclán no es universal, su teatro es el teatro de España, no el teatro del mundo. Los enanos patizambos son el hombre español y el héroe español deformado por los espejos cóncavos del Callejón del Gato.

Así pues, el esperpento, que es un género literario admirable generado por el pesimismo español, culmina en el muermo esperpentizado, aunque su valor, en el plano literario, lo salva y lo redime. Pero es inevitable que opere, en el lector, como un festín muermerizante. Claro que el lector ignora que el enano patizambo subhumano es él mismo.

Si el lector no quiere sufrir la suerte de los muñecos despreciables tendrá que aprender la clave del esperpento. De otro modo: tiene que saber la manera de practicar una segunda lectura del esperpento, sin alterar ni una tilde del texto, si bien esta segunda lectura le permitirá interpretar el esperpento, ante todo, como género literario, no como panfleto político únicamente. Y, después, sobre todo, magnificar el esperpento al proyectarlo y trascenderlo a escala humana y universal. De este modo, el esperpento saldrá ganando y el muermo saldrá perdiendo.

Por lo demás, tampoco habrá que tomar al pie de la letra las especulaciones estéticas del propio don Ramón del Valle-Inclán. En efecto, creo que por fortuna para la literatura y para el mismo don Ramón, el autor no permaneció siempre fiel a su demoniaco desprecio, y gracias a tal infidelidad nos dejó personajes conmovedores, humanos, entre los que se contará siempre aquel pobre payaso y hombre bueno a quien apodaban Don Friolera, el de los cuernos, estremecedoramente ridículo y desdichado. Si Dostoievski hubiera sido más regocijado y más regocijante, sus hijos no serían menos patéticos, pero sí más bufos e hilarantes, sin perder nada de su humanidad. ¡Qué espléndida síntesis de estos dos grandes escritores —Dostoievski y Valle-Inclán—, tan diferentes!

Decíamos que en el fondo de su ser Valle-Inclán no podía sentir aquel desprecio por sus personajes del esperpento que, efectivamente, profesaba como escritor público, ni tampoco o no tanto, el otro desprecio, ferocísimo y privado, que propagó su fama. Al menos a nosotros, jovenzuelos intimidados, sí que nos intimidaba —¿cómo podría ser de otro modo?— y a veces impertinentes, nunca nos maltrató con sus sarcasmos. Lo escuchábamos fascinados y él nos agradecía aquella ostensible devoción. Sí, recuerdo, detrás de sus anteojos, la ráfaga, infantil, amistosa y tímida, de su mirada.

Por cierto que el esperpento no es el único fruto valioso del indecente pesimismo español. Así, hay también en España una caricatura esperpéntica muy reveladora. El maestro de esta modalidad mucho más profunda de lo que se imagina es Antonio Mingote. Véase un ejemplo. Una pareja, formada por una señora regordeta y un sujeto como una astilla —bigote negro, mirada negra y dura—, camina por una calle en obras. La tierra está revuelta, con agujeros y montículos, abismos enanos que se salvan con unas tablas. La dama hace equilibrios sobre sus altos tacones y comenta: «El día que estén terminadas estas obras, me parecerá mentira.» Él contesta: «Será mentira.»

Éste sí que es un precipicio: un pesimismo que se sitúa más allá de la realidad, pues se admite que las obras estén un día terminadas, pero es igual, será mentira. Estarán terminadas no en el sentido de una terminación aproximada, imperfecta, insuficiente. Terminadas. El texto no hace ninguna reserva (si la hiciera sería apenas un chiste, un medio chiste, un enunciado romo que no podemos atribuir a Mingote). Sucede que estas obras no estarán terminadas, aunque estén perfectamente, plenamente terminadas. La realidad más real será aquí mentira. Sin remedio. Es un postulado absoluto, metafísico.

Esta mínima pieza genial no es un logro aislado del mismo autor. Aunque raramente, claro está, ha producido efectos comparables en otras ocasiones, siempre como expresión de un pesimismo y de un escepticismo por debajo de los cimientos, donde coloca sus explosivos.

El esperpento aparece en la desintegración y adquiere su máxima brillantez —no exactamente su máxima profundidad— en el período del regeneracionismo. No es una moda literaria. Es un fruto de la historia española, efecto y también causa del pesimismo que se ha convertido en muermo, en una enfermedad vergonzosa. Es curioso y elocuente: los extranjeros, al menos hoy, se escandalizan a veces de la denigración obsesiva que los españoles descargan, como un líquido corrosivo y oscuro, sobre sus cosas. Es un detalle sugestivo que se esté empezando a importar optimismo.

Ahora nos toca indagar acerca de la fuente donde mana este humor fétido y mortal en que degeneró el viejo pesimismo español. Pero, antes, aún tendremos que dedicar nuestra atención a otra forma leve de pesimismo que se llama «desencanto».

CAPÍTULO V

Desencanto, democracia y subversión[1]

1/España estaba desencantada ● 2/Lista de agravios contra la transición a la democracia ● 3/Encanto, desencanto y la democracia como valor ● 4/El inquietante Estado de las autonomías

1/España estaba desencantada

Durante el año 1980 y hasta los primeros meses de 1981 cundía en España una tristura más lánguida que agresiva —y, sin embargo, acabaría por condensar sus humores en un levantamiento armado—, un sentimiento depresivo, decepcionado, un estado general de desánimo. Se le llamó «desencanto». Y lo cultivaban, medio con alarma y medio con delectación, personajes de la política, de la derecha y de la izquierda, así como la prensa.

España estaba desencantada. Para los enemigos naturales y reconocidos de la democracia, la culpa del desencanto la tenía un régimen político al que no se le concedía ninguna virtud: ineficaz, laxo, inepto, indisciplinado y, por supuesto, los políticos que lo gobernaban. Para estos sectores de la sociedad española, la única duda era la de saber por qué diabólico milagro podía subsistir semejante artilugio político. De ahí que prosperase en tales medios la doctrina según la cual la subversión y aun la guerra civil eran la forma de gobierno natural de España. Para la oposición constitucional no había más culpable que el gobierno y especialmente su presidente, que a la sazón lo era don Adolfo Suárez, conductor de la operación que restituyó al pueblo sus libertades políticas. Adolfo Suárez, en aquellos días del desencanto, se convirtió en la víctima herida que pierde sangre y sufre el acoso de todas las jaurías. Su persona atraía la hostilidad de muy diversos grupos políticos, sin excluir a ciertas facciones de su propio partido. Al parecer no se le perdonaba que no hubiese desaparecido después de haber creado la normativa esencial de la reforma política.

Finalmente, el 29 de enero de 1981, el presidente Suárez sorprendió al país al anunciar que había presentado su dimisión al rey. El dimisionario hizo su declaración en breves y sentidas palabras: se retiraba de todo cargo público para que España no recayese, como tantas otras veces, en una quiebra de las instituciones democráticas. Estas palabras fueron interpretadas como alusión a presiones de las fuerzas armadas, si bien el presidente negó que se hubieran producido tales presiones.

Sin embargo, acontecimientos ulteriores y a corto plazo sugieren

1. Escrito y concluso este libro, leo *España 1975-1980* (Universidad Vanderbilt), donde se recogen ponencias de un congreso que debatió acerca de la transición en pleno clima de «desencanto» (1980). El prólogo, a cargo de José Cagigao, John Crispin y Enrique Puppo-Walker, me confirma en mis propios juicios referentes al «desencanto», los mejora y los supera.

que, en todo caso, por las fechas de la dimisión de Suárez, debía estar montada una o más de una conjura armada cuya carga de animosidad apuntaba a la persona del presidente. Ahora bien: cabe admitir que Adolfo Suárez no haya mentido cuando negó la existencia de presiones militares u otras, concretas. Lo más verosímil, en efecto, es que los conspiradores se mantuviesen, por el momento, ocultos y al acecho, sin llamar la atención, pues no les convenía descubrirse con actos demasiado ostensibles. Por tanto, podía ser verdad que no existiesen las presiones sin perjuicio de que estuviera preparado un pronunciamiento anacrónico o, más bien, un atraco a las instituciones constitucionales con tácticas modernas de comando terrorista. ¿Sabía algo el gobierno? Quizá nada concreto y preciso, nada susceptible de promover una acción judicial, pero sí muchos rumores, el runrún de la borrasca con aparato eléctrico y truenos.

La dimisión de Suárez debió de desconcertar por un momento a los conspiradores. Suponemos que temían un cambio político que les arrebatase el pretexto del golpe que estaban dispuestos a asestar en cualquier supuesto. Por eso mismo precipitaron el ataque, a fin de evitar que se consumase la investidura de Calvo Sotelo; se precipitaron, aun al coste de actuar sin la ayuda emocional que la presencia de Suárez les aportaba.

Es seguro que por esta causa el golpe de Estado del 23 de febrero de 1981 no se produjo en la coyuntura óptima, desde el punto de vista de sus autores, no en el período ascendente ni en la pleamar de la marea que recibió el nombre casi delicado de «desencanto». Fue en la bajante de esta fuerza emocional lo que hubo de contribuir al fracaso de los conspiradores, aunque el factor decisivo haya sido el rey, fiel a su convicción —absolutamente acertada— de que una monarquía moderna no puede ser sino una monarquía democrática que asegure la rotación política de las diversas opciones o partidos sin comprometer a la corona en las anécdotas sectarias ni siquiera en el gobierno directo. En el caso de España habría que añadir a esta condición de índole general, aplicable a cualquier Estado de Occidente, otra necesidad y otro servicio, valioso en grado máximo, de la monarquía, que es la integración unificadora del alma rota de una sociedad profundamente dividida, y esta unificación o integración sólo es factible, sólo será fecunda, si se lleva a cabo, no por la presión de las armas o de una secta cualquiera, sino en la inevitable pluralidad ideológica y territorial. Si esta integración pacífica o, mejor dicho, realizada por conjugación espontánea de intereses y afectividades —es el axioma del rey de todos los españoles—, España no dejará de ser la nación doliente e impotente que ha sido, es y será, a pesar de todos los aparatos ortopédicos que le aplique la fuerza, y en estos forcejeos sí que acabará por estallar un día u otro y romperse y desmembrarse de verdad. España es un ser viviente mucho más robusto y tenaz de lo que se supone, hasta el punto de que sólo la máxima potencia armada, interna o externa, podrá golpearla con bastante fuerza para hacerla pedazos.

Nos parece que los conjurados del 23 de febrero no valoraron en toda su importancia el factor psicológico colectivo. Sin embargo, las condiciones morales de ambiente son o pueden ser piezas mayores del juego, porque estas operaciones subversivas dependen mucho de la disposición emocional de sus autores primarios y más aún del talante de los que, sin estar comprometidos desde el principio, han de adherirse o no adherirse después. El haber asestado el golpe en la bajante del desencanto tuvo su buena parte en el resultado.

Sin salirnos de la materia sicológica colectiva, cabe preguntarse qué ideología inspiraba a los golpistas el 23 de febrero. Está claro que tenían relaciones con elementos residuales del franquismo, pero no consta que se propusieran simplemente restaurar el franquismo. No cabe duda de que el teniente coronel Tejero profesa, a juzgar por sus manifestaciones, un ideario muy próximo al de una cierta Falange. Pero éste no parece ser el caso de los generales, más bien inclinados a un conservadurismo de la tradicional derecha española, no precisamente la llamada derecha civilizada. Todo sugiere que había en el golpe dos o más corrientes ideológicas y ningún proyecto que apuntase más allá de la anécdota del día, por cierto una anécdota que debiera atemorizar y detener a cualquier persona sensata y conocedora de la realidad nacional e internacional.

Lo que destaca en el golpe del 23 de febrero es, no la filosofía ni el programa, inexistentes, sino otra cosa: el procedimiento adoptado para llevar a cabo la operación. Consistía en lo siguiente: dos piezas muy diferenciadas, la pieza Tejero con el asalto al Congreso y el secuestro de los parlamentarios y del gobierno y el posterior juego de los generales con sus tropas y sus divisiones. A Tejero le asignaron los conspiradores —esto se ve claramente— el papel de rebelde espectacular e intratable que crea una situación ilegal, una crisis del orden público. Los generales, en vista de esta crisis, intervienen no para ayudar a Tejero, sino, al revés, en sustancia, para reprimir sus actos insensatos. Los generales acudirían, en cierto modo, incluso en auxilio de los prisioneros, los parlamentarios y el gobierno, no sin amonestarlos por su conducta política, también o más irresponsable —según los generales— que la del teniente coronel. Este papel que se arrogaron los generales —y otros conspiradores— explica que, desde el principio, invocaran el nombre del rey y aun, a veces, el de la Constitución. Exquisito maquiavelismo con gotas picantes de política ficción.

Fracasado el golpe, empezó a disiparse el desencanto, lo que confirma la tesis de que había sido creado *ad hoc*, aunque con diversos fines, desde los de los partidos de izquierda, impacientes, hasta las intenciones de los golpistas.

De estos hechos extraemos varias consecuencias: en primer lugar, la índole leve y en parte artificial del desencanto, en comparación con la consistencia del pesimismo tradicional y del muermo, resistentes a las peripecias de la comunidad, pequeñas e incluso de primera magnitud. Pero si el pesimismo y el muermo no se conmueven por efecto de los acontecimientos, no significa que la sociedad, en otros aspectos, sea insensible a los sucesos. Se conoce que el talante pesimista se localiza en una capa más bien profunda de la conciencia, ajena a los vientos del acontecer superficial, un adjetivo que no equivale a deleznable o sin importancia. No es eso. Los hechos pueden ser de una importancia mayor y funcionar en un plano superficial sin tropezar con el pesimismo que flota en otras aguas, a una mayor hondura.

Estas ideas se nos vienen a la conciencia al observar los cambios que se han producido en la clase política y en las organizaciones sindicales como consecuencia del golpe del 23 de febrero. Es evidente, en efecto, que hubo una modificación sensible en las conductas, pues sin que desaparecieran, como no han desaparecido, las contradicciones y los conflictos de toda suerte, políticos y sociales, se han hecho más racionales, más condicionados por un sentimiento de responsabilidad que ha influido favorablemente en el clima de la comunidad, en las relaciones humanas, en la estabilidad política. Es decir, que el golpe del 23 de febrero ha favorecido de alguna manera —aunque otra cosa se crea y se diga por la mayoría de los comentaristas políticos— la solidez del sistema vigente, si bien la palabra «solidez» acaso no sea la más adecuada. Digamos que se ha reforzado la tenacidad, es decir, la resistencia a los agentes subversivos y a la corrosión insidiosa.

Esto prueba, una vez más, que con todo y ser, efectivamente, la democracia un sistema político falto de defensas prontas, rápidas y contundentes, posee, en cambio, la ventaja de la flotabilidad. No es una roca en la mar donde se estrellan y deshacen las olas. Pero es una nave que fluctúa sin hundirse. Una metáfora biológica nos sugiere que la democracia no está protegida por una cutícula invulnerable, pero es capaz de generar anticuerpos para combatir las agresiones internas y externas. Es más: las acciones hostiles que la democracia debe enfrentar, como cualquier otro sistema, pueden contribuir, y de hecho suelen contribuir, a la salud del cuerpo agredido al dotarlo de factores equilibradores, restauradores. Es decir, que a menudo vemos cómo una acción destructora, desencadenada con la intención más explícita de acabar con una sociedad liberal pluralista, refuerza paradójicamente el objetivo que se trata de debelar o bien el mismo ataque previene o inhibe a otro agente enemigo más pernicioso aún. Para citar un ejemplo: ETA combate a la democracia española por el terrorismo, pero su acción ha alejado o contribuido a alejar a Navarra de una fusión con Euskadi y, al mismo tiempo, la escombrera material y moral de las acciones criminales a estilo tercermundista —y en una sociedad industrial avanzada— ha bloqueado las vías practicables que pudieran conducir a la independencia vasca. Los hechos demuestran que las débiles democracias —plurales, contradictorias, expuestas a una crítica desaforada, puestos al aire múltiples intereses reivindicativos— han prevalecido no sólo contra los enemigos interiores, sino también contra los enemigos de fuera.

Pero volvamos a nuestro tema, el del desencanto. ¿Qué es el desencanto? Por de pronto, está claro que el desencanto consiste en una negación, es una privación. Para que alguien se desencante tiene que haber estado sometido a las gracias del encantamiento. Por tanto, si los españoles estuvieron desencantados durante los meses en que se preparó y estalló el golpe del 23 de febrero hasta que empezaron a «reencantarse» con la dimisión de Suárez, es porque antes habían vivido en las delicias falaces del encanto. ¿Y qué es el encanto, condición previa y anterior al desencanto? El sentido de la palabra latina *incantamentum* acusa la rústica sensibilidad romana antigua, pues alude a un estado de engaño, de hechizo, a un estado de estupor más o menos tonto, es decir, estúpido. Se advierte en esto que los antiguos no se encantaban fácilmente, y cuando lo hacían era por haberse quedado con la boca abierta.

Es modernamente cuando el encanto cobra el sentido de embeleso, de amable suspensión del ánimo, como lo que nos hace sentir una mujer bella y graciosa, con lo que el encantamiento vuelve a impregnarse de una vaga esencia sospechosa, pues se hace susceptible de ser una técnica de seducción, un delicioso y peligroso artificio.

Así pues, veamos qué cosa nos encantaba a los españoles. Sin más vueltas: la cosa encantadora y encantante era la democracia recién estrenada. ¿Por qué el encanto? ¿Y por qué el desencanto?

A la primera pregunta contestamos que la democracia era, sin duda posible, un beneficio moral en ciertos aspectos, pero no es seguro que fuese, necesariamente, un beneficio político. Era, sobre todo, en el caso español, algo tan bueno y útil como nada menos que la posibilidad de integrar, en el sentido de formar cuerpo, las Españas, para crear, al fin, la Hispania IV. La democracia, pues, trascendía la circunstancia histórica y apuntaba, como apunta, al horizonte vital de la nación española. Pero una cosa de esta clase, un bien de esta magnitud y de semejante índole, no es ni tiene por qué ser y quizá ni siquiera pueda ser una cosa encantadora. Como no es encantadora la vida. La vida es precisamente trágica y arrebatadora, capaz de embargar nuestro ser, capaz de horrorizarnos y de exaltar nuestra alma. Pero sin encantamiento, como no sea al rudo modo latino de la boca abierta.

Lo sucedido fue que en España la democracia forma parte del gran sueño hedonista de los españoles actuales. España, desde el foso del primer franquismo que termina en los años cincuenta, contemplaba con admiración la prosperidad y el prodigioso festival de las naciones europeas renacidas después de las penurias de la segunda guerra mundial. Estas naciones eran democracias y venían a identificar la democracia con la bienandanza, el placer y la alegría. Para los españoles del período franquista, la democracia era, también, claro está, un sistema de garantías contra la arbitrariedad y el poder de los gobernantes. Pero siempre en un plano de democracia utilitaria. Había en esta actitud un equívoco.

Y el equívoco fue sometido a prueba tan pronto como se instauró la democracia en España mediante la transición, un proceso incruento, legal y ordenado, admirable por muchos conceptos. Pero aquel proceso era nada menos que una forma de inhibir la revolución, con todas las ventajas y con todas las desventajas que se escondían en este sutil artificio. Al mismo tiempo, la democracia española advenía en medio de una crisis económica mundial y otros muchos problemas adicionales e inevitables.

2/Lista de agravios contra la transición a la democracia

A la democracia se le reprocha, en primer lugar, el ser una democracia. Si esto es verdad —y lo es para quienes profesan ideas y sentimientos antidemocráticos—, siempre habría, en cualquier supuesto, motivos ideológicos para rechazar el régimen de la transición política que siguió a la restauración de la monarquía. O causa para un desencanto sin previo encantamiento.

Sin embargo, era inevitable y no parece contrario al buen sentido, sino justo y necesario, pasarle el agravio al general Franco. Instaurar una monarquía, a fines del siglo XX, en Europa, es optar por una democracia coronada. Condición de la supervivencia de la corona.

Pero el grupo de partidarios del régimen precedente prefiere descargar la «culpa» en el monarca y en los políticos que ejecutaron la transición a la democracia, con mayor acritud si éstos se formaron bajo la sombra paternal del caudillo.

Por lo demás, los franquistas de cepa no aprecian nada lo insólito y admirable de que una oligarquía política haya sido capaz de abnegarse, aunque fuese con intención de sobrevivir, lo que nos parece compatible con una convicción doctrinal sincera. El hecho es que la conversión del sistema franquista a la democracia es uno de los procesos políticos más dignos de admiración de la historia humana. Creo que la única referencia anterior es el cambio producido en la Iglesia en ocasión del Concilio Vaticano II. Un milagro que unos cardenales ancianos fueran capaces de una reforma de semejante magnitud y sin quebrantar la institución reformada. Pero los milagros, en el campo de la política laica, son, naturalmente, menos frecuentes. Por otra parte, en España —la España del pesimismo y del muermo—, ni siquiera los demócratas prestan un reconocimiento laudatorio a la insólita operación política.

Y volviendo a la lista de agravios, diremos, a modo de introducción, que quienes se sienten perjudicados u ofendidos no tienen en cuenta, para su propio alivio, que ninguno de ellos fue privado de sus bienes, de sus puestos de trabajo, de su libertad, y todos gozan —a menos de haber sido condenados por los tribunales— de sus derechos constitucionales. ¡Cuánto hubieran agradecido un trato comparable, o simplemente humano, los cientos de miles de españoles vencidos en la última guerra civil! Por desgracia para todos, incluso para los vencedores, es preciso admitir la verdad atroz de que fueron condenados a muerte en gran número y ejecutados, encarcelados, expoliados, expulsados de los cuerpos del Estado a que pertenecían, privados de sus cátedras, despojados de sus viviendas, forzados al exilio... ¡Alto aquí! Si evocamos estos hechos deplorables es por necesidad, a fin de situar la circunstancia actual, y precisamente en relación al llamado «desencanto».

Debemos señalar también que la transición política tuvo el gran acierto de respetar los colores de la bandera nacional, aunque esos colores habían servido de enseña de guerra en la contienda civil de 1936-1939. Es un dato simbólico, pero de indudable importancia en cuanto marca una tendencia integradora en la España plural posfranquista. Este símbolo cobija una serie de hechos y de conductas que se dirigen, visiblemente, al mismo fin de integración, de superación de la dicotomía cainita de las dos Españas inconciliables. Este proceso no debe ser interrumpido con ningún pretexto. Nada vale lo suficiente para pagar o compensar semejante pérdida histórica que trascendería al futuro y helaría la esperanza.

En relación con el proceso integrador simbolizado en la bandera común, como es o debiera ser común, anotamos un hecho que parece menos importante y menos significativo. Nos referimos a que los municipios democráticos hayan conservado, durante varios años, los años de la transición, los nombres del callejero franquista y que, cuando su-

La vasta empresa de islamizar a Andalucía dispone de dos mezquitas y ha celebrado alguna reunión, no sabemos si ritual, bajo las magníficas columnas de la Gran Mezquita de los Omeyas, lo que fue causa de una nota del obispado, donde éste se lamenta de no haber sido informado del acto o de no haberse pedido el correspondiente permiso para la utilización de la catedral.

primieron algunos rótulos, decidieran restablecer las menciones tradicionales. Es una conducta laudable.

A nuestro modo de ver, la democracia española, sea cual fuere el juicio que merezca desde otros puntos de vista, tiene el mérito insigne de constituirse en la matriz necesaria de la Hispania IV. Si esta gestación —la gestación de la Hispania IV— se interrumpiera, si sobreviniese un aborto, sería, sin posible duda, la mayor desgracia política de esta nación desde la segunda mitad del siglo XVII. ¡Y ha habido no pocas desgracias en ese tiempo! No nos cansaremos de repetir estas ideas. La Hispania IV es lo primero de lo primero y lo esencial, lo que realmente vale la pena, cualquier pena.

Ahora bien, sería insensato negar que se dan hechos muy adversos en este período de la transición política, cuestiones como el terrorismo y la crisis económica. Debe comprenderse la indignación que suscita y debe suscitar el terrorismo especialmente en las fuerzas de orden público y en las fuerzas armadas, aunque no son, ciertamente, las únicas víctimas directas. ¿Y qué decir de la criminalidad en general? ¿Y qué del paro? Es natural que estos hechos que golpean de cerca al ciudadano provoquen el fenómeno del desencanto. Ahora bien: es igualmente verdad que el terrorismo no es un fenómeno que haya aparecido en el ámbito político de la democracia. Es significativo, precisamente, y al serlo también es aleccionador y más inquietante, que haya adquirido su máxima cota —el terrorismo—, por el nivel jerárquico de la víctima, con el asesinato del almirante Carrero Blanco, presidente del gobierno en el régimen franquista. Por la cuantía de los muertos, culmina la acción del terrorismo vasco con el atentado de la cafetería de la calle del Correo. ¿Y qué decir del asesinato de cinco policías nacionales en Madrid en la madrugada de la ejecución de cinco terroristas, el 25 de setiembre de 1975? La consecuencia que cabe extraer de estos hechos y de otros que excederían nuestro propósito, es la probabilidad de que el terrorismo no se extinguiera en ningún tipo de gobierno, ni siquiera un gobierno militar, es decir, a menos de hacer uso de un contraterrorismo precisamente terrorista, total, como se ha visto en Uruguay y en Argentina. El terrorismo puede ser extirpado. No cabe duda. Pero creemos que no bastará para extirparlo ni siquiera el bloqueo del quiste terrorista por el pueblo vasco, es decir, que no bastan las medidas políticas generales (¿cómo evitar que actúen unas cuantas bandas armadas de individuos previamente tratados mediante un adoctrinamiento ideológico y en la alternativa de ganar o perder los medios de vida, y aun de fortuna, que pueden adquirirse por la acción terrorista?). El terrorismo será extinguido cuando alcance su fase de maduración. Nos referimos al terrorismo vasco, de raíz nacionalista (los demás terrorismos españoles tienen escasa importancia y basta para combatirlos la acción de la policía). El fin del terrorismo se producirá por una serie de causas —el tema requeriría un amplio espacio sólo para esbozarlo— relacionadas con la contradicción fundamental entre el terrorismo de corte tercermundista y una sociedad —la sociedad vasca— industrial avanzada. La escombrera que hace el terrorismo cae sobre él y acabará por pesarle demasiado. Entretanto, actúa contra el terrorismo el mismo cambio generacional que es muy rápido en las sociedades modernas y, al final, sobrevendrá una reacción, no ya emocional, sino activa y armada, de la comunidad vasca. Los terroristas están destruyendo la riqueza vasca, que es el cuerpo material viviente de aquella sociedad; pero, además, el terrorismo está liquidando el prestigio moral y el estilo de la conducta que es el alma del pueblo vasco.

Ahora bien, entretanto el «desencanto» justifica su humor sombrío con hechos que ahí están. Estos hechos reclaman un temple adecuado para soportarlos sin caer en el desánimo, especialmente por parte del aparato del Estado, ni tampoco en la insensibilidad. Es preciso que la pasión se convierta en un temple frío. El desencanto es demasiado frívolo y superficial para que pueda ser una respuesta adecuada al terrorismo.

¿Quién duda de que la crisis económica y en especial el síntoma más grave —el paro— es materia razonable de un razonable desencanto? Pero también es cierto que se utiliza con mala fe evidente, frecuentemente —podemos atestiguarlo— con falseamiento de los datos para sugerir en las personas no informadas o propicias la idea de un fenomenal desastre que podría haberse evitado con una inspiración esclarecida y una voluntad resuelta. Ahora bien, esta sugestión es falsa, opera con falsedad tendenciosa casi siempre. Si consideramos los condicionantes económicos, sociales y políticos, es decir, el conjunto de los datos que reflejan la coyuntura, podemos afirmar que los gobiernos de la transición —con los que no tenemos nada que ver personalmente— han hecho aproximadamente lo que era posible hacer, lo que era posible y lo menos malo dadas las circunstancias. Esos gobiernos, en medio de enormes presiones venidas de todos los vientos del cuadrante y de arriba y de abajo, se encontraron frente a problemas concretos cuya solución no dependía de su mano, no estaba al alcance de su acción. Es el momento en que se pierde el dominio sobre el banco sahárico africano, es decir, el más importante caladero de pesca de España que pasa a la soberanía de Marruecos en los últimos días de la vida de Franco; simultáneamente, la cuestión de la pesca se plantea en el Gran Sol y en otros lugares de Europa y de América y a lo largo de la costa africana. Es un ejemplo. El precio del petróleo no cesa de aumentar cada año, hasta 1981, en que los precios del combustible flexionan. El desequilibrio de la balanza comercial era inevitable, aunque se compensa, en parte, con el aumento de las exportaciones, lo que constituye un *tour de force* en las condiciones de la crisis mundial. A todo esto, la presión sindical provoca un alza de salarios muy por encima de la media europea y, al mismo tiempo, se plantea el problema financiero de la seguridad social a causa especialmente de los subsidios de paro y de la resistencia de las empresas a pagar las cuotas, precisamente incrementadas.

A todo esto, reclaman los sindicatos, reclaman los grupos de presión antiguos y nuevos, esta vez sin duda afectados por la crisis, los ayuntamientos de las ciudades en déficit, los servicios públicos tradicionalmente mal dotados, mal o bien, es lo mismo para reclamar; reclaman los agricultores, los profesores de la universidad, los presos comunes —en el caso, exigen amnistías e incendian las cárceles—, las jubilaciones de los ancianos son escasas, los mutilados republicanos y otros ex combatientes de la guerra civil... ¿Qué gobierno podría desatender una buena parte de estas demandas? Evidentemente, en este capítulo de problemas el factor político tenía que desempeñar un inevitable papel de incremento del gasto público.

Al mismo tiempo, entran en crisis las empresas y es perentorio acudir a prestarles apoyo si no se quiere que cierren. Esta clase de ayuda está vigente en todas partes, no ya sólo en Europa sino en Estados Unidos y Japón. El coste de la llamada «reconversión industrial» es y tiene que ser enorme.

Pero sus consecuencias, es decir, el incremento del gasto público y el déficit presupuestario, causa cierta de inflación, merecen las más severas críticas precisamente de los beneficiarios de estas colosales erogaciones. Los sindicatos y los partidos de izquierda reprochan al gobierno la subida de los precios y, al mismo tiempo, a la misma hora, exigen gigantescas consignaciones en favor de esto o lo otro. Por su parte, las asociaciones empresariales condenan el déficit colosal del presupuesto y tienen cuidado en olvidar que contribuyen a este resultado, en proporción decisiva, las subvenciones y créditos al sector privado para capear la crisis.

La realidad comparativa —se trata no de un consuelo, sino de una referencia para hacer más inteligible el fenómeno— es que el déficit lo padecen todos los Estados, sin excluir a Estados Unidos, pese a su política de moneda dura. En cuanto a nuestros vecinos, Francia e Italia, sus respectivos desniveles presupuestarios son, en términos relativos —obviamente también en términos absolutos— mucho mayores que los españoles.

Sin embargo, tienen razón los críticos en un punto, un punto heroico, desde luego: que ciertas naciones, más concretamente Alemania y Japón —pueden añadirse dos más europeas—, han logrado mantener un nivel de actividad económica y, en algún caso, de crecimiento, muy plausibles. ¿Por qué no hizo lo mismo el gobierno español? La verdad es que si el gobierno español adoptara ciertas medidas de saneamiento y si resistiera a determinadas presiones —personalmente somos partidarios de tal resistencia, lo hemos sido siempre—, las consecuencias habrían sido, casi seguramente, fatales para todo el sistema, habida cuenta de los factores políticos y sociales y no sólo de los económicos. La verdad es que la sociedad española y la coyuntura española no son homologables con las de esos países. El problema de España no es tanto del Estado como de la sociedad y de ciertas peculiaridades de la remota y de la inmediata historia que condicionan fuertemente las posibilidades de respuesta a las incitaciones de la vida colectiva del país. España podrá ser gobernada de manera análoga a esos países, pero han de mediar para conseguirlo una serie de cambios y, entre ellos, el elemental de pasar a una situación de normalidad política.

Y aquí entra en juego una cuestión, es decir, un problema más que le fue planteado a los gobiernos de la transición. Se refiere al funcionamiento del aparato del Estado. Puede decirse que los gobiernos de la transición no se hicieron con el mando real de la policía, por ejemplo, hasta muy avanzado el proceso. A su vez, la misma policía tardó en conectar con el pueblo, que arrastraba la cola quemada del período franquista. En general sucedía que los mismos partidos moderados de izquierda no armonizaban con el aparato del Estado y lo que hacían era debilitarlo con grave peligro de colapso. Se ha evitado este riesgo que era de temer. Del mismo modo que estos gobiernos del «desencanto» consiguieron en el plano económico mantener, sin irreparable quebranto (por ejemplo, sin un efecto fatal sobre el crédito exterior el Estado, sin una merma incoercible de las reservas), la rotación del sistema en medio de la crisis. Nosotros, en cuanto observadores sin vínculos políticos, sin adscripción de partido, libres de toda obediencia, podemos afirmar, con razonable garantía de independencia, que tan modesto resultado, dada la coyuntura, es un éxito cierto a pesar de todo, a pesar de síntomas tan inquietantes como el paro y otros. Incluso se apuntan hechos tan sorprendentes como una reforma fiscal que hemos visto ensayar, insinuar, durante años, sin que nadie se atreviese a llevarla a cabo. Esta reforma, si no nos equivocamos, ha tenido un éxito mayor de lo esperado y coloca a este país por delante de las naciones europeas del grupo latino. Pero es más asombroso aún —y quizá el signo de mayor esperanza— que las clases medias y otros contribuyentes, maltratados por la caída de la bolsa, exprimidos por las consecuencias del mismo fraude fiscal, hayan respondido como han respondido, sin defección, ante una prueba tan severa, una reforma fiscal que se llevó a cabo precisamente en la peor coyuntura, en la oportunidad más ingrata y desalentadora. Esto sugiere que algo ha cambiado en la moral y en el talante de este pueblo y ha cambiado en el buen sentido de su incorporación a la modernidad. Es un hecho genérico más importante que todas las anécdotas juntas.

Hasta aquí hemos considerado la lista de agravios del español contra otros españoles. Pero se dibuja, también, la silueta de una animosidad y, digamos, de un desencanto originado por actos y conductas —y palabras— que proceden del exterior. Cierto que el tema ha sido, de alguna manera, tratado en los primeros capítulos de este libro. Con todo, se nos permitirá abordar la misma cuestión o parecida, aunque planteada desde otro punto de vista, desde el punto de vista del desencanto, precisamente.

Aquí, en este punto, el encantamiento tiene especiales ramificaciones, porque el español suele estar encantado de los extranjeros, de los extranjeros prestigiosos. ¿Será preciso repetir que no es un pueblo nacionalista, aunque a veces lo parezca? El español, digo, estaba encantado de los extranjeros a los que atribuye ciertas excelencias (la envidia del español, al revés que la envidia «chauvinista», tiene el vuelo corto y no suele pasar las fronteras).

Ahora bien, a este español propicio a la fe y a la esperanza cuando son importadas, se le había dicho que el advenimiento de la democracia en España sería acogido en el exterior con abrazos, palmas y alegría. En síntesis: con satisfacción y simpatía. No puede negarse que esto mismo sucedió en algunos ambientes del extranjero y tuvo una clara expresión, al menos formal, en las relaciones internacionales. Hasta tal punto es esto cierto que la instauración de la democracia en España rompió, formalmente, el cerco del aislamiento impuesto desde afuera, no exactamente, claro está, el propio aislamiento impuesto desde aquí, cuya superación quedó a cargo de los poderes políticos españoles. Y he aquí que cuando estos poderes deciden sacar las consecuencias del cambio de ánimo —este juicio se refiere más especialmente a Europa—, surge lo inesperado, visto desde la perspectiva del español no especialmente prevenido e informado. Lo que surge es —siempre desde la óptica popular— un tempero desapacible hacia España no en todos los países de Europa, pero sí en la inmediata vecindad. Las relaciones se agrían hasta extremos sorprendentes. La sensación que domina es la de una manifiesta antipatía, un antiespañolismo no sólo oficial, sino popular. Diríase que la democracia española ha sido acogida, en ciertos países, con hostilidad, con recelo, como si constituyera una amenaza y un perjuicio para unos y otros. Aparece, pues, otro desencanto, no dentro sino fuera, al otro lado del Pirineo especialmente, pero también de este otro lado, en el vecino Portugal, donde se encrespan las suspicacias tradicionales y se extrema la crítica contra el gobierno por haber hecho supuestas concesiones, contrarias al interés nacional, a los españoles. No aludimos, precisamente, a la lesión de intereses concretos derivados de los convenios entre ambos países ibéricos (no conocemos a fondo el tema). Nos referimos al tono, a la atmósfera emocional que rodea estos conflictos y al asunto tal como le llega a un español no especialmente conocedor de la materia. Que parece haber soliviantado los posos viejos en las relaciones entre España y Portugal la democracia española no hay duda. Con mayor motivo aún el efecto se produce con respecto a Francia, donde además de las expresiones oficiales no amistosas abundan los gestos privados hostiles y aun violentos contra las cosas españolas. Por supuesto, también se dan expresiones de sentido contrario, pero son menos perceptibles. Por lo demás, es preciso entender la mentalidad francesa, rigurosamente nacionalista, suspicaz hacia cualquier movimiento del exterior —en este caso la democracia española—, muy celosa de sus intereses nacionales. Así, el general De Gaulle tuvo sentado en el poyo incómodo, en el banco de piedra, a la prestigiosa nación británica, sin darle paso a la Comunidad Económica Europea, durante años, con el pretexto de hacerle purgar su fidelidad —la del Reino Unido— al gran poder norteamericano. En esta actitud de De Gaulle no había desprecio ni agravio de fondo a los ingleses: era más bien un reconocimiento de la gravitación británica sobre el continente europeo. Evidentemente, en el caso español concurren, con un posible recelo, una desvalorización que toca la fibra sensible del agravio, de la ofensa esencial. Es como si al producirse el contacto entre uno y otro pueblo, por la analogía ideológica, se suscitara un movimiento de rechazo.

Al parecer, al vestirse España con el hábito de la democracia, se le da a entender que no por eso es de la familia. La España de Franco no era presentable en sociedad, pero la España de la democracia es tratada como una intrusa indeseable. Tal es la sensación que puede experimentar el español desencantado. Últimamente, según información de prensa, el ministro francés de la Defensa, Charles Henu, en visita oficial a Portugal, declaró que la adhesión de España a la OTAN —¡también se nos quiere negar la sepultura común!— va a causar «dificultades importantes» a Francia y a Portugal, que deben estar «en estrecha unión».

Será difícil evitar que el pueblo español no se deje poseer por la idea de exclusión sistemática, de que su presencia es indeseable en todas partes, de que se le quiere tachado, marcado con algún signo infamante, para mantenerlo fuera.

3/Encanto, desencanto y la democracia como valor

Así pues, la democracia, juzgada por sus efectos reales y concretos, tiene que haber producido en el ánimo popular español una inevitable decepción.

Por lo demás, efectivamente, considerada la democracia como un procedimiento útil para elegir a los gobernantes o juzgada y deseada por los servicios que puede prestar a la comunidad o por la satisfacción —fruitiva, hedonista— de los gobernados, no creo que hubiera merecido, siquiera, la clásica y cautelosa alabanza de ser la peor de las formas de gobierno exceptuadas todas las demás.

Lo que hace valiosa a la democracia moderna es su función como preservadora de los derechos humanos. Y los derechos humanos occidentales son un fruto precioso de un conflicto, de un azar histórico, porque el azar suele ser más ingenioso que los más sabios juristas y más genial que los grandes y raros estadistas que ha conocido el mundo. La Iglesia y el Estado se disputaron el dominio o el gobierno sobre el hombre medieval, y cuando este conflicto fue secularizado y convertido en una lucha de la Revolución liberal contra el Antiguo Régimen apareció el milagro contradictorio de un Estado que se autolimita, y protege, contra sí mismo, contra el poder, un ámbito jurídico del individuo.

Si no se tiene noción de estos hechos, poco valdrá la democracia. Y como es natural, los primeros que ignoran estos valores —soporte moral de la democracia— son los antidemócratas de principio. Así, no saben —y si lo saben no les importa— que asaltar la legalidad constitucional es, ante todo y sobre todo, no ya un delito contra el Estado, sino contra la persona y la dignidad de cada hombre concreto y real, miembro de la comunidad humillada. En el mundo anglosajón este sentimiento de que el dictador —o sus agentes— viola la conciencia de cada hombre, de cada mujer, de cada niño, al usurpar su libertad política, es un hecho emocional comúnmente sentido y vivido. De ahí que, probablemente, en una sociedad anglosajona sería impensable una frase como la del teniente coronel Tejero cuando manifestó ante sus jueces que se proponía «meter en cintura a la nación». Un Tejero inglés —de existir, y no rechazamos la posibilidad de su existencia— al menos se hubiera cubierto con alguna fórmula hipócrita y no proferiría esas palabras atrozmente obscenas, dichas ante los magistrados y el público. Hay en tales palabras una falta de respeto a las personas y a la nación misma que sería una ofensa más grave aún sin la deplorable ignorancia del ofensor. Diríase que para el autor del agravio, la otra persona, el ser humano real que está ahí, ni siquiera existe.

Quizá sorprenda si decimos que esta abismal ausencia moral se deba, al menos en parte, a la debilidad del individualismo en la sociedad española, por mucho que se prodigue el lugar común contrario. En efecto, sólo cuando el ser humano tiene fuerte conciencia de sí será capaz de representarse al prójimo como una entidad también de conciencia: la aptitud para darse cuenta real de que el otro existe y es un ser humano, como yo, es el resultado de una evolución de la cultura pasada por el individualismo y el racionalismo. Sobre este punto volveremos más adelante.

El hecho es que la democracia como valor ético parece estar un tanto diluida en la sociedad española. De ahí que el encantamiento y el desencanto al respecto no valga mucho más el uno que el otro.

Y, sin embargo, a pesar de lo dicho y en contraste con la actual falta de sensibilidad y de información o de educación política, la verdad es que el pensamiento español ha elaborado, a cargo de los teólogos y juristas del siglo XVI, una doctrina explícita y precisa sobre la democracia y los derechos del hombre. Por lo demás, entiendo que la posición de los teólogos españoles no parece diferir de la de sus contemporáneos y colegas protestantes anglosajones, en estas materias. Así, el doctor Juan Roa Dávila, teólogo del tiempo de Felipe II, sienta la tesis de que «desde el comienzo de la creación, Dios hizo al hombre libre y le dejó a su albedrío», una frase que suena de modo parecido al preámbulo de la Constitución de Estados Unidos. Afirma el doctor Roa que los pueblos eran libres de entregar el gobierno a quienes quisieran y de cambiar a sus gobernantes cualquiera que hubiese sido el sistema para designarlos.[2]

Sin duda que la fuente remota de estas ideas está en el Evangelio, pero su desarrollo no respondió sólo a estímulos religiosos, sino, también, a intereses políticos y económicos en la lucha entre los poderes civiles y eclesiásticos. La Iglesia se atribuía una jurisdicción sobre la grey cristiana aduciendo que el orden espiritual le correspondía por disposición divina y, con la esfera espiritual, cuanto ella comporta de cosas terrenales adheridas. De ahí hasta traducir en expresión jurídica unas libertades inherentes a la condición humana había poca distancia, y esa distancia fue corta para la especulación de teólogos y juristas. El individualismo y el racionalismo del siglo XVIII perfilaron claramente estos avances y ya no quedó por hacer más que secularizar los derechos del hombre y sustituir a la Iglesia por el pueblo a la hora de reivindicarlos frente al poder de los reyes absolutos.

Estas ideas navegaron con las naves que dieron la vuelta al mundo y se propagaron por toda la tierra. Ya en nuestros días servirían a los pueblos colonizados por los europeos para reclamar la independencia y la igualdad, pero la vigencia efectiva de estos derechos es un privilegio de muy pocas naciones y sociedades.

Por otra parte, parece existir en el pueblo español, en general, una fijación, desde la Edad Media, que acusa un altivo sentimiento de la libertad y de la dignidad de la persona humana precisamente a nivel popular, y más notorio entre la gente rústica y villana. Se percibe el flujo de estos sentimientos en el *Romancero* y en la literatura dramática, de que es testimonio conocido *Fuenteovejuna*, de Lope de Vega. Esto no parece dudoso.

Por otra parte, España pasó por una precoz revolución a la vez política y social que dura dos años, de 1519 a 1521: es claro que nos referimos a la rebelión de las comunidades de Castilla. Se ha discutido si esta revolución fue más bien una salida de la Edad Media que una entrada en la modernidad. Pues bien: todo indica que los liberales españoles del siglo XIX no se equivocaron al ver en el precedente comunero la aurora de la libertad moderna. Es la tesis que sostiene un investigador como

2. Juan Roa Dávila, *De Regnorum Justicia*, Consejo de Investigaciones Científicas, Instituto Francisco de Vitoria. Madrid, 1970. Hemos condensado al máximo una materia que se trata en diversos pasajes de las páginas 6, 7, 9, 10, 11, 19, 22, 58 y 59.

José Antonio Maravall, que aportó una documentación seria, donde se advierten dos corrientes en las comunidades castellanas: la tradición medieval del particularismo y una concepción revolucionaria futurista.[3]

En cuanto al punto que nos interesa especialmente, estos antecedentes literarios, doctrinales y políticos nos confirman en que la base fundamental de la democracia existe en España, es decir, ha existido con cimientos tan sólidos como en cualquier otra sociedad europea. Pero esta base se ha debilitado por efecto del condicionante histórico, lo que contribuyó al llamado desencanto, al desencanto de ahora y al de cualquier otra época posterior al episodio comunero.

Deslastrada la democracia del peso de la doctrina, se explica que el desencanto haya invadido las conciencias. De todos modos, los hechos posteriores probaron también que algo firme y tenaz subyace en los sentimientos democráticos de los españoles.

4/El inquietante Estado de las autonomías

Un factor de gran incidencia en el desencanto es la inquietud que suscita el Estado de las autonomías. El tema se presta mucho a la agitación política; rezuma pasión por todos los poros y no es fácil trasponer la cuestión a un plano racional y objetivo. En primer lugar, la lógica de las palabras —no me refiero a la lógica sustancial— nos desliza a la idea de que la autonomía, cuando no es un capricho o una intriguilla política, viene a ser un paso hacia la desmembración de España, lo que provocaría, según toda probabilidad, en efecto, una reacción brutal, aunque no llegaría, creo, a la guerra civil. Evidentemente, esta visión catastrófica está alimentada por el separatismo violento y, a veces, por ciertos gestos y ademanes temerarios de que se regocijan los otros separatistas por vía de antítesis, es decir, con pretexto de celo patriótico. Y en medio está una opinión general muy deficientemente informada, susceptible de ser inducida a una crisis de violencia para descubrir después que el desastre podría haberse evitado y, más adelante, la evidencia de que la unidad de España sólo es posible por la integración espontánea y paciente de la sociedad española y no con aparatos ortopédicos, aun cuando sirvan, efectivamente, para mantener al ente nacional en pie.

Pero sucede que aun quienes defienden el Estado de las autonomías no parecen tener una idea clara y realista del sentido de esta fundamental reforma. Así, se explica a la gente, por ejemplo, que las autonomías son una manera de acercar la administración al administrado, lo que no pasa de ser una verdad material y mediocre. También se dice que la administración autónoma sería más eficaz, lo que puede acontecer en algún caso solamente. Mi maestro Pérez Serrano me dijo un día: «Desengáñese, lo mejor de este país es el Estado.» Escandaloso, pero verdad.

3. José Antonio Maravall, «Las comunidades de Castilla», *Revista de Occidente*, Madrid, 1963. Para Maravall, la revuelta comunera fue «la primera fase de la accidentada historia del proceso revolucionario del estado llano», p. 156. La investigación del autor, a nuestro juicio, prueba el aserto. Hay hombres como Gonzalo de Ayora, humanista y militar, que se adelanta a Sieyès al afirmar los méritos del estado llano no correspondidos por su influencia política en la sociedad del Antiguo Régimen. Y concluye aquel revolucionario moderno del siglo XVI que el estado llano ha empezado a «desechar este yugo».

¿Para qué servirán, entonces, las autonomías?

En primer lugar se ha ido al Estado de las autonomías porque la nación misma —la que debiera haber sido la Hispania IV— está aquí en carencia. Cuando oímos hablar de una desmembración de la unidad nacional pensamos que, en cierto modo, sucede algo más extraño y desconcertante, y es que la nación que se teme desunir no está unida como debe estarlo un organismo viviente. Hay que crear a España. Éste es el verdadero problema. Hay que crear a España incluso para saber si permanece unida o si se desune. El Estado que existe en este momento fue creado por hombres sensatos, patriotas y racionalistas, en el siglo XVIII: mucho se alaba a Carlos III, y con razón, pues su figura y su tiempo merecen otras y mayores alabanzas. Pero a su obra máxima y más sutil —tan sutil que apenas nos hemos fijado en ella—, la construcción de la Hispania IV, le faltó más calor popular para haber nacido plenamente, gozosamente, como debiera haber sido. Tampoco consiguió darle vida plena el patriotismo popular liberal del siglo XIX de que nos habla Galdós, pues no llegó a tener nunca la fuerza y la amplitud del nacionalismo francés, para citar un ejemplo claro de unidad nacional a nivel de las células del organismo.

Las autonomías son un intento de reconciliar a los españoles con España. Se cree que será más fácil la reconciliación si empieza por las patrias particulares o fraccionarias de cada uno, porque en materia sociológica y, por tanto, en materia política hay que empujar hacia el Sur si se quiere conducir a la nación y a la historia hacia el Norte. A veces es indispensable el rodeo, sobre todo cuando se manejan sentimientos, afectividades, fuerzas, en suma, irracionales o arracionales. También se supone que las energías profundas de un pueblo son como las fuentes que proceden de rocas impregnadas de agua, hechas de múltiples y menudos conductos capilares, y deben ser captadas desde muy cerca para juntarlas después en el caudal de la región, y éste confluirá en el gran río del fecundo sistema nacional hecho de voluntades y afectividades múltiples y concurrentes, pese a sus inevitables contradicciones. De esta manera, individuos y grupos insolidarios con la patria *major* podrán ser puestos a trabajar y a crear al servicio de ella, aunque verbalmente la renieguen. La fórmula sería: el patriotismo *major* mediante el matriotismo *minor*.

Dicho de otro modo: se trata de hacerle un quite a la hostilidad activa o latente contra España, sentimientos que aquejan a muchos españoles no ya sólo en tierras de nacionalismo fraccionario, sino en todo el territorio español. Ocultarnos esta verdad es una tentación que debemos rechazar. Sofocarla por la violencia es posible, pero no conviene a los intereses profundos y constantes de la unidad de España. Aplastar definitivamente y aniquilar por las armas o la represión este fenómeno de la conciencia nacional es una utopía, con mayor motivo si se considera que este mal, cuya expresión visible o más visible es el pesimismo y el muermo, infecta a millones de personas que viven en cualquier parte y que profesan cualquier ideología y se hacen pasar, incluso, por exaltados patriotas sin dejar de ser enemigos de su patria, a veces sin darse cuenta, otras veces lo saben en lo profundo de sus corazones. Es un lamentable espectáculo ver cómo esas gentes se estremecen de cólera, de santa cólera, no ya a la vista de las fechorías criminales del separatismo, sino ante un ademán simbólico o una palabra bien o mal interpretada como atentatoria a la integridad de España. No advierten que ellos mismos están haciendo separatismo con sus actitudes. ¿Qué podían esperar del separatismo horizontal que ellos fomentan de hecho día a día, hora a hora?

Hay que burlar al espíritu de hostilidad y de discordia con el expediente de llevar sus fuerzas al obrador común de la Hispania IV. Que es posible parece cierto si tenemos en cuenta la fuerza cohesiva de los intereses de toda suerte —no sólo económicos— que tienden vínculos de unión, vínculos basados en datos reales, en necesidades reales, en instintos reales de vida, por todo el ámbito nacional de esta Hispania IV, que, pese a toda su realidad y a toda su verdad, se ha quedado a dormir en las afueras de la conciencia española. Por vía directa de soflamas verbales no entrará. Para que entre, tenemos que darle la vuelta y tomarla en la peripecia cotidiana, en la vivencia menuda, allí donde operan las fuerzas de atracción, cohesión y solidaridad que podríamos llamar, con cierta licencia, «naturales».

¿Qué son estas fuerzas de atracción, de cohesión y de solidaridad? Palabras, al fin y al cabo. De acuerdo. Pero sepamos, para mejor esclarecimiento, qué *no* son esas palabras. Queremos decir que no será posible, en todo caso, alcanzar los objetivos propios de una sociedad sana, estable, pacífica, si se continúa utilizando como vía y como medio, como se ha hecho desde hace dos siglos, el espasmo anárquico en alternancia con el espasmo despótico. La experiencia es la experiencia y ahí está en la historia de este país. España no será nunca salvada por los salvadores expeditivos que, arma en mano —o bomba en mano, pues es lo mismo—, tiran derecho. Ahora bien: justamente los caminos practicables de la historia no son derechos. Es una ley sociológica. Los caminos demasiado derechos son buenos para llegar antes, pero en la conducción de hombres son los mejores para no llegar nunca. Tampoco se alcanzará una sociedad sana y estable mediante una cohesión forzada por la violencia institucional para imponerles a las conciencias lo que las conciencias rechazan. El objetivo o los objetivos de una sociedad sana y estable —por añadidura fecunda, productiva, creativa— se alcanzarán paso a paso —o no se alcanzarán— a fuerza de lucidez, generosidad, firmeza, constancia, en la lucha contra los demonios cotidianos de la ignorancia, la discordia, las vanas ilusiones —esas ilusiones que suelen confundir la felicidad con el incremento estadístico de los cadáveres—, el pesimismo de principio, la pereza, en fin, todo eso y basta.

Por eso, cuando veamos a un servidor del pueblo cargado de paciencia que suda y gime bajo la carga de la amargura —envidia, ingratitud—, debemos comprenderle y animarle y no apedrearlo, como solemos.

Pero sabemos de sobra que esto que decimos es fácil de decir y arduo de realizar. Por lo mismo es debido el valorar las obras reales, las que se proyectan en hechos, en materia, en verdad, y no tratar de echarlas a la basura. Vale infinitamente más una cosa hecha, una cosa pequeña y modesta, que el mejor discurso crítico, lo que no excluye el valor de los discursos críticos si son veraces.

El desencanto —y el pesimismo y el muermo— flagela a los políticos de la transición con el reproche de que han cedido al chantaje del separatismo o la caciquería local de las autonomías carentes de tradición. ¿Qué hay de verdad en esto? Haya la verdad que haya, lo cierto es que, efectivamente, las realidades históricas y con mayor motivo si se trata de grandes cambios y de revoluciones, son siempre realidades impuras relativamente a los ideales que las inspiran. Siempre. Creer en la pureza de las empresas políticas es una idealización infantil o la manifestación de un peligroso fanatismo. Y el fanatismo es, muchas veces, una mentira sentida apasionadamente. Todo suele coexistir al mismo tiempo en el corazón del hombre.

Si nos libramos del extravío en el laberinto de las anécdotas, veremos que, en líneas generales y en lo esencial, la transición política de España que se inicia con la muerte de Franco —aunque ya estaba insinuada, a nivel de los dirigentes sociales— consistió, sustancialmente, en edificar un nuevo Estado liberal, y pluralista por tanto, sin pasar por una fase revolucionaria. La transición política viene a ser una revolución, no abortada, sino inhibida y sustituida.

Imaginemos, por un momento, que el régimen franquista fuese prorrogado sin Franco. No hace falta decir que, en tal supuesto, las tensiones acumuladas en la sociedad española no encontrarían un exutorio para aliviarse. Tendrían que ser constreñidas. Entre esas tensiones no serían las menores las provenientes de los territorios de tradición foral y nacionalista, en parte de los cuales ya hervía el terrorismo en vida de Franco. A estas fuerzas se sumarían las de los sindicatos clandestinos, que ejercían, también desde los días de Franco, una influencia muy importante en el proletariado. Y con los sindicatos, los partidos políticos liberales, los socialistas y los comunistas, que, en este clima revolucionario, serían mucho más fuertes que hoy. En términos generales se reproducirían los frentes de la guerra civil de 1936-1939, pero justamente en un clima internacional inverso al de aquellos años, pues ahora el ambiente favorecería a las fuerzas revolucionarias. Cabe suponer que el ejército se mantendría fiel al gobierno franquista residual, pero el ejemplo de Irán nos enseña que las fuerzas armadas pueden ser corroídas en la calle y, al estar formadas y mandadas por seres humanos, son sensibles a la corrosión moral y a las expectativas de futuro, de un futuro próximo, en el caso. La salida revolucionaria sería la más probable y, con ella, un riesgo vehemente de desmembración real de España. Esta vez, sí.

Pero la hipótesis es imaginaria. En la historia real, las cosas marcharon por otras vías, y de su encauzamiento es responsable, en buena medida, la opción de Franco a favor de la monarquía. Al optar por la monarquía, Franco eligió, según todos los indicios contra todos sus deseos, la vía democrática y liberal, la vía de la transición. Por supuesto, el milagro de la transición no se habría realizado si un equipo político sumamente hábil y audaz no se hubiera hecho cargo de la operación, cuyo mando supremo correspondió a un monarca profundamente convencido de dos principios: el primero, la imposibilidad de una monarquía autoritaria en la segunda mitad del siglo XX y en Europa, lo que postulaba una evolución rápida y verdadera, sin trucos, sin falsificaciones —pues habrían sido fatales— hacia la democracia; el segundo principio, que esa monarquía tenía ante sí una misión sustancial y obligada: la de unir las dos Españas y la de integrar los países y territorios de una España con fuertes personificaciones políticas territoriales internas; de otro modo, la creación de la España de las autonomías, y ello consumado en realidad y en verdad, también sin trucos ni falsificaciones. Es el rey de la

En este momento cualquier analfabeto repite aquel dicho de Larra según el cual escribir en España es llorar. En Larra la frase tuvo sentido. Hoy es un lugar común que repiten los loros, por nada.

El humor valleinclanesco es un tanto panfletario y castiga a los malos de la comedia, aunque los malos sean, si se hace el inventario, todo el mundo, excepto el propio autor.

integración, el integrador, el que se propuso construir la Hispania IV. Para continuar el régimen autoritario franquista sin Franco, éste tendría que haber optado por la república, pero de haber optado por la república, de hecho, en perspectiva histórica y en el caso concreto de la España de 1975, habría optado por la revolución que, paradójicamente, sería ella también una revolución republicana. Por tanto, en términos de objetividad histórica, es indudable que Franco ha sido un factor decisivo de la transición política española, incluido el Estado de las autonomías.

Cabe la posibilidad de que un golpe de fuerza, un golpe militar, verosímilmente, helara el proceso de construcción de la Hispania IV y apelase al recurso de la dictadura para «meter en cintura a la nación». ¿Qué sucedería? Por de pronto, y si nos limitamos al campo de las autonomías, sería altamente probable que, una vez más, se produjese una paradoja histórica, y cuando se gastase —y no tardaría mucho en gastarse— el recurso dictatorial, el nuevo latido desintegrador se llevase en volandas la unidad política de España. Es cierto —sería insensato negarlo— que la unidad de España está siempre, como veremos en otro lugar, puesta en tablas, al filo de la desmembración, sin que el Estado de las autonomías elimine, de golpe y para siempre, estos riesgos congénitos. ¿Por qué habría de eliminarlos? Los procesos de regeneración de los tejidos de un organismo vivo, la cicatrización, la incorporación de los injertos, todo eso se realiza en inenarrables pasos, oscuros, lentos, secretos. Los frutos deseables del Estado de las autonomías se verán con el tiempo, no ahora mismo y de súbito. Pero si todo eso es verdad, es verdad igualmente que se puede confiar en la tenacidad de esa personificación política territorial que llamamos España, pues, a pesar de tantos factores disolventes, ha resistido y persistido a lo largo de una historia abundante en crisis gravísimas, desde el colapso de mediados del siglo XVII, hasta la guerra civil de 1936-1939, pasando por las tres guerras carlistas y el llamado desastre del 98, con otros muchos percances menores sin que dejasen de ser graves. Por algo será. Si estos datos reales y vitales de una biografía no garantizan, con plenitud lógica, que los hechos no tomen un rumbo inverso en el futuro, sugieren, de cualquier modo, que existen factores de cohesión y tenacidad en el sistema considerado. Con mayor motivo si observamos que las Hispanias anteriores a la formación del ente nacional, es decir, anteriores a la Hispania III, sufrieron el impacto de invasiones que rompieron su unidad y esa unidad se restauró por dos veces, y esto en las condiciones de una geografía física aparentemente muy adversa a la unidad. Cabe suponer, en suma, que actúan en esta personificación llamada España factores de sorprendente constancia milenaria, cuyas fuerzas tienden a la articulación política de sus partes, incluso por debajo de la existencia o de la no existencia de una nación hispánica.

¿Cuáles son los peligros que amenazan la vida de esta comunidad de partes físicas y morales llamada España o, antes, Hispania? En este momento están a la vista dos amenazas, de signo contrario, y concurrentes de hecho para poner en riesgo la existencia de la nación: una de esas amenazas es ETA, que paradójicamente, al mismo tiempo, debilita a otras fuerzas menos ostensibles, pero también propincuas a la desmembración; la otra amenaza obvia es la constituida por las fuerzas armadas españolas, cuya potencia, en virtud de una reacción ulterior previsible, al aprisionar entre sus brazos de hierro el cuerpo de la nación conseguiría romperla, quebrantar sus costillas y al final del proceso, consecuentemente, dejarla desmembrada. Lo que estamos describiendo es un fenómeno de reversión, de vuelta atrás, de incurvación de los desarrollos, muy frecuente en la historia. En expresión metafórica, sucedería, en efecto, que la unidad hispánica sería destruida, aunque acaso sólo temporalmente, a causa del rapto pasional —¿auténtico en verdad?— de mantenerla más y más unida, más unida, en apariencia, de lo que permite una unión orgánica.

CAPÍTULO VI

Los orígenes del pesimismo español

1/Síntesis del nacimiento y evolución del pesimismo ● 2/Aclaraciones a los conceptos de vida y de muerte de una sociedad ● 3/El colapso político y militar en la segunda mitad del siglo XVII ● 4/La lenta agonía de la cultura ● 5/Visita de don Francisco a los Infiernos ● 6/La difícil incorporación a la modernidad ● 7/El pesimismo español y la España contemporánea

1/Síntesis del nacimiento y evolución del pesimismo

Hemos dejado pendiente, en los capítulos anteriores, el porqué del pesimismo y del muermo *(Morbus hispanicus)*. Nos disponemos a pagar esta deuda.

Parece evidente que el pesimismo español no existe en la Edad Media, aunque existan otros pesimismos de diversa índole (temores milenaristas, grandes pestes, danzas de la muerte). O si se prefiere una afirmación más cautelosa: no advertimos en la Edad Media española el ánimo deprimido de un Quevedo o de la generación del 98. ¿Es que está viva y en plenitud la empresa de la llamada Reconquista?

Para facilitar la aprehensión y la fijación de unos datos fundamentales queremos reducir a términos muy escuetos y muy simplificados el tema de lo que suponemos ser la aparición y evolución del pesimismo español.

El pesimismo clásico fragua en la segunda mitad del siglo XVII, aunque adopta, al principio, expresiones imprecisas para describir el mal y referirlo a sus causas, expresiones en general arcaizantes, sin conciencia clara de la índole del fenómeno y de sus orígenes primeros, con otro tanto de oscuridad y de malestar íntimo. Pero ¿es que aquellos hombres no querían saber o no sabían realmente, de buena fe? En parte creo que no se atrevían a saber de qué mal gemían. El tiempo de esta navidad infausta del pesimismo español corre bajo los reinados de Felipe IV y de Carlos II, *el Hechizado.* Las causas inmediatas y espectaculares del pesimismo están en el colapso político y militar y en la lenta agonía de la cultura del Siglo de Oro y de la Contrarreforma. La agonía de la cultura hace referencia a la decadencia mortal de las artes y las letras, pero también a una perversión escandalosa e hipócrita de los valores que habían sido auténticos en el siglo anterior. Todo esto sucedía en medio de una crisis de miseria e inflación y bancarrota, de la que, por cierto, empieza a recuperarse el país, especialmente la periferia peninsular, hacia el año 1690, sin que esta recuperación ni el ulterior desarrollo en el siglo siguiente influyeran, de modo perceptible desde aquí, en el talante pesimista. Pasó el siglo XVIII y terminó en la declinación, la fatiga del impulso ilustrado y una decisiva derrota naval, la de Trafalgar. La guerra de la Independencia amortizó en alguna forma el pesimismo clásico, produjo una irrupción de lo popular en la vida política, social y cultural. No percibimos que la misma pérdida de las Indias Occidentales españolas haya modificado, en ningún sentido, el curso fluvial del pesimismo y, en cambio, parece que las guerras civiles lo pusieron en suspenso y expectativa, al actuar como treguas de falaz esperanza en algún modo de regeneración nacional por la muerte y la destrucción hasta llegar al desastre colonial de 1898, que suscitó otro pesimismo amargo, pero creativo, a que hemos aludido en estas páginas reiteradamente.

Otra llamarada nuevamente fratricida, la gran guerra civil de 1936-1939, fue una forma violenta de regeneracionismo en la que se quemó, por el tiempo de su duración y poco más, el pesimismo clásico en beneficio del bando vencedor, para resucitar a causa de la frustración nacional por los resultados decepcionantes de la contienda y el aislamiento y que se le infligió al régimen y a España desde el exterior. Por lo demás, todo sugiere que el dolor, la tristeza y la persecución que sufrieron los vencidos se filtró sutilmente en el alma de los vencedores, de tal modo que el pesimismo clásico tomó la forma, más perniciosa y estéril, del muermo hispánico. Diríase que el muermo hispánico es una especie de venganza de todos contra todos, de los vencidos contra los vencedores, de los vencedores contra los vencidos, pero también contra sí mismos, todos se vengaron de su patria en un marasmo pantanoso, inmune y ciego a los mismos factores positivos de la coyuntura, pues esos factores positivos y esperanzadores existían sin duda posible.

No es extraño que a muchos pareciese que la nación había caído en un abismo sin fondo y sin esperanza. Cada cual desde su actividad y su observatorio veía que, terminada la segunda guerra mundial, derrotados los totalitarismos alemán e italiano, España se había quedado sola, sin ayuda, sin participación en el maná del Plan Marshall, sin amigos, pues los aliados del franquismo, por necesidad y por elección perentoria, habían cambiado de campo. Esta sensación la tenían desde los hombres de negocios hasta los artistas, una sensación de haber quedado al margen de la corriente de la vida. La percepción de tal infortunio y de su desesperanza era más notoria en los jóvenes que no habían hecho la guerra, y empezaban a no querer nada con las «batallitas» de sus padres. Según me dicen quienes vivieron en España aquellos días —yo, por suerte, estaba en el exilio—, padecían un complejo de inferioridad que no abandonó ya a los españoles y que, por cierto, no padeció —todo lo contrario— la España desterrada. Personalmente hemos observado —y podemos dar testimonio al efecto— que los emigrados, de vuelta en el decenio de los cincuenta, inyectaron a la sociedad española un optimismo desconocido en la España franquista. Es un dato muy ilustrativo de lo que sucedió dentro del país. Dentro del país no advertían que España presentaba, en aquel momento, después de remontar el nivel del hambre, posibilidades excelentes de desarrollo, pese a la falta del Plan Marshall y al aislamiento. Es decir, que quienes habían sufrido la derrota, la emigración, la discriminación, estaban mucho más esperanzados que aquellos otros beneficiados por los dones de la victoria.

Los vencedores estaban poseídos por el *Morbus hispanicus*, al igual que los vencidos que permanecieron en España —probablemente más afectados aún por el mal—, y, en cambio, los españoles de la emigración se mantenían en los límites del viejo pesimismo clásico. Esto es lo que a nosotros nos parece.

Ahora bien, antes de cerrar este esquema previo a la historia del pesimismo español y al análisis de sus causas, anotaremos una observación que nos parece útil y aclaratoria. Decimos que tal vez se nos reproche el no hacer centro de las causas del pesimismo español, causa profunda, causa básica y determinante, las condiciones reales de vida de la gente, no sólo los factores económicos a los que hemos aludido, sino las vivencias derivadas, la incidencia en la sensibilidad, en las ideas, de las privaciones, miserias y sufrimientos y también los factores morales, tales como la injusticia, la iniquidad, el odio de clases, la explotación, el cerrilismo intolerante, el fanatismo y la exasperante necedad precisamente opresora, represiva. ¿No nos habremos fijado con exceso en el fracaso político y militar de la Hispania III como manantial del pesimismo? ¿Y no habremos explicado el muermo del período de la posguerra de 1936-1939 como la consecuencia de factores sicosociales demasiado abstractos?

Pues bien: sucede que hemos querido aislar el pesimismo de otros fenómenos seguramente próximos a él, pero no idénticos. Por ejemplo, el descontento, la protesta, la hostilidad hacia las oligarquías dominantes. Estas disposiciones del ánimo público pueden existir y existen sin que exista el pesimismo, sin que se produzca el muermo. Por de pronto, el pesimismo y el muermo no son estados de la emotividad de esta o la otra clase social, de esta o la otra ideología. Son comunes a las más diversas y encontradas situaciones e ideologías del sujeto. Esto aparte, el pesimismo, y no digamos el muermo, no son constantes de todas las sociedades ni de todos los tiempos; se trata de fenómenos aleatorios que, supuestas condiciones análogas en dos sociedades, pueden afectar a una y no a la otra. En todo caso, nosotros no hemos querido ni pretendemos establecer una relación necesaria entre tales o cuales hechos y la aparición del pesimismo o su ausencia. Sólo aspiramos a describir un estado de ánimo singular y relacionarlo con lo que parecen ser sus causas, relación, por lo demás, explícitamente mencionada por testigos de calidad: por ejemplo, Quevedo, que se nos presenta como el gran precursor del pesimismo nacional y, según toda probabilidad, reflejó en sus poemas y en sus escritos satíricos un estado de ánimo generalizado o al menos incubado en las conciencias más sensibles de sus contemporáneos. El escritor no es un apóstol, sino la voz de lo que está en el aire de su tiempo.

Pues bien: no es posible negar ni desdeñar los condicionantes del estado colectivo de ánimo que se forman en la experiencia de cada día del hombre común. Pero la acción de esos condicionantes no es, al parecer, decisiva en cuanto al pesimismo o al optimismo de los pueblos, de las sociedades. Así, la vida de la gente en el reino de Castilla, en el siglo XV, no era una partida campestre, ni un jardín de delicias, y menos que cualquier otra cosa podía ser un mundo seguro, decente, justo... Todo lo contrario, sin que por eso hubiera en Castilla, en la Castilla de entonces, un sentimiento popular comparable al pesimismo del siglo XVII o del siglo XX; precisamente en los años que corren, en el orden material, la vida brinda al hombre común satisfacciones y seguridades desconocidas en todo otro período anterior de la historia, y, sin embargo, es ahora cuando alcanza su cota más alta el pesimismo de esta comunidad.

No es verdad que la fe del pueblo —y lo contrario del pesimismo es la fe subideal, la fe en sí misma de la sociedad— dependa de las condiciones de vida del pueblo ni de su satisfacción moral. Así, la Inglaterra de la era victoriana vivió, aun al nivel de las capas menos afortunadas de aquella sociedad, una época de fe nacional y de adhesión a las instituciones compatible con las desigualdades más escandalosas, con las penurias y las injusticias, la mala salud de los pobres, la separación de clases, la explotación de un capitalismo crudo y ávido. Los desharrapados se sentían orgullosos no sólo del poderío de la flota británica y de las victorias de los casacas rojas, sino, también, del fasto nobiliario de sus aristócratas. Unos decenios más tarde, Europa conoció su *belle époque* sin que pueda decirse que fuera bella para nadie, salvo para una minoría privilegiada: fue un tiempo duro y estadísticamente miserable si se le compara con la denigrada y actual sociedad de consumo. Pero aquel estío con cancán, de alegría y prosperidad burguesa, tenía fe en el futuro, en el progreso, en la ciencia, en la buena marcha de los negocios —aunque no ignoraba las crisis económicas— y en la libertad.

Por eso creo que se deben poner entre paréntesis estos factores, de orden, diríamos, privado, en cierto sentido, sin perjuicio de su indudable importancia y de su gravitación sobre los procesos históricos. Pero esa gravitación se ejerce en una forma que no conocemos bien (en general, las disciplinas sociales sufren de un notorio retraso y patente insuficiencia). Así pues, en lo que nos atañe, entendemos que el pesimismo guarda una relación cierta con la pérdida de la integración de la sociedad, lo que implica una sensación de inseguridad del suelo movedizo, una falta de sentido de la orientación, la falla de los automatismos de juicio y de conducta y, en consecuencia, una serie de fracasos, hasta el punto de que el sujeto llega a dudar de sus facultades, de su capacidad para tales o cuales actividades, empieza a creer en una carencia esencial, en una inferioridad genética, en cualquier cosa, menos en la verdad elemental de que ha cambiado su entorno histórico mientras él sigue poseído por viejos y estúpidos demonios que le impiden aprender y trabajar, simplemente, con paciencia, con humildad, sin desaliento.

Puede irritar a los prejuicios de nuestro tiempo —no hay tiempo sin prejuicios— que hechos como el pesimismo español estén motivados, como causa remota, por ciertos automatismos y ciertas fijaciones mentales que tuvieron un éxito casi milagroso hace unos cuantos siglos y dejaron de tener ese éxito y produjeron errores y fracasos al enfrentarse la sociedad española con los problemas de la modernidad; y así, la causa más próxima, es decir, más patente e inmediata, serían las experiencias del fracaso de esa misma sociedad y de su Estado en un tiempo que se remonta, al menos, a los años de 1640... Y en cambio no se advierte la influencia en el fenómeno de acontecimientos y situaciones cotidianas, a nivel individual, a nivel también social, la lucha por la vida de cada cual, cosas que datan de ayer o de hoy mismo. Pero así es —según nuestro falible parecer— la verdad, tan absurda como se quiera y tan verdad. Diríase que la gente es más sensible a la prosperidad y la riqueza de la sociedad a la que ésta le hace el honor de pertenecer que a su propia y personal bienandanza. Se alimenta de imágenes colectivas y de símbolos y palabras que halagan su orgullo, un orgullo directamente proporcional al grado de sumisión a la comunidad y a sus jerarquías e instituciones. Es un hecho muy coherente contra lo que pudiera parecer. El Ego colectivo, resplandeciente, ilumina los sótanos donde habitan los pequeños egos anónimos, precisamente los más necesitados de esta luz externa, quiero decir, ajena, pues el brillo de la personificación nacional ennoblece las fétidas desdichas y las miserias concretas y reales de cada cual. Al sujeto particular le interesa mucho —se supone— su salud personal y la de su familia, pero relativamente a su optimismo y a su pesimismo como miembro de una sociedad política le interesa fundamentalmente la salud funcional del sistema a que pertenece, entendiendo por salud, en este caso, la marcha regular y firme de la maquinaria social. Esto es, en todo caso, lo que cabe inducir de la observación de los hechos.

Una prueba más para la mejor comprensión de nuestra hipótesis la encontramos en la comparación de España con Portugal. No parece que quepa duda en cuanto a la calidad de vida —como ahora se dice— superior, de España, aun considerados los modestos niveles de renta por cabeza de unos y otros. Sin embargo, no encontramos en Portugal o no hemos encontrado hasta ahora, el estado depresivo y pesimista de los españoles. Portugal ha experimentado una fase de evidente decadencia y pasó por dificultades de adaptación a la modernidad, como España. Pero los portugueses han conservado —en todo caso, ostentado— una fe en su comunidad nacional que no subsistió en España.

Tal vez serviría para ilustrarnos acerca de la naturaleza del pesimismo y del muermo una comparación de la historia de los dos países ibéricos para ver las peripecias en que difieren. Así, Portugal no conoció un desastre como la guerra hispanonorteamericana de 1898, y sólo ahora ha visto la liquidación de su imperio colonial. Por lo demás, el Imperio portugués no se complicó en Europa, como el español, y no tomó parte militar en las guerras de religión, lo que le ahorró el dejar tras sí la secuela de odio que afligió y aun aflige a la imagen de España. Portugal no es ajeno a las peripecias españolas frente a los judíos y no ignoró los rigores de la Inquisición y los efectos de una integración demasiado especializada. Pero no ha tenido una leyenda negra como la que somete a España a un perpetuo juicio, situación que trascendió a los propios españoles y hubo de ejercer una influencia indudable en el pesimismo clásico de la sociedad española. Portugal, en suma, se las arregló para eludir el talante negativo que padeció y padece España, si bien no sabemos si el virus se aclimatará en el alma portuguesa precisamente ahora. No se lo deseamos. Entretanto, los portugueses cultivaron la convicción, no sabemos en qué medida compartida por el pueblo, de su grandeza, apoyada —la convicción— en el hecho real de sus extensas posesiones coloniales supervivientes hasta ayer mismo. Es significativo a tal respecto que en los piques entre vecinos, el blanco preferido de la ironía española, con referencia a los portugueses, fuese la hipérbole lusitana al medir su propia estatura nacional. Pero ¿no habría en esto una broma española en alguna manera sospechosa de secreta envidia, no de la grandeza invocada por los portugueses, sino porque el español se daba a sí mismo por excluido de todo pretexto para acariciar semejantes ilusiones? De otro modo: que tal vez el español deseara forzar al luso a compartir su propio pesimismo. Este punto nos parece muy sugestivo y contribuye, tal vez, a explicarnos algunos malentendidos entre los españoles y los extranjeros. Los franceses hablan aún de la *fierté* hispana y los portugueses no han abdicado de sus recelos con respecto a España. Sin embargo, el español carece en absoluto de toda pretensión de superioridad y aun de simple igualdad, en no pocos individuos, y no concibe proyectos de hegemonía o algo parecido en cuanto a Portugal (sólo un ideal de unidad ibérica de los federales españoles compartido por algunas izquierdas en el pasado, pero todo ello desde una concepción ideológica). ¿Por qué la idea de un orgullo hispano en unos, por qué el recelo de los otros? Lo que sí he observado es una forma de suspicacia española en sus relaciones con extranjeros, perceptible en las conversaciones internacionales, precisamente a causa de la timidez del que no se siente seguro de sí mismo. Sí, es posible que haya en esta actitud retraída un fondo de orgullo que teme ser herido...

2/Aclaraciones a los conceptos de vida y de muerte de una sociedad

La experiencia singular, no compartida por España con otras naciones, parece ser el hecho de que la nación española gestada en la lucha contra el islam ha muerto, está muerta en la medida en que puede hablarse de nacimiento, vida y muerte de las sociedades humanas y de las culturas o civilizaciones. Desde luego, no se trata de una muerte biológica, y entiendo que se ha abusado de este concepto, quiero decir, de la analogía entre los organismos de la biología y los de la historia. En realidad, atribuir un ciclo biológico a las sociedades humanas es una metáfora que hizo gran fortuna cuando la lanzó Spengler, pero debe tomarse con cautela y con reserva sin perjuicio de que tenga, como a nuestro juicio tiene, una validez relativa, siempre como metáfora. Para citar un ejemplo de exceso en la equiparación de las sociedades, de las personificaciones políticas territoriales con los organismos de la biología, ahí está el caso de Américo Castro cuando llega a negar la continuidad entre la Hispania romana y la visigoda y entre ésta y la nación española, continuidad que afecta a quienes, formando parte de esas Hispanias, han adquirido caracteres comunes discernibles. La continuidad se produce por el condicionante básico natural y por los componentes humanos de unas y otras sociedades, incluso aunque la Hispania I, romana, y la Hispania II, visigoda, no hayan sido propiamente «naciones», y la Hispania III, sí. Así, ¿cómo negar la continuidad entre el México colonial español y la nación mexicana? Está claro, pues, que las sociedades históricas, cuando mueren, siguen viviendo en sus elementos y en sus instituciones, como la Iglesia, que viene de la romanidad y vive aún en la civilización occidental de la era nuclear y espacial.

Si esto es como acabamos de exponer aquí, ¿qué queremos decir cuando afirmamos que la Hispania III murió en un tiempo que se extiende de la segunda mitad del siglo XVII al promedio del siglo XVIII o en un momento anterior si atendemos al colapso político, militar e ideológico de aquel sistema? Una sociedad muere no porque deje de existir físicamente —la muerte física puede darse de modo excepcional—, sino porque pierde su alma y, con ella, el acierto en sus decisiones y en la acción, por faltarle los automatismos de respuesta a los incitantes que constituyen el pensamiento rector de las sociedades bien integradas. Suele creerse que basta, para gobernar una sociedad, con el talento de quienes la rigen

Goya creó un esperpento a la vez trágico y caricaturesco, una visión de la realidad distorsionada en la superficie, exacta en el fondo.

y las demás cualidades que se reputan necesarias, voluntad, carácter, flexibilidad, firmeza y una larga serie de parejas de virtudes, contrarias la una de la otra, y acaso, también, algunos vicios útiles. Pues todo eso no basta y no preserva del fracaso. Los mejores gobernantes en una sociedad desintegrada, por tanto sin «piloto automático» —esto viene a ser una buena integración—, son deficientes e incurren en errores mayúsculos, no tanto porque aquéllos se equivoquen como porque la sociedad gobernada no se deja gobernar y el dirigente ha de seguir el camino que le imponen las fijaciones obsoletas, los intereses creados, las instituciones escleróticas.

En efecto, la sociedad muerta suele dejar tras sí órganos y porciones de sí vivientes, pero fuera de sistema. Lo que muere es el sistema. Muere la integración, es decir, el centro director, los mecanismos automáticos que condicionan el sistema y le marcan los cauces de la conducta. Porque esto es una integración: un objeto, un interés vital en torno al que se organiza la conciencia social, la que elabora las respuestas del Estado y de la comunidad a los incitantes; si la respuesta resulta ser productiva, se repite una y otra vez y se crea una especie de rutina. Pero la rutina falla y se convierte en desacierto e impotencia cuando cambia el entorno al que la respuesta se dirige. Es la decadencia.

En esta situación, las instituciones supervivientes de la desintegración, las ideas en un tiempo lúcidas y ahora falsas, los prejuicios, los intereses que se niegan a evolucionar, las creencias filosóficas y religiosas, las rutinas, todo eso, con independencia del valor que haya tenido o que tenga ahora mismo, si no se adapta a la realidad vigente, suele ser malo, dañino, estéril, antivital. El pasado en estas sociedades desintegradas se levanta cada noche de los sepulcros y visita a los vivientes para extraviarles el juicio y llenarles el corazón de pesadillas.

Justamente, la supervivencia de entes sueltos de la Hispania III desintegrada, de la España de los Austrias, ha ocultado el hecho mismo de la desintegración de aquel sistema y la imposibilidad de su resurrección. De este modo mucha gente se creyó que aquellos fragmentos de un ser desintegrado y muerto eran entidades vivientes, cuando en realidad se trataba de vampiros. Se trata de vampiros, porque esos falsos seres aún andan por ahí, aunque cada vez con menos fuerza, ya reducidos a la condición de espectros incorpóreos. Pero son demonios y pueden encarnar en mentes insanas o, sencillamente, mal informadas, mal educadas, y perpetrar con sus cuerpos prestados cualesquiera necedades y locuras. Precisamente locuras trágicas: se sabe que los vampiros son ávidos de la sangre humana.

Estas ideas parecen, creo, hipótesis bastante aceptables, pero hemos de reconocer que no dejan de plantear problemas y suscitar dudas. Así, dado que la Hispania III que es, precisamente, la España nación, fraguada en el seno de la civilización occidental y en lucha contra una cultura oriental, aunque no sin parentesco con la cristiana europea, según nuestra teoría, ha muerto, una de dos: o estamos viviendo en una Hispania IV o no estamos viviendo en ninguna nación y únicamente en un Estado, en un aparato político o tal vez en una sociedad no nacional (sociedades no naciones lo fueron la Hispania II y la Hispania I, sin por eso dejar de ser sociedades y personificaciones políticas territoriales). Que la Hispania III ha muerto, a mí, personalmente, no me ofrece duda.

Uno tiene la impresión de que existe un hiato entre la Hispania III de los Austrias y la España ulterior y no sentimos el mismo vacío entre la Francia de Luis XIV y la Francia actual, con toda la distancia que va del Rey Sol al presidente Mitterrand. Y, sin embargo, la sociedad francesa actualmente en vida se parece menos a la Francia del Antiguo Régimen que la España de 1982 a la de Felipe II. Aparentemente. Ahora bien: el hecho de que la identidad nacional francesa haya atravesado peripecias con tan diversos vestidos ideológicos sin descomponerse probaría que algo pervive en una sociedad donde se han producido tantos cambios. Y ese algo parece ser la conciencia de sí misma de la comunidad, de la nación en este caso, y la fe en su ser, la fe, precisamente subideal. Otra cosa le ha sucedido a España. España experimentó menos cambios formales y, además, vagan en ella sombras ancestrales, espectros de la Hispania III desintegrada. Pero no nos engañemos: nos falta la fe subideal que anima a otras comunidades —la fe subideal sería antagonista emocional del pesimismo— y, además, falta también la asimilación del pasado, no tal cual, sino digestible, incorporado a la actualidad sólo en cuanto sea viviente y válido. Por otra parte, ese pasado no aparece como un valor común a todos, aceptado por todos, con naturalidad y sin violencia. Nos parece, en fin, significativo, que Francia haya acuñado la expresión de la «France éternelle». Pero digamos, ante todo, que se trata de una hipérbole nacionalista, de una idolización que difícilmente se toleraría en otro país que no fuese Francia. Por fortuna, nada hay eterno en este mundo. Ni falta que hace. Pero sí indica dos cosas: que para los franceses Francia conserva su identidad a través del tiempo y de los cambios materiales y culturales; y que es un bien tan excelente que merece nada menos que la eternidad. En todo caso, y aunque estas pretensiones francesas ostenten una *inmoderatio* escandalosa, está claro que no pecan de pesimistas ni de muermosas.

3/El colapso político y militar en la segunda mitad del siglo XVII

No es dudoso que al promediar el siglo XVII se acusó un estado de postración de la España de los Austrias en el orden político y en el orden militar. La postración, unos cuantos decenios más tarde, se traduciría en impotencia, atonía, incapacidad de reacción.

El fenómeno no se limitaba, desde luego, a la capacidad de inervación del Estado ni afectaba únicamente a las fuerzas armadas. Era un mal generalizado que estaba presente en todos los órganos de aquella sociedad —incluida la cultura, que, sin embargo, aún daba vivos destellos— y, desde luego, en la vida de la gente, los pueblos del reino, que sufrían de una atroz penuria con inflación incoercible, miseria y hambre. El Estado estaba en bancarrota, las tropas sin sus pagas y, finalmente, sobrevino la derrota militar. Luego, la desmembración del Imperio y de la nación. La inautenticidad había invadido los valores antiguos: una pretendida honra sin honor defendida por espadachines y matones y una corrupción llevada a límites extremos. Pero la corrupción y la mentira no caracterizan a la sociedad española en medio de una Europa también corrompida de arriba abajo. Lo que caracteriza a la sociedad española, a mi modo de entender, es el desfase respecto a los tiempos, de otro modo, la desintegración del sistema y el consiguiente fracaso de las instituciones y, en particular, allí donde el fracaso era más espectacular, en la política y en el ejército.

La política de la época reviste un gran interés, desde nuestro punto de vista, porque pone de manifiesto, justamente, los efectos de la pérdida de la integración. Y lo mismo se puede decir de las fuerzas armadas que, en definitiva, son parte y expresión de la política de un Estado.

El hombre que está al frente de los negocios públicos, en el período de la desintegración manifiesta, es don Gaspar de Guzmán y Pimentel, conde-duque de Olivares, que acumuló en su persona la denigración y el vilipendio de sus contemporáneos y de las generaciones posteriores. Gregorio Marañón[1] tuvo el acierto de rehabilitar a este personaje, en la medida posible y, en todo caso, destacó sus cualidades hoy reconocidas por los historiadores. Por eso mismo reviste un particular interés esta importante figura política en relación con el funcionamiento de una sociedad que perdió su integración. Si el conde-duque fuese, en efecto, nada más que un mal gobernante, un político nepotista, ávido de bienes y de honores, un valido inepto, no tendría ningún interés para nosotros. Pero se conviene, precisamente, en que tuvo muchos méritos, y porque había en su persona cualidades eminentes es significativo su fracaso, un fracaso dilatado y profundo, una enorme ruina que se imputa a un hombre de Estado con viva conciencia de los males de la sociedad española, poderoso con el rey y decidido a llevar a cabo reformas en las más diversas ramas del sistema. El conde-duque era un reformador y un gran trabajador, infatigable. Tenía a su disposición, teóricamente, los recursos del mayor Imperio del mundo y de la historia... Y fracasó solemnemente, todo lo que se puede fracasar y un poco más. ¿Por qué le salió todo mal al conde-duque y otros menos inteligentes, menos capaces, menos cultos —el conde-duque era un universitario, latinista, jurista que había estudiado en Italia y en Salamanca y tenía una buena formación política—, otros menos cultos, digo, alcanzaron resultados sustanciales en su gestión pública? La respuesta es que los gobernantes más afortunados ejercieron el poder en otro momento, en una época en la que las condiciones del país gobernado y las del entorno eran diferentes; esto aparte, también podían haber evitado tan tremendos desastres como los que se imputan al conde-duque ministros menos activos, menos intrépidos, menos emprendedores y probablemente menos patriotas y menos trabajadores. Es decir, que en determinadas condiciones, la falta de iniciativa, la falta de imaginación o la sobra de holgazanería pueden ser convenientes, quizá eviten males mayores e históricas calamidades. Es verdad que Cánovas del Castillo, un colega del conde-duque de tiempos más próximos a nosotros, atribuye los fracasos del valido a la soberbia y a su optimismo excesivo (Cánovas no padecía de este exceso); y algún embajador extranjero le culpa de no saber escuchar a nadie que discrepara de su opinión. Admitimos que estos juicios no sean erróneos. Pero los defectos o al menos estos defectos del valido de Felipe IV no le impedirían tener razón alguna vez y gracias a su terquedad —otro de sus rasgos de carácter— podría haber impuesto y llevado adelante planes acertados. Pero justa-

1. Y, antes, ya lo había rehabilitado Cánovas del Castillo.

mente lo que queremos poner aquí de manifiesto es que concepciones del ministro correctas y probablemente fecundas se convirtieron en desastres, tal vez debido a que tales medidas fueran aplicadas con torpeza e inoportunidad. Con todo y aun cuando sea esto así, imaginamos que las condiciones de una sociedad que carecía de esquemas de respuesta actualizados, es decir, coherentes con el entorno, debieron influir en los resultados desgraciados de la política del conde-duque. Disponemos de ejemplos que confirman este supuesto.

Los primeros actos del valido no cuentan a estos efectos porque respondían a una constante de la política que siempre da buenos resultados a los nuevos gobernantes. Se trata, sencillamente, de desvalorizar a los antecesores en el cargo. En este caso, la desvalorización llegó hasta montar procesos, decretar medidas persecutorias e incluso el cadalso para uno de los ministros de la situación anterior, don Rodrigo Calderón. Estos episodios, sin duda dramáticos, no nos parecen significativos para nuestra tesis, pues no hacen sino repetir precedentes y analogías de todos los tiempos y de todos los lugares.

Más peculiar es la idea del conde-duque, al inaugurar su privanza, de trazar un programa de reformas (año 1621) que fue presentado al rey. Dividimos las reformas del conde-duque en dos especies: la una es de menor interés, pues se trata de un intento de reformar las costumbres, lo que no pasa de ser un lugar común del viejo regeneracionismo que achaca las desventuras nacionales a la relajación moral. Estos intentos de combatir el pecado suelen fracasar y quedar en nada y, desgraciadamente, casi siempre es mejor que fracasen. Aquella sociedad era, verdaderamente, de una inmoralidad peor que escandalosa. Pero el conde-duque, que tampoco había sido ni era un santo, carecía de ideas razonables para mejorar aquel estado de cosas y la acción directa que emprendió en algún momento sólo podía aumentar el caudal de hipocresía y de represión, que andaban juntas en abundancia y a menudo llegaban al crimen.

Pero debe reconocerse que el valido acometió otros empeños reformistas más efectivos y de otra trascendencia. Nos referimos a las reformas encomendadas a una cadena de juntas especialmente encargadas de llevar adelante los cambios propuestos en cada ramo o actividad. El programa era de gran amplitud, y así hubo una Junta de Ejecución, por ejemplo, otra para el Almirantazgo, sin olvidar sectores muy acotados, como la Junta de la Sal, la de Obras y Bosques, la de Millones... Como se advierte, se intentaba arbitrar nuevos órganos de la administración probablemente al tanteo de problemas del día, pero no sin apuntar, también, a lo que llegarían a ser los futuros departamentos ministeriales. Al mismo tiempo, el gobierno del valido se preocupó de mejorar los viejos consejos —de Castilla, de Aragón, de las Indias— de la época de los Austrias, imponentes aparatos burocráticos acusados de proverbial lentitud.

En cuanto a los resultados de estos esfuerzos reformistas, los críticos afirmaban que se redujeron a un aumento de la burocracia. Ya se sabe que no es posible reformar y menos aún disminuir la burocracia si no se empieza por crear los adecuados órganos burocráticos.

A un lado estos juicios sarcásticos para la obra de los gobernantes —también ellos, los juicios, tan viejos como el Estado—, lo cierto es que poco podía hacer el conde-duque contra los intereses y las inercias —incluidas las inercias desinteresadas, si es que las hay— de un Estado cuya grandeza no era dudosa en apariencia, una sociedad que venía de tiempos gloriosos y cuya fortuna era escándalo del mundo. Por lo demás, era una sociedad bien integrada en sus tiempos de bonanza, quiere decirse, mientras la empresa marchaba con viento favorable. Ahora bien, cuanto mayor ha sido la fertilidad de una integración social, más rígida se mostrará, más intratable y renuente a los cambios, la sociedad considerada. Estas sociedades que han conocido la victoria como costumbre se vuelven de piedra y no hay modo de moldearlas para que se adapten a las nuevas necesidades y realidades de la historia. Pero esto acontece, sobre todo, a las sociedades muy especializadas —y la de la Hispania III lo era en grado sumo— porque les falta la reserva plural de objetivos, carecen de alternativa y se aferran como los ahogados a quienes tratan de salvarlas, para inmovilizarlos y asfixiarlos. Las reformas que tocan a los intereses consolidados, y aun sin consolidar, son siempre difíciles. Pero en estas sociedades escleróticas se hacen imposibles.

Al conde-duque le preocupaba —justo es reconocerlo— la pobreza de la nación y quería restaurar industrias que habían existido en períodos anteriores y, en general, fomentar la actividad industrial del país. Es el sentido de un famoso decreto del 18 de noviembre de 1625 sobre el laboreo de la lana y de la seda. Tampoco tuvo mucho éxito.

Por supuesto, el ministro reformista concibió otros proyectos más seductores e incurrió en la idea de hacer navegables los mezquinos ríos de la España semiárida. El empeño venía de atrás y sobreviviría al conde-duque y a la dinastía, para retoñar en los planes de los ilustrados españoles, en la siguiente centuria. Participó decididamente de estos proyectos de la Ilustración nada menos que un sabio ingeniero, como el canario Betancourt, y de tan atrevidas esperanzas subsisten reliquias vivas, como el Canal Imperial de Aragón, una gran obra hidráulica que alcanzó su dimensión presente al final de aquel brillante estío de la Ilustración. Que tales sueños hayan sido anticipados por el ministro de Felipe IV le hacen honor, pero sus mejores intenciones acaban siempre en efectos pervertidos: la idea de la navegación se traducía y degeneraba en la ambición de ofrecerle al rey una especie de paseo fluvial inverosímil y las obras públicas se convertían, por la magia maligna de la sociedad decadente, en erigir palacios suntuosos e improductivos.

En la política del conde-duque aparecen elementos contradictorios: los unos tienden a racionalizar el sistema, con lo que el valido se anticipa a su tiempo, y los otros reproducen sentimientos, actitudes e ideas arcaicas que acaban por prevalecer. Buen ejemplo es el intento del ministro de establecer un régimen fiscal más uniforme y acorde con la capacidad económica de las diferentes partes del Estado. Así pues, el plan de distribuir de una manera más racional las cargas públicas era correcto y además absolutamente necesario en la situación del reino por los alrededores del año 1640. Todos los manuales de historia hablan de la torpeza del ministro, de su falta de tacto, de su altivez, de la provocación al humor catalán, y no se equivocan. Pero, además, había el hecho de una estructura confederativa o más bien foral —por tanto, basada en el particularismo, en el privilegio— del Estado y de la sociedad. En el conde-duque latía la concepción reformadora y racionalizadora que anunciaba una nueva época, pero esta concepción tenía que chocar con instituciones del pasado muy consolidadas, muy prestigiosas como todo cuanto provenía de una sociedad en un tiempo bien integrada, felizmente integrada, y ahora, en los repuntes de la modernidad, prácticamente inviable. Y es el caso que el conde-duque, en contradicción con su lado futurista, era un político arcaizante, como tantos otros de sus contemporáneos regeneracionistas *avant le mot*. La manifestación más arcaizante del valido la encontramos en su modo de concebir la «grandeza» de España, la gloria del reino y del monarca, al que don Gaspar servía con indudable fidelidad.

Con estas palabras aludimos a la decisión tal vez más funesta adoptada por el gobierno español con la anuencia del conde-duque de Olivares en los días iniciales de su valimiento: la no renovación de la tregua con Holanda, doce años de paz que hubieran podido ser más años. ¿Y quizá un cambio de política adecuado a la realidad emergente del mundo moderno? Sería difícil: son muy raras semejantes mudanzas como efecto de una voluntad lúcida que resuelve, un día, tomar camino nuevo. El hecho es que se conjuntaron una serie de intereses, sobre todo el peso de las instituciones tradicionales, pero también quienes se sentían perjudicados por el comercio holandés, para, entre todos, decidir la guerra. La causa, declarada por el conde-duque, de esta opción belicosa, según carta del valido al rey, fue la fijación española permanente en defender la fe contra los herejes. Traducida esta declaración a sus contenidos reales, complejos y varios, naturalmente, era expresión de un viejo automatismo de respuesta fuera de época y de las circunstancias que había hecho fortuna en la reconquista y en los descubrimientos de ultramar.

Veamos, pues, el espíritu de las resoluciones del conde-duque en aquel período crítico de la historia de España. La provocación al humor catalán y la racionalización del mosaico de particularismos y privilegios forales que va a desencadenar la larga y cruenta guerra de Cataluña y la desmembración del reino y del Imperio, revela a un conde-duque de Olivares futurista aunque inhábilmente futurista; la opción por la guerra contra Holanda pone de manifiesto a un conde-duque arcaizante que arrastra a su país, patrióticamente, a un laberinto de sangre y de ruina. Y en ambos casos, las dos decisiones del conde-duque, acertadas o no, son dos fracasos que irán seguidos de la muerte de la Hispania III, por mucho que subsistan su cuerpo físico y sus más caracterizadas instituciones. ¿Y de qué murió esta sociedad? En el fondo del fondo no murió de sus derrotas, sino de un empacho de sí misma, murió de tanta fortuna y tanta gloria como había tenido. Murió, también, del exceso de especialización, es decir, de la falta de sustitutos de sus dogmas, cuando estos dogmas dejaron de ser productivos. Murió de una peligrosa misión «eterna» que solemos atribuirnos los hombres para cohonestar, con astucia simoniaca, pasiones e intereses demasiado temporales.

Sin embargo, los primeros años de la guerra están salpicados de victorias: al parecer, el puño del Estado conservaba su contundencia y no había perdido aquel brío que no le regateó la fama. Es curioso anotar el hecho de que aquella tropa eficaz en grado superlativo padeciese, como padecía, constante penuria por retraso en las pagas, con los consiguientes motines y plantes, a veces, en pleno combate y a punto de vencer al enemigo, sin que faltasen las deserciones, incluso de contingentes más que considerables. «Y los amotinados españoles impresionaron a sus contemporáneos por su dignidad, disciplina y pacífica eficacia. Las tropas rebeldes elegían a sus líderes de forma completamente democrática, pero el electo y su consejo mantenían un régimen férreo, ejecutando a cuantos transgrediesen la larga serie de ordenanzas por ellos establecidas.» [1bis] El frío, el hambre, la deserción y el combate en primera fila reducían en breve tiempo las compañías a menos de la mitad de sus efectivos. Se explica difícilmente que esta tropa se mantuviera en pie aun después de las derrotas más sonadas como Las Dunas y Rocroy, hasta el fin del reinado de Carlos II. Por supuesto, en los comienzos de la guerra se registran no pocas victorias —la más ilustre, gracias a Velázquez, la *rendición de Breda* (1625)— en Flandes y en Italia. Y es el caso que el vencedor de *Nordlingen* (1634), el cardenal infante, hermano de Felipe IV, en una carta trata de los motines y miserias de los tercios. Nordlingen es un episodio importante de la guerra de los Treinta Años, en la que se complicó la España del conde-duque en medio de la crisis económica y financiera, y en vísperas de la desmembración del Imperio y del reino que sería el final de la hegemonía española en Europa. En suma: los tercios eran aún a modo de brazo fuerte, un brazo sin cuerpo y sin cabeza. Pero en la Hispania III desintegrada no podían ser reorganizados y restaurados, como sucedió en otras naciones que, derrotadas militarmente, pero dotadas de reservas vitales y versátiles, volvieron a levantarse y a recuperar su actividad. Aquí está la diferencia, y a esa diferencia es lo que podemos llamar «muerte» por desintegración y, también, cierto, por agotamiento.

Pero el mismo agotamiento —la crisis económica era profunda y había afectado a la base agrícola de Castilla y a la demografía de la nación— hubiera podido superarse. Lo que no se recuperó fue el centro de integración capaz de sustituir al que había hecho la fortuna de la Hispania III, y al faltar ese núcleo integrador se desvaneció la inspiración, es decir, si se prefiere, la rutina productiva de otros tiempos.

En otro lugar mencionamos —y es justo hacerlo, es justo incurrir en la machaconería cuando los hechos son tan elocuentes— la apertura de las fronteras a la entrada de judíos conversos portugueses como muestra patente y —diríamos— refinada de lo que es gobernar una sociedad desintegrada. La bancarrota y la crisis económica se achacaron a la carencia de «hombres de negocios» —precisamente judíos—, resultado de la indiscutible eficacia de la Inquisición. El conde-duque consideró necesario interesar a los banqueros judíos en los préstamos al tesoro real, y a tal efecto sería bueno o más bien indispensable suspender o suprimir los procesos inquisitoriales, es decir, establecer un régimen de tolerancia. Pero esta medida era imposible en la sociedad española de mediados del siglo XVII, y el valido hubo de adoptar un término medio que consistía en dar entrada a los judíos portugueses... conversos. Así se hizo y el resultado fue que la Inquisición encontró una espléndida cosecha de grano judaizante que moler.

Gregorio Marañón, en su biografía del conde-duque, más admirable

1 bis. Geoffrey Parker, profesor de historia moderna, Universidad de St. Andrews, Escocia, *Historia 16*, enero de 1980, p. 57. En la colección Rivadeneyra se encuentra una arenga del duque de Alba que invoca a sus tropas llamándolas, «soldados, caballeros, amigos», y les reprocha que se amotinen por la paga, como los alemanes y los italianos... No les reprocha que se amotinen.

aun por su perspicacia —la de Marañón— sociológica que por sus grandes méritos literarios dice, al respecto, cosas de una lucidez asombrosa. Así: «... aquel arrebatado idealismo (las motivaciones de optar por la guerra en 1621), que fue sin duda causa de muchas de nuestras grandezas, ya no tenía oportunidad ni justificación.» Según Marañón, el condeduque cometió un error de «cronología elemental». Sin embargo, creemos que el error, como acabamos de ver, es más aún de la sociedad misma petrificada en su mente y en su corazón que de un ministro trabajador hasta la extenuación, patriota y fracasado necesariamente. En una famosa carta de don Gaspar a la infanta Isabel Clara Eugenia, dice: «... porque, señora, yo he servido con mucho amor y poco interés y he perdido la vida y la salud asido al remo, *y conozco que no acierto ni he de acertar jamás aunque hiciese milagros, y estoy ya con esta desconfianza tal que no puedo más.*» [2]

Veía claro el conde-duque. Ni aun haciendo milagros podía acertar.

Finalmente, la rampa de los desaciertos, creo que rigurosamente inevitables, desemboca en una grotesca apoteosis, el fenomenal esperpento del *Rey que endiabló*, el aquelarre del testamento de Carlos II, *el Hechizado*. Los monarcas europeos acechaban la muerte del rey de España y se repartían sus dominios, tanto para ti tanto para mí, sin excluir del festín a los parientes austriacos. El sujeto pasivo de aquellas partijas, Carlos II, conocía estos conciliábulos indecentes, pero ya no tenía fuerza para indignarse y asistía a la escena de su propio cadáver rodeado por los buitres que daban saltitos y se hacían reverencias traveseras, vigilándose los unos a los otros para impedir que el más audaz diese el primer picotazo.

4/La lenta agonía de la cultura

La cultura del Siglo de Oro murió lentamente por anemia y por incapacidad de reproducción.

Por de pronto, antes que nada, se advirtió la muerte de la clase dirigente, de la nobleza. La expresión fatídica no es nuestra, sino del mismo Gregorio Marañón. «Lo grave —añade— es que desde entonces no se ha vuelto a constituir una aristocracia directora de la democracia española.»[3] Ahora bien, cuando se extingue una aristocracia auténtica, la sustituye otra clase dirigente o bien sucede que la misma oligarquía anterior pierde sus virtudes y se convierte en una clase a la vez dominante y decadente. Esta clase decadente y dominante es estéril, no crea nada y se aferra a los automatismos de respuesta anteriores, de una sociedad que, a su vez, está enferma de un solo dogma, de una sola idea, y se atribuye, falazmente, esa misión trascendental con que el hombre suele cubrir y disimular las empresas menudas y temporales de unas pasiones chaparras. En el caso de la España de la segunda mitad del siglo XVII, la cultura despedía aún vivos resplandores, mientras la nación oficial se deshacía y caía a pedazos como un leproso. Pero se mostró impotente a la hora de gestar y dar a luz nuevas criaturas de su misma especie. ¿A qué podía

2. Gregorio Marañón, *El conde-duque de Olivares*, p. 69. Colección Austral. Espasa-Calpe, Madrid, 13.ª edición.
3. Op. cit., p. 80.

deberse esta infecundidad? Según Ramón y Cajal, la causa de la esterilidad —para él en el terreno científico especialmente— deberá hallarse en la prohibición de Felipe II, el año 1559, de que sus súbditos fuesen a estudiar en las universidades extranjeras, con las excepciones del Colegio Albornoz de Bolonia, la Universidad de Roma y la de Nápoles. Ahora bien, la cultura es difícilmente autógena, especialmente si se trata de una cultura fraccionaria, es decir, de una nación, de una provincia. En el ámbito occidental al menos no hay culturas nacionales en la plenitud de la palabra. Hay una cultura occidental, por lo demás, formada con evidentes aportes de otras culturas. Por eso el cierre de fronteras en materia cultural equivaldría a la clausura de las flores, es decir, a la esterilidad. En España se observa claramente este fenómeno y también el contrario, es decir, la fecundación y sus frutos. Así, la riada árabe provoca aquí y en toda Europa un primer renacimiento cultural y las abejas bizantinas del siglo xv contribuyen fuertemente al gran renacimiento por antonomasia. Factor concordante o concurrente a la esterilidad hispana fue, con toda seguridad, la Inquisición, que era otro cierre puesto no sólo a las fronteras, sino también a las conciencias. Debemos hacerle la justicia a la Inquisición de que no hubiese impedido la poderosa eclosión cultural española del Siglo de Oro. En efecto, yo no creo que las instituciones represivas y la misma falta de libertad sofoquen una gran primavera de la cultura. Si hay genios y valores dotados de poder creador se manifiestan de un modo o de otro y a pesar de la censura. Es la verdad. Pero esto sólo significa que las simientes enterradas germinan a pesar de todo y pueden fructificar aun constreñidas por los moldes represivos. Lo peor viene después, cuando esta fuerza germinal se agota y falta el embrión fecundante del exterior. Es muy difícil teorizar con acierto en esta suerte de fenómenos, pero los hechos, al menos en el caso español, parecen confirmar ambos supuestos: el de la potencia creadora de una cultura constreñida y el de la esterilidad subsiguiente.

Una síntesis estricta de la cultura española de la Hispania III podría enunciarse así: la incubación, en aquel momento feliz de creatividad y de gracia del siglo xv —¡qué sencillez, qué elegancia, qué limpieza!—; la eclosión estival del siglo xvi; la madura sazón del siglo xvii en la que se agota el poder genésico. Las luces se apagan una tras otra, sin reproducción, sin relevo. Es como un coro magnífico cuyas voces se van callando...

Cervantes muere antes de la gran crisis, en 1616. Lope de Vega en 1635, poco después de haberse reanudado la guerra de Flandes y al año siguiente de la victoria española de Nordlingen, que preludia la época de las derrotas militares. Quevedo se lleva de este mundo su amargura y deja aquí su pesimismo en 1645. ¿Quién sustituye a Cervantes, quién a Lope, quién a Quevedo, que, de todas maneras, habría tenido muy difícil sustitución? Vivió Quevedo la rebelión de Cataluña (1640) y murió sin verle fin y la separación virtual del reino portugués, supo que se había perdido la primera batalla de las Dunas (1639) y la de Rocroy (1643). Calderón no abate su luminaria hasta 1685. Es el gran superviviente de los grandes dramaturgos españoles del Siglo de Oro (Moreto había muerto en 1669). Prescindimos aquí de muchas figuras menores que hubieran honrado la literatura de cualquier nación. La poesía alcanza, en este siglo español, una cumbre universal con Quevedo, resplandor súbito, una nova, y otros grandes, Lope, Góngora. También —si pasamos a las artes plásticas—, la pintura. La pintura ha sido siempre tenaz en España, este país de pintores. Zurbarán muere en 1664, Murillo en 1682, Velázquez en 1660, al año siguiente de la Paz de los Pirineos. Aún habrá pintores en la cola extrema del cometa, como Claudio Coello. Pero parece significativo que Lucas Jordán venga a España en 1692 como para llenar un vacío. Con él trabaja un pintor que habría de poner el epitafio a la pintura española del barroco, Antonio Palomino, autor del *Museo pictó-rico y escala óptica*, un libro de notas biográficas y juicios sobre el arte y los artistas. Es interesante, sospecho, registrar estas cifras no de na-cimientos, sino de muertes.

La cultura murió gota a gota como en una clepsidra... Y al fin la Hispania III se encontró sin alma, desalmada, y anda por ahí en busca de la integración perdida, sin saber qué le pasa ni qué hacer: lo mejor que hace son sarcasmos contra sí misma.

Debo confesar que me pierdo a veces en dudas acerca de lo aconte-cido, más bien acerca del sentido de lo que aconteció en estos responsos por el alma de la Hispania III. Por un lado, se ve la agonía y muerte de la cultura de lo que es muestra patente que la universidad no hubiese proveído las cátedras de matemáticas (Torres de Villarroel *dixit*). Pero se encuentran figuras y personalidades cultas en el reinado de Carlos II que preludian el estío de la Ilustración española (el mismo Feijoo tenía veinticuatro años, era un filósofo hecho en 1700). Vistas así las cosas, cabe pensar que España, como cualquier otra nación, no hizo más que sustituir la cultura del barroco por la cultura del filosofismo neoclásico. Por tanto, estamos dramatizando con exceso una crisis natural con nues-tra visión de un colapso y la pérdida de la integración. Pues bien: cree-mos y seguimos creyendo que algo diferencia lo sucedido en España del fenómeno de mudanza cultural en otras naciones, donde no se produjo ninguna muerte de sistema. La diferencia consiste en que España jugó su ser a una carta, la carta de Trento, por efecto de una integración social muy eficaz en la Reconquista y manifestada en plenitud en la triple expansión mediterránea, europea y ultramarina.

5/Visita de don Francisco a los Infiernos

Cuenta Quevedo en los *Sueños* cómo en visita al Infierno vio en el vestí-bulo una vasija de vidrio puesta en una hornacina y llena de un líquido sucio. Preguntó qué era aquel repugnante guiso. Un diablejo servicial le informó. Se trataba de un picadillo que el marqués de Villena, brujo insigne, había perpetrado con su cuerpo para resucitar en siglos venide-ros y en buena y oportuna sazón. Por feliz coincidencia, al llegar Quevedo se puso a hervir el contenido de la redoma y, a vuelta y vuelta, aquel bodrio insinuó la imagen de un rostro humano, con barba y todo, y la cara incompleta del marqués bostezó de esta manera:

—¿En qué año estamos?

Contestó don Francisco:

—Estamos en el muy dichoso año de 1600 y tantos.

Y el marqués:

—¿Quién reina en España?

Aquí Quevedo se prodiga en hiperbólicas alabanzas al «gran rey don Felipo IV» de quien había dicho que era «grande como los agujeros que son más grandes cuanta más tierra les quitan».

Estas halagüeñas noticias animaron al marqués a resucitar en época tan propicia. Pero le atajó un escrúpulo receloso:

—¿Y hay «ginoveses» en España?

—¿Que si hay ginoveses...? ¡Los hay por todas partes!

Esto oído por el brujo, se quedó suspenso.

—Ginoveses, ginoveses —murmuró lleno de susto—. ¡Jigote me vuelvo!

Así pues, según el sapiente marqués de Villena, era mejor ser jigote en el Infierno que marqués en una España poblada por banqueros, prestamistas, asentadores y hombres de negocios de la República de Génova. En efecto, el picadillo que bullía y giraba en pos de la resurrección empezó a voltejear en sentido inverso hasta diluirse en la caldosa inmovilidad de su anterior estado.

¿Qué culpa tenían los genoveses? Tenían, sencillamente, la culpa de ser hombres con los normales estímulos y desestímulos que condicionan la conducta de los hombres, apenas agravados por razón del oficio de prestamistas. Los genoveses, como tantos otros extranjeros y no pocos nacionales, trataban de sacar partido de la situación del Imperio español, aherrojado por las fijaciones, los dogmas y las rutinas de un próximo pasado de victorias militares, conquistas y hallazgos venturosos de metales preciosos. Pero todo se había vuelto acíbar o empezaba a tornarse en sinsabores, empezando por el oro y la plata trocados en vellón. Los compromisos dinásticos y religiosos de España la obligaban a un estado de guerra casi permanente y a costear amistades dispendiosas (los imperios, cuanto más grandes, más caros). Todo esto y otras causas más específicamente económicas habían convertido aquel prestigioso sistema en una gigantesca bomba que chupaba los tesoros indianos y los vertía sobre Europa. De este modo, la función histórica del Imperio español más incongruente, y no sabemos si la más importante, consistió en financiar al nuevo capitalismo en ascensión que venía a ser el cuerpo físico de la modernidad occidental, enemiga o antagonista, como se prefiera, de los principios que inspiraban al gran aparato político de los Austrias hispanos. Porque el Imperio español, al mismo tiempo, y con efectos a contrapelo sobre la trayectoria de la Europa de su tiempo, llevó a cabo, asimismo, otra empresa de magnitud y trascendencia: la de la Contrarreforma, que puso límites al protestantismo cuando, en una temprana expansión, había alcanzado a Italia y a los Pirineos.[4] Que el Imperio de la Contrarreforma haya sido, al mismo tiempo, y aun por la misma causa, financiador y, por tanto, coautor decisivo de la modernidad, es una paradoja más de la historia. Y a nosotros nos entusiasman las paradojas históricas, porque demuestran que la aventura humana es un festejo, una verbena de tiros por la culata. ¿Quién puede jactarse de gobernar esta carreta loca?

4. Leopold von Ranke, en su *Historia eclesiástica y política de los papas durante los siglos XVI y XVII*, describe la marcha de los tercios de Italia hacia el Norte, siguiendo la ribera del Rin, cómo entran en las ciudades alemanas convertidas al protestantismo y las restituyen al catolicismo. Detrás del pase militar van los jesuitas, que fundan sus memorables colegios. Fue como si se volvieran a poner los mojones derribados por una riada precoz.

Con frecuencia pienso en el retrato de Felipe IV, pintado
por Velázquez, del Museo de Prado, y lo asocio con el de
Luis XIV, pintado por Rigaud, del Museo del Louvre. El
uno sobrio, sin pompa, modestamente escueto; el otro
con el ostentoso ego que no le cabe dentro, bajo la inmensa hipérbole de la peluca y al hombro cargado con el
manto real como un mozo de cuerda.

Pero volvamos a nuestros «ginoveses». Los genoveses, por su propia conveniencia, naturalmente, a veces malentendida, servían de banqueros del tesoro español. Aunque cautos y ávidos, también naturalmente, a veces perdían la cabeza porque el Imperio español disponía de los destellos cegadores del oro de las Indias.

Quevedo —ya lo hemos dicho— era un arcaizante. Y por serlo incurría en contradicción. Por un lado echaba de menos los días gloriosos de Carlos I y de Felipe II y quería regresar al pasado. Pero tomar billete para un pasado glorioso es aún más caro que embarcarse para un glorioso futuro. Repetir el pasado, nada más que repetirlo o continuarlo, era imposible sin la ayuda de los genoveses o de otros banqueros peores que ellos. Los genoveses dejarían de ser funestos, y con ellos los judíos, sus competidores, si España fuese capaz, en aquel trance, de una conversión a las ideas de la modernidad, es decir, a la tolerancia religiosa, al modo de Holanda. Mera utopía. Esto era imposible en la España del siglo XVII. Los judíos españoles de la Edad Media, quiero decir, de antes de que empezaran, en el siglo XIV, las conversiones forzadas o por miedo, al enriquecerse enriquecían también a su patria. Los judíos españoles del siglo XVII eran conversos, cristianos nuevos, hombres de negocios, administradores de las aduanas, con parientes en Holanda, en Venecia o en la cercana Bayona de Francia y aprovechaban la inflación para pasar de contrabando barricas llenas de vellón y cambiarlo por plata y oro. El metal precioso se enviaba a los corresponsales de aquellos puertos y el cobre resellado se quedaba aquí. No se les puede reprochar ni siquiera la infidencia a estos funcionarios. El negocio aparte, por añadidura, no hacían sino defenderse contra un sistema que violentaba sus conciencias.[5]

Por lo demás, aunque prescindamos del factor religioso, es verdad que la política económica de aquella época primaba decisivamente el agio monetario contra el interés público. Así pues, los cristianos viejos no se conducían, en cuanto al tráfico de la moneda, de modo diferente que los judíos conversos. El factor religioso y la falta de libertad de conciencia agravaba los resultados de una política que no deja de producir los mismos efectos en todas partes y en todos los tiempos. Instaurar la tolerancia religiosa ayudaría a reflotar la economía española, y era bastante razón para adoptarla entre otras varias razones.

Pero nos preguntamos si había alguna posibilidad racional de sacar a la economía de los tiempos del conde-duque de Olivares del pantano. Todo indica que sí, que era posible. Más aún: esta operación se llevó a cabo en el reinado de Carlos II... Empezamos a pensar que sería cosa de rehabilitar a este desdichado monarca. Cierto que la Hispania III pasó entonces mucha hambre, pero no murió de hambre. Su muerte se debió a otras causas, menos claras, menos susceptibles de ser racionalizadas, menos dependientes del factor económico. Diríamos que murió de un

5. Julio Caro Baroja, *Los judíos en la España moderna y contemporánea*. Editorial Arion, Madrid. La tortura en los juicios, las interminables estancias en las cárceles de la Inquisición, la hoguera y la confiscación de bienes... Todo eso era, quizá, menos abominable que la violación de las conciencias con torsiones atroces, como las de esas familias de conversos que educaban a sus hijos como cristianos y, cuando tenían uso de razón suficiente, les revelaban que eran judíos y que debían seguir siéndolo en secreto.

empacho de sí misma, como ya hemos sugerido en otro lugar. Murió —conviene repetirlo— de un éxito, de una fortuna pasada.

Por de pronto, importa anotar que la economía española de la segunda mitad del siglo XVII, a pesar de su apariencia catastrófica y de su realidad efectivamente miserable en aquel período, no dejaba de ofrecer algunos «indicadores» positivos.

Así, resulta que disponía de importantes caudales en metales preciosos, contra lo que creyeron los historiadores antes de las investigaciones llevadas a cabo por Michel Morineau. En efecto, Hamilton había confeccionado una serie donde se registraban arribos de metales preciosos de las Indias desde 1561-1565 a 1656-1660. De este modo se advertía que a partir de 1630, los arribos de plata y oro a España no hacían sino declinar lo que coincidía con la decadencia del poder naval hispano y se suponía que, después de los años correspondientes al período terminal de la serie (1656-1660), cesaría, prácticamente, la llegada de las riquezas americanas. Pero Michel Morineau prolongó la serie de Hamilton hasta 1700 y puso de manifiesto que no hubo tal estiaje del flujo de metales preciosos procedentes de las Indias hacia España. Al contrario: contra lo que cabría esperar, las flotas transatlánticas no eran tan escasas como se colegía en esos cuarenta años finales del siglo, bajo el reinado de Carlos II, de tal modo que la serie alcanza sus cotas más altas precisamente en 1696-1700.

Lo más sugestivo de esta historia es que a partir de 1680, la economía española entró en una fase sostenida de estabilización mediante un corte del proceso inflacionario crónico. Las medidas que supone una operación de esta clase suelen comportar efectos restrictivos muy penosos. Pero fue el principio de la salud. Por eso cabe afirmar que la economía de la España de fines del siglo XVII parecía tener notables posibilidades de enmienda si se hubiera adoptado una política general —no sólo económica— congruente con la situación.

Aunque no sea sino por curiosidad, quizá nos pueda interesar saber en qué consistía y cómo operaba la inflación en una época donde no circulaba el papel moneda. Sin embargo, la inflación del siglo XVII y la actual tenían efectos análogos. En vez de billetes, el Estado de entonces acuñaba monedas de cobre, a las que atribuía un cambio a plata y a oro favorable al vellón, es decir, sin referencia correcta al mercado. Con esta moneda fraudulenta el tesoro liberaba sus obligaciones en perjuicio de sus acreedores y, en términos generales, se producía un alza vertiginosa de los precios. No hace falta decir que la moneda buena, es decir, la de oro y plata, desaparecía y su escasez producía graves consecuencias en adelante y, entre ellas, la penuria de recursos del tesoro. La escalada de los precios provocaba las medidas tradicionales que han sido siempre la tentación de los gobiernos, de Diocleciano a Mitterrand, es decir, se establecían, como se había hecho desde la romanidad, tasas a los productos por debajo del valor real. Es decir, que no se remuneraba la producción debidamente, y así se desalentaban las actividades productivas y se primaba la emigración de capitales y el atesoramiento debajo de las baldosas que, claro está, no fecundaba el sistema. Precisamente el conde-duque, tan pródigo en arbitrios, trató de sacar a luz estos tesoros ocultos en las ciudades y en las villas castellanas con los resultados de siempre.

Tales resultados sólo podrían ser positivos si el cambio del vellón fuera el correcto y si los precios al productor lo fuesen también. Precisamente lo funesto de la política de artificios y expedientes se advertía, más que en otros sectores, en la agricultura, entonces el sector básico (alrededor del 80 % del producto, según estimaciones que parecen razonables). La agricultura castellana había conocido una época de expansión sostenida hasta 1550-1560. No faltaban en Castilla, junto a los grandes propietarios y a los señoríos jurisdiccionales, labradores medianos, libres aunque villanos y, en bastantes casos, prósperos. El testimonio del teatro clásico parece fidedigno en este punto, pues guarda coherencia con la investigación de la Historia económica: el alcalde de Zalamea no es una invención literaria, aunque había perdido vigencia cuando escribió Calderón su famoso drama, certeramente referido a un episodio situado cien años atrás. Aquellos labradores villanos, nobles por su estilo y acomodados por sus bienes, han sido una realidad. Explica la dignidad de tales ejemplares de la sociedad española no sólo, claro está, su calidad moral, sino, también, la posibilidad material de sostener aquel digno estilo de vida. El alcalde de Zalamea hace referencia a esa perplejidad reconfortante con que nos sentimos al apearnos del auto en la plaza de un pueblo castellano que actualmente no tendrá más de dos o tres mil habitantes. Por supuesto que este mismo efecto se puede sentir en una villa de la corona de Aragón. Se percibe que estos pueblos estuvieron un día habitados por gentes dotadas de buen gusto que no carecían de recursos para edificar estas nobles construcciones. ¡Cuidado, amigos! Aún no había empezado la era del esperpento. Pues bien: en estas villas había una clase de personas adineradas deseosas de colocar sus capitales en censos contraídos por un lugar, por una aldea, por los labradores individuales, para incrementar y ensanchar sus labranzas a fin de poder servir a la demanda de granos, en aumento por aquellos años del siglo XVI. Es probable que la fórmula funcionara desde antes y cabe suponer que este mecanismo acompañase a la edad dorada de las villas, y cuando cesa la colaboración entre prestamistas y agricultores se produce la decadencia de la economía castellana. Entretanto, el sistema rotaba satisfactoriamente porque la renta de los censos era moderada —frecuentemente no más del 7 %— y los agricultores estaban regularmente en condiciones de devolver los capitales.

La rotación quebró como un efecto de la inflación cuando se tasaron los cereales a precios no remuneradores por la pragmática de Valladolid de 1558. Se impidió una remuneración suficiente a los productores, que se vieron desalentados e imposibilitados para devolver los préstamos. Los prestamistas, por su parte, empezaron a colocar sus capitales en las manos de cortesanos improductivos y de los titulares de señoríos, y ellos mismos adquirieron una mentalidad nobiliaria, se interesaron por los señoríos que vendía la corona y se convirtieron en hidalgos de la usura. Este paso de la actividad comercial a la nobleza es la perversión más funesta de una burguesía. Por el contrario, cuando la nobleza se dedica a la industria y al comercio es una señal de muy buen augurio. Pero veamos lo que sucedía en España, a este respecto, a fines del siglo XVI (avanzado el siglo XVII, las cosas tenían que ser aún peor, claro está). Escribe al respecto Felipe Ruiz Martín: «Los señores de juros y de censos —los patricios urbanos repetidamente aludidos— se estaban encaramando a la cúspide de la escala social. Se han alzado con todo —según un testimonio de 1597—; con lo que uno cualquiera de ellos reúne hoy, solían ayer sustentarse muchos, y como se las echan de hidalgos —añadíase no sin buena dosis de retintín— y nadie se lo discute, ninguno pecha.»[6]

El autor citado cree que el cambio en el patriciado urbano, un tiempo propicio a prestar a los labradores y ahora interesado en los señoríos, debió de producirse alrededor de 1575. En efecto, es el tiempo en que Felipe II, acosado por los apuros del erario, malbarata «los baldíos que se extendían dilatadamente por ambas Castillas, Extremadura y Andalucía, sin que faltaran en Albacete y Murcia». Esta operación se llevó a cabo, en casos registrados y conocidos si no en todos, a expensas del campesinado, con violencia del poder político, una auténtica e inexcusable fechoría. La otra víctima fue el interés público. No hay duda de que, si bien la España de los Austrias no murió de muerte económica, anduvo cerca y, sobre todo, lo que murió fue un equilibrio social mucho más sano y productivo, más sensato también, sustituido por otra sociedad donde prevalecía la falsedad, la vanidad y la iniquidad.

Con todo, no cabe hablar de un colapso económico con la misma propiedad que del colapso político y cultural. Efectivamente, fueron días de extrema penuria y de mortal necesidad. También es cierto que la crisis económica fue causa de otras calamidades; por ejemplo, su influencia en las derrotas militares y en el estímulo al bandidaje y a una peculiar corrupción delictiva —incluso violenta— que alcanzó a los estamentos nobiliarios convertidos en vulgares ladrones. Pero, en cambio, hubo el sorprendente repunte de la marea en el extremo de la bajamar, alrededor del año 1680. El cambio de la coyuntura se hizo notar en Bilbao y en Santander, especialmente, así como en Barcelona y Valencia. Escribe al respecto Felipe Ruiz: «La costa cantábrica se anima con un ímpetu indígena.» ¿Qué quiere decirse con lo del «ímpetu indígena»?[7] El historiador alude a que comerciantes españoles consiguen remover las posiciones de colegas suyos flamencos establecidos en los puertos cantábricos. Es una buena señal.

Los manuales de Historia de España no permitían esperar un fenómeno semejante en el reinado de Carlos II. Pero es más: se nos dice que mientras aquello acontecía en la periferia, la administración del *Hechizado* —¿estaría, en realidad, tan hechizado como se nos ha dicho?— trataba de implantar nuevas industrias en Castilla. También aquí se manifiesta un fenómeno que sólo esperábamos en la centuria siguiente, después del cambio de la dinastía, por efecto de la política de la Ilustración. ¿Es que ha habido una protoilustración —al menos en el campo de la economía— en el reinado del último Austria?

Si esto es así, habrá que cambiar muchas posiciones del saber común en esta materia. Resultaría que ya en el siglo XVII había personas y precisamente en la clase dirigente que habían pensado en una especie de regeneracionismo en la economía, lo que no sería tan sorprendente puesto que tenían cerca el modelo de Colbert y de Luis XIV.

Nos informa la historiadora Nuria Florensa Soler de nombres y datos de artesanos extranjeros traídos a España por aquellas fechas para im-

6. Felipe Ruiz Martín, *El Banco de España*, p. 145. Madrid, 1970.
7. Felipe Ruiz, op. cit.

plantar industrias en muchas villas castellanas, y, algunas de ellas, en Madrid.

Hay menciones de fábricas textiles en Béjar, así como en Toledo, Ajofrín, Cuenca y Sigüenza. Según parece, interesaba, sobre todo, la pañería en diversas especialidades y la seda. Pero se citan, asimismo, otras manufacturas, como es el caso de artesanos flamencos que montan fábricas de papel y fábricas de vidrio. Papel, en Palazuelos (Segovia), y vidrio en San Martín de Valdeiglesias. La gran mayoría de esos artesanos eran flamencos. Algunos, franceses, y no faltaban los propios españoles, que trasplantaban industrias de la periferia a Castilla y, especialmente, a Madrid. Este último es el caso del catalán José Brito, que fue a la capital del reino para enseñar el arte del teñido de la lana. Otro catalán, Francisco Potau, instaló una industria sedera en Madrid «para fabricar piezas de listones planos y listados». En 1683 llega también a la corte un artífice valenciano, Dionisi Bertet (Valencia tenía fama por el tratamiento de sus tejidos de seda, a los que prestaba gran brillantez). Bertet trabajó, asimismo, en la técnica del abrillantamiento de la seda en Toledo, Sevilla y Granada.[8]

La atracción de industrias y de técnicas se acompañó de medidas comerciales proteccionistas. Al propio tiempo se dictó una pragmática del 13 de diciembre de 1682, por la que se declara la compatibilidad de la nobleza con el ejercicio de actividades de la industria textil y, sobre todo, con la propiedad de estos negocios. Por real cédula del 16 de mayo de 1683 se prohíbe el embargo de tornos y demás equipos necesarios para la industria por deudas civiles (se refiere a la industria sedera).

Esta política de trasplante de industrias tiene una debilidad de naturaleza: se parece a los injertos en los árboles que prenden o no prenden. Requiere apoyos y cuidados después de hecho el injerto, y es frecuente que no lleguen a buen fin o se pierdan al cabo de un tiempo. De todos modos, es muy interesante el hecho como anticipo de lo que sería el gran movimiento de la Ilustración como lo es, también, la pragmática de la nobleza de la industria.

Algo distinto y, sin duda, más sólido y duradero, fue el aludido repunte periférico obra de una burguesía local, dedicada a negocios comerciales —la importación de granos o, como en Cataluña, el tráfico de aguardiente— que acumula capitales que serán invertidos en la industria, más concretamente, en la industria textil por lo que a la región catalana se refiere. Este fenómeno difiere profundamente de la implantación de talleres industriales por la iniciativa de los gobiernos. Se trata, claro está, de un proceso vegetativo, por así decirlo, arraigado en el medio natural y social y llamado a perdurar y a ser, a su vez, terreno fértil para el nacimiento y el desarrollo de otras industrias.

Por otra parte, el ensayo de creación de industrias y aclimatación de las técnicas artesanales emprendidos, meritoriamente, por los gobernantes de las últimas décadas del siglo XVII, tiene un evidente parecido con lo

---

8. Nuria Florensa Soler, «La industria castellana con Carlos II», *Historia 16*, número 71, año VII, pp. 34-36. La autora no se limita a reseñar casos de artesanos inmigrados y de industrias trasplantadas a Castilla bajo la protección de la corte. Se refiere, asimismo, a las medidas estabilizadoras adoptadas por aquellos años y a los expedientes proteccionistas para defender la industria nacional.

que hicieron después los ilustrados. Pero no es lo mismo. La Ilustración del siglo XVIII era una concepción más amplia y, por su índole cualitativa, perseguía otro objetivo: un propósito de apresurada incorporación de la sociedad española a la modernidad en el marco de una filosofía racionalista que apuntaba especialmente a un ideal filantrópico.

6/La difícil incorporación a la modernidad

La España del barroco, la del gran imperio, quería imponerle a Europa un ideal español. De otro modo: crear una Europa hispánica o bien, si se prefiere, más modestamente, impedir que Europa se evadiera de un molde de valores que profesaba la clase dirigente española.

La España de la Ilustración intentó construir una España europea. Pero esta razonable y relativamente modesta aspiración tropezaba con un obstáculo inmediato: el obstáculo del condicionante básico natural. La naturaleza española, el sustentáculo físico de la sociedad española, difería del que servía de base a la Europa noroccidental, donde la modernidad alcanzaba sus cotas más elevadas. Por eso la Ilustración española se propuso explícitamente modificar el condicionante básico natural de la nación. De ahí que nos asomemos al tema que vamos a desarrollar desde el mirador que da a los ríos españoles, a la significativa política hidráulica del siglo XVIII.

El Canal Imperial de Aragón lo empezó Carlos I, y quien lo terminó fue Carlos III. Pero nos parece más sugestivo consignar aquí que el mismo canal no era una obra suelta, algo suscitado por móviles singulares. Era parte de una concepción general, sino de un plan exactamente, que presidió a la construcción de otros canales en la época. ¿Por qué los canales? ¿Regadíos? Sí, pero se trataba, asimismo, de comunicar la meseta cerealista con la periferia en desarrollo y necesitada de grano. La idea se sintetizaba en el propósito —explícito en algunas personalidades de la Ilustración— de un gran mercado nacional con efecto recíproco de unas regiones en otras, lo que se correspondía con la visión de un sistema económico concordante con el propósito de los ilustrados de suprimir las aduanas interiores.

El esquema económico o comercial era correcto. Los fallos de esta gran idea estaban en las formidables dificultades de la orografía y algo más grave aún, si cabe: en la irregularidad de los caudales de los ríos españoles. En cierto modo, sucede que en España no basta con construir canales. Hay que «construir» los ríos y dotarlos de agua.

Uno de los automatismos de juicio más arraigados al referirse a temas españoles es el de atribuir las deficiencias e insuficiencias de la nación a la desidia hispana. No hay inconveniente en admitir la desidia, sobre todo cuando sea perceptible. Pero rara vez se tiene noción de la índole natural impía de esta península. Así, para el caso, recordamos que un geógrafo extranjero dijo que en España no existen ríos. Es una exageración obvia. Pero sí, se corresponde con la verdad de que sólo existe en España un río de características semejantes a las que presentan los de la Europa húmeda. Aludimos al Miño. Los demás ríos españoles o son de corto recorrido, como los que desembocan en el Cantábrico, o sus flujos acusan una irregularidad excesiva con reducción muy abrupta de sus caudales en el estiaje y avenidas torrenciales más raras pero peligrosas y a veces devastadoras. En suma: los ríos españoles, en su gran mayoría, necesitan ser regulados, dicho de otro modo, es preciso inyectarles agua para utilizarlos adecuadamente y, con mayor causa, cuando se intenta convertirlos en vías fluviales. ¿Y qué hacer con los precipicios que separan a las mesetas centrales de la costa?

La realización de este empeño de domesticar o civilizar los ríos españoles, con los medios materiales y técnicos del siglo XVIII, tuvo consecuencias trágicas en el episodio de la gran presa del Guadarrama. Fue en un mes de mayo de 1799, probablemente con los deshielos de la primavera, una desgracia que parecía el augurio del fin de la gran empresa acometida por la Ilustración española.

La presa del Guadarrama fue concebida como un embalse regulador del Tajo y con el ambicioso propósito de hacer navegable este río —o contribuir a tal fin— en la estación seca, y darle así a Castilla una salida al océano. Nada menos. La presa debía medir —y midió, pues estaba más que mediada su construcción cuando se produjo el desastre— 72 metros de anchura en su base, 4 en la coronación, 93 metros de altura y 251 metros de longitud.[9] Era el *Canal del Guadarrama*, navegable entre Torrelodones y Aranjuez. Claro está que en aquellos tiempos no existía el cemento portland. No parece muy necesario decir que se rompió la presa cuando había embalsado una gran masa de agua. La obra fue abandonada. Otra rotura parecida ocurrió en la presa de Puentes (Lorca). Las aguas invadieron el mercado de la ciudad y hubo sesenta muertos y grandes estragos. Otros embalses han durado y llegado hasta nosotros en la misma Lorca. Pero, en general, el propósito de quienes concibieron estas obras excedía a las posibilidades técnicas de la época.

Pues bien: estos fracasos nos seducen tanto o más que los éxitos. Tal vez haya habido en la concepción arbitrismo, pero también hubo, creo, un ánimo audaz, un espíritu fáustico, con tanto más mérito cuanto más impropicio era y sigue siendo el condicionante básico natural de España respecto al del doctor Fausto en el poema goethiano. Un Fausto ibérico necesita de poderes mágicos mayores que un Fausto alemán para someter a los espíritus de la naturaleza y a los espíritus de la mente humana tal vez aún más adversos.

Visto en conjunto, el empeño de los ilustrados del siglo XVIII era tanto como emplear los metales preciosos de América —por primera vez— para intentar la transformación de la base física en que se asienta la sociedad española. Por eso tenemos que conceder la prioridad, en las presentes reflexiones, sobre el desarrollo de España, en el cuadro condicionante del siglo XVIII, a la política hidráulica. En efecto, no cabe duda alguna de que los dos factores negativos del condicionante básico natural de esta península son, de un lado, la escasez de las lluvias y, de otro, una orografía rudamente adversa a la comunicación entre las diferentes partes del territorio peninsular y, especialmente, del centro con la periferia o, mejor dicho, con más expresividad y contenido, con las periferias. Pues bien: la idea de los planificadores —¿por qué no la palabra?— del siglo XVIII resolvía a un tiempo los dos problemas, es decir, superaba a uno y al otro inconveniente. En efecto, los grandes embalses proveerían

9. P. Alzola, *Las obras públicas en España*, pp. 347 y 348. Bilbao, 1899. Cit. por Aguado Bleye, *Historia de España*, p. 344. Espasa-Calpe, Madrid.

a la agricultura de agua, pues la acumulación de reservas hidráulicas equivale, en la práctica, a una mayor abundancia de lluvias; al mismo tiempo, el agua acumulada permitiría la regulación de los ríos para hacerlos navegables. El fallo de esta concepción estaba, ante todo, en la base, es decir, en la necesidad de embalses de una magnitud poco acorde con los materiales y las técnicas de la época. Pero, además, la orografía no era fácil de franquear a los canales por cualquiera de los lados por donde se abordase la periferia peninsular.

Sin embargo, debe reconocerse que, habida cuenta de tales dificultades, se hizo mucho, en el período considerado, en materia de canales. Algunos ejemplos pueden aportar una información significativa. La obra más importante ha sido la del Canal Imperial de Aragón, que, por cierto, se acababa de terminar cuando sobrevino la invasión napoleónica, y es probable que la disponibilidad de estas aguas y la renta de ellas derivada tuviese relación con la resistencia de los zaragozanos frente a los invasores. Otro ejemplo, de menos alcance, pero muy importante, es el del Canal de Castilla con sus 208 kilómetros de longitud. Es aleccionador que estos datos y tantos otros —no disponemos de un repertorio completo de las obras realizadas en aquel período— no merezcan más atención y un más abundante y difundido conocimiento. Nos parece que si no hubiera, como hay, un esquema apercipiente negativo y aun peyorativo de cualquier realidad española, la empresa de la Ilustración habría desbordado el conocimiento de historiadores e hispanistas para difundirse en la conciencia popular, si no en el exterior —sería improbable que interesara—, sí dentro de España. Y aquí aparece la relación de estos hechos con el pesimismo clásico español que actúa como filtro: para impedir el paso de los datos positivos a la conciencia pública y mostrarse, en cambio, permeable para la información desalentadora.

Ahora bien, con ser las obras realizadas una información de indudable importancia, nos parece más sugestiva aún la influencia de la política hidráulica de la Ilustración en el desarrollo científico y técnico de España. Es el caso que los planes hidráulicos suscitaron la conciencia de que era necesario disponer de un personal competente para llevarlos a cabo. Pues bien: resulta que la Escuela de Ingenieros de Caminos y Canales fue creada precisamente, sobre todo, al estímulo de la imperiosa conveniencia de dotar al país de ingenieros hidráulicos. La hidráulica aparecía, en aquellos momentos, muy en primera línea de las preocupaciones por la formación de científicos y técnicos capacitados. Insistimos en que el canal y el camino eran, entonces, casi la misma cosa.

La Escuela de Ingenieros se creó en relación con el llamado Gabinete de Máquinas, establecido en 1788 que era, sobre todo, un centro de experimentación y estudio de la maquinaria hidráulica.

El promotor técnico de la escuela fue don Agustín de Betancourt, el ilustre sabio canario, un hombre de reconocida importancia científica, aunque predominase en él la técnica. Betancourt tenía una buena formación matemática, y Carlos III le concedió una beca para trasladarse a Madrid, con veinte años cumplidos. Floridablanca le comisionó muy pronto para una visita al Canal Imperial de Aragón. Su informe sobre las obras realizadas y sobre el comisario regio del canal, Pignatelli, fue muy favorable. Luego, el mismo ministro le envía a Almadén para otra información técnica (uno de los problemas de las famosas minas era la evacuación de las aguas, pero el joven Betancourt se ocupó también de la maquinaria para la extracción y el transporte del cinabrio). Un detalle curioso, pero no carente de significación, es que dirigió la fabricación de un globo que se elevó en la Casa de Campo en presencia del rey, el 29 de noviembre de 1783.

El ministro de Indias, don José Gálvez, por recomendación de Floridablanca, comisionó a Betancourt para estudiar en París problemas de minería a fin de aplicar estos conocimientos en América. Y nuevamente encontramos la relación de la hidráulica con los estudios y los trabajos del ingeniero canario. Su estancia en París, en efecto, entre 1785 y 1791 tenía como objeto la minería y, por lo mismo, es significativo que al renovarle la pensión en 1786, Floridablanca informa al embajador de España en Francia acerca de que se orienta a Betancourt «a la hidráulica y la maquinaria, en que ha mostrado particular genio y adelantamiento». Betancourt tenía la idea de continuar sus estudios en Holanda e Inglaterra, pero sólo hizo un viaje a este último país en 1788 y ya diremos por qué. A todo esto el gobierno de Madrid proyecta el envío sistemático de jóvenes destacados en la matemática y en otros conocimientos de aplicación técnica, al extranjero, y confiere a Betancourt el encargo de dirigir los estudios de los becarios en París. Al mismo tiempo, el grupo de becarios, dirigido por su jefe, lleva a cabo la confección de planos de maquinaria para obras hidráulicas con las correspondientes maquetas. Y aquí se inicia una derivación de Betancourt hacia otras preocupaciones científicas y técnicas con inventos e investigaciones originales.

Nos interesa, llegados a este punto, destacar una cuestión que puede calificarse de error fundamental al que hemos aludido antes de paso. Nos referimos a la idea que el propio Agustín de Betancourt compartía con otros hombres eminentes de su tiempo en el sentido de que era factible la construcción de toda una red de canales en la seca, montañosa y accidentada España. Esta convicción late como un supuesto fundamental en la *Memoria sobre los medios para facilitar el comercio interior*, que escribieron en colaboración el citado Betancourt y Juan de Peñalver.

Betancourt es un buen ejemplo de sabio del siglo XVIII, con varias facetas y una gran versatilidad. Vivió un momento feliz de la razón no sólo en el campo de las disciplinas humanísticas y políticas, sino también en el pensamiento científico. Nos referimos a la razón desnuda, como un joven atleta, de que podía hacer uso con buenos frutos un hombre solo, sin la ayuda de equipos si bien la investigación del siglo XVIII ya disponía del poderoso lenguaje de la matemática moderna. Betancourt especuló, inventó, investigó, enseñó... en campos muy diferentes. Por ejemplo, inventó un telar para cintas, una «bomba de fuego» (es decir, a vapor), una draga también a vapor para el puerto de Barcelona. Al mismo tiempo perfeccionó el telégrafo óptico, lo que le permitió instalar la línea de Madrid a Cádiz, la segunda de Europa. Merece ser citado también un «reinvento» de Betancourt, el de la máquina de vapor de doble efecto, en lo que le había precedido la correspondiente invención inglesa, mantenida en secreto. Betancourt fue a Inglaterra en 1788 para conocer esta máquina y la perfeccionó, mejorando el secreto inglés. Su obra más importante es el *Essai sur la composition des machines* en colaboración con José María de Lanz, obra clásica de la mecánica, donde se exponen los fundamentos de la cinemática industrial (transformación de los movimientos de las máquinas).

Se registran en aquel tiempo notables descubrimientos españoles en metalurgia: Elhuyar, el tungsteno; su hermano, el cerio; Manuel del Río, el vanadio... Otro capítulo de los trabajos científicos es la participación de Jorge Juan, Ulloa, Peñalver, José Chaix y José Rodríguez en las operaciones para la medición del arco del meridiano terrestre, así como la renovación de la astronomía náutica por José Mendoza y Ríos, con un método propio para el cálculo de las distancias de la Luna al Sol y a las estrellas. Se anota también, en el campo de las cartas náuticas, el sistema de triangulación de Vicente Tofiño.

En un plano puramente científico necesitarían un largo capítulo los saberes botánicos de la Ilustración española. En esta rama científica, España alcanzó un nivel que la sitúa en los primeros puestos de Europa. Son los días de José Quero, autor de *Flora española*; Casimiro Gómez Ortega; Ruiz y Pavón; el gran Celestino Mutis, a quien Linneo le dedicó el género *Mutisia* y felicitó por su «nombre inmortal que jamás borrará edad alguna». Por supuesto son también los días de la primavera del Jardín Botánico de Madrid.

Esta gestación de capacidades científicas y técnicas sobre el erial del siglo XVII hubiera sido un milagro sin la importación de maestros de otros países europeos. Digamos, empero, que como puede verse prevalece en el conjunto de esta floración la ciencia aplicada sobre la ciencia pura, donde se advierte la perentoriedad de la operación. Por otra parte, esta empresa es un curioso anticipo de la Junta de Ampliación de Estudios creada por el influjo de la Institución Libre de Enseñanza y subsistente hasta la guerra civil de 1936-1939.

Vemos en estos hechos la expresión del esfuerzo de España para incorporarse a la modernidad y situarse al nivel de las naciones occidentales avanzadas. El empeño arranca de lejos, de la Ilustración, pasa por un bache a fines del siglo XVIII, registra los comienzos de la revolución industrial en el primer tercio del siglo XIX, experimenta diversas alternativas en la centuria pasada, a lo largo de decenios, donde parece haberse perdido la huella de este camino y cobra nuevos bríos con la generación del 98, para romperse la continuidad, de momento, como consecuencia de la guerra civil. Empero, puede decirse que la industrialización de los años sesenta y setenta equivale a la recuperación de la calzada que conduce al mismo fin, es decir, a la difícil incorporación del país a la modernidad. En cierto modo, la Ilustración, la Institución Libre de Enseñanza y el Opus Dei son relevos y, en parte, enemigos, en esta ruta por donde transitan gentes diversas, con sus propias ideas e intereses, pero la historia los conduce a unos y a otros al mismo destino, a pesar de quienes, apostados en el camino, asaltan, asesinan o roban a los caminantes e interrumpen sus jornadas.

Pero volvamos al trabajo que llevaron a cabo los hombres de la Ilustración, por cierto un trabajo claramente utilitario, sin contenidos filosóficos notables. La Ilustración española no fue filosófica, aunque se inscribiera en un movimiento general europeo que sí registra una carga filosófica y cultural básica. La Ilustración española ha sido fundamentalmente práctica y utilitaria. Pero sólo queríamos anotar brevemente las fases en que se desarrolló el plan cuya finalidad consistía en dotar

El golpe del 23 de febrero ha favorecido de alguna manera la solidez del sistema vigente, si bien la palabra «solidez» acaso no sea la más adecuada. Digamos que se ha reforzado la tenacidad, es decir, la resistencia a los agentes subversivos y a la corrosión insidiosa. (Manifestaciones celebradas en Madrid, Barcelona, Sevilla y Alicante el 27 de febrero de 1981.)

al país de un equipo técnico —y consiguientemente económico— capaz de levantar el nivel de riqueza de la nación y del pueblo.

Las fases son las siguientes: la primera, consistió en importar industrias y técnicas; la segunda, se traen del extranjero maestros y profesores a fin de preparar a alumnos españoles; en la tercera fase se envían becarios al extranjero (concretamente a Francia, Suecia, Inglaterra, Alemania, Hungría...). En una fase cuarta se crean en España instituciones científicas (jardines botánicos, gabinetes de historia natural, gabinetes físicos, escuelas de mineralogía, escuelas de ingeniería, etc.). La culminación de este proceso, aunque no, precisamente, el término o punto final, puede situarse en la época de Floridablanca bajo el reinado de Carlos III, cuando se decide crear, alrededor de 1779, una Academia de Ciencias. «La construcción del palacio de las ciencias, ubicado en el Prado de San Jerónimo, le fue encomendada, en 1785, al insigne arquitecto Juan de Villanueva.» [10]

Deliberadamente, y por razones de economía expositiva y de proporción, hemos prescindido de un repertorio amplio de las relaciones materiales de aquel período: caminos (capítulo relativamente menor, pero importante y, como ya hemos dicho, relacionado con las obras hidráulicas, concretamente, con los canales); agricultura (tuvo una fuerte expansión que cifró, en algunos aspectos, el investigador Hamilton), industria (es sugestivo precedente del INI). Como instrumentos del movimiento de modernización en conjunto, las Sociedades Económicas de Amigos del País, que se esforzaron, realmente, por mejorar o cambiar los cultivos tradicionales, la creación de escuelas de oficios para sacar de la holganza y de la miseria a tantos desocupados que pululaban en las ciudades. No disponemos de testimonios referentes al efecto real que tuvieron estas instituciones filantrópicas en la vida de la gente. Sabemos, en cambio, que tomaron parte en estas enseñanzas no sólo maestros artesanos estipendiados, sino también caballeros y damas de la aristocracia ilustrada.

La Ilustración española fue como un río que avanza en el desierto, lentamente, y sorben sus aguas el sol y las arenas, hasta que no quedan sino unos lagunatos, más o menos unidos unos a otros por miserables regatillos o aislados entre sí. El claro, límpido flujo de la Ilustración agotó su fuerza por efecto de un debilitamiento político en el reinado de Carlos IV, por causa del trauma ideológico y moral de la Revolución francesa, que llenó de temor a los ilustrados y, finalmente, a consecuencia de las guerras en contra o en alianza con Francia. Finalmente, la invasión napoleónica produce un terremoto social e ideológico con la irrupción popular en la estructura de la sociedad aristocrática, con lo que acaba el despotismo ilustrado.

Estamos ya en el siglo XIX.

Es significativo que España haya sido el primer país de Europa que

10. Antonio Romeu de Armas, *Ciencia y tecnología en la España Ilustrada*, pp. 16 y ss. Colegio de Ingenieros de Caminos, Canales y Puertos. Ediciones Turner, Madrid. Esta obra es, a la vez, la biografía de Agustín de Betancourt y la historia de la Escuela de Ingenieros de Caminos y Canales, y hace referencia al conjunto del esfuerzo de la Ilustración para desarrollar la isla de Cuba. No se olvide que la Ilustración renovó y saneó la administración de las Indias y promovió, en América, una expansión cultural y económica, que, con la lógica de los procesos históricos, se volvió contra la metrópoli en la guerra de la emancipación.

dio una respuesta popular armada a la invasión napoleónica. Tan singular fenómeno se relaciona, a mi modo de entender, con la desnudación cultural que el pueblo español viene experimentando desde la pérdida de la integración de la Hispania III en la segunda mital del siglo XVII y en el siglo XVIII. Hemos visto agonizar lentamente a la cultura del Siglo de Oro; hemos visto también cómo una parte de la clase directora se refugia en el marco cultural francés y europeo (es el movimiento de la Ilustración). ¿Y qué hace el pueblo español? Hace el motín de Esquilache. Quiere decirse que persiste en los automatismos de respuesta del barroco español, pero esta sustancia cultural no es capaz ya de alimentar a nadie, ni aun al pueblo menos letrado. Y entonces el pueblo se vuelve al folklore e incluso convierte en folklore los datos de la cultura del siglo en que vive, como se advierte en los trajes «típicos» que son la moda del XVIII o el vestido de luces de los toreros igualmente dieciochesco. Pero es más importante que el pueblo vaya a buscar, a las profundidades del tiempo, recursos culturales primitivos como la danza andaluza, el cante hondo y la misma fiesta taurómaca. Este mundo milenario emerge en la centuria ilustrada, hacia el final, y en el siglo XIX, por efecto de la desnudación cultural.

¿Qué viene a ser la irrupción popular de la guerra napoleónica? Viene a ser ni más ni menos que un regreso a una edad protohistórica, a la situación anterior a la colonización romana de la península. Esta tesis parecerá, tal vez, muy aventurada y hasta temeraria o caprichosa. No hay tal. Nos parece rigurosamente correcta. En el lenguaje de los hechos, esta vuelta a la protohistoria celtibérica está simbolizada por la iniciativa de los municipios españoles de declarar la guerra a Napoleón y en el localismo de las juntas. El fenómeno no es único en la historia española. Se repite, punto por punto, aunque con otras racionalizaciones, en la España republicana de los primeros meses que siguen al alzamiento militar de 1936. La rebelión de la mayoría de las unidades del ejército crea un vacío de poder (por lo demás un poder ya de por sí desbordado), y en ese mismo momento cada pueblo se erige en una república independiente, pone barreras y barricadas en las carreteras, asume poderes soberanos en forma rústica y anarcoide, pero de manera efectiva en cuanto al hecho mismo, emite moneda, dispone públicamente de la vida y de las haciendas... Sería curioso y nada imposible que este mapa político primitivo coincidiese con el de las poblaciones ibéricas, celtibéricas y célticas del siglo III a. de J.C. Bien pudiera ser. Volvemos siempre a lo mismo: desintegrada la Hispania III, la Ilustración construye un Estado con su burocracia y sus fuerzas armadas (por algo son de aquella época las Reales Ordenanzas), lleva a cabo una obra admirable de desarrollo y de modernización, consigue doblar la población del país, eleva su renta absoluta y su renta per cápita, emprende una renovación cultural a todos los niveles, pero lo que no consigue hacer es una nación sólidamente trabada en el orden moral. La Hispania IV no acabó nunca de existir plenamente, y así los estratos profundos de tiempos primitivos, lo mismo en la cultura que en la política y en el arte de la guerra, salen a la superficie más o menos vestidos a la moda del día. Es el folklore remoto —¡y muy valioso!—, es el juego tauromáquico anterior a la historia, es el municipio erigido en Estado soberano que declara guerras y las hace mediante el mismo aparato que le había servido eficazmente a Viriato.

La guerra de la Independencia ha terminado. España concurrió al Congreso de Viena, y en aquellos salones tiene el aire de un intruso desconocido. Su contribución a la victoria que allí se celebra es indiscutible por mucho que se haya dicho y hecho (véanse los juicios ingleses y, claro, franceses, sobre la guerrilla y sobre los españoles) para desacreditar esta contribución, como si el resto del mundo y quien habla fuesen perfectos y excelentes. El caso es que España no obtuvo nada en el Congreso de Viena, más que el aislamiento subsiguiente. Se convirtió en un quiste.

Sin embargo, lo curioso y útil no es contar el esperpento de la corte de Fernando VII, con su cara de mozo de mulas y sus horcas donde perecieron tantos liberales y aquel símbolo femenino que fue Marianita Pineda. Lo sorprendente es que la cuestión esencial de promover la siempre difícil asimilación de la modernidad se hubiese planteado en aquellos belenes arcaizantes del absolutismo tardío, y ya adulterado, de Fernando VII. No tenía nada que ver aquel absolutismo con el que había presidido y llevado a cabo la obra de la Ilustración. Era la antítesis precisamente. Y con todo eso, lo más sugestivo e interesante del momento fue la existencia de hombres como Luis López Ballesteros, tan extraño como era al modo de ser de su amo, creador de la Bolsa de Comercio (ley de 10 de setiembre de 1831), el mismo ministro de Hacienda, que lleva a cabo un saneamiento memorable de las finanzas del Estado y —detalle más sorprendente—, López Ballesteros es autor de una exposición de industrias... Esto sería un símbolo y nada más, lenguaje y expresión de una idea y de un sentimiento, pero fue mucho más porque trascendió efectivamente a la realidad y promovió una recuperación económica donde se insinúa la «revolución industrial».

Sorprende al lector desprevenido que en aquel momento infausto por tantos conceptos aparezca el conato aludido de revolución industrial y precisamente en Andalucía (altos hornos de Málaga y de El Pedroso, en Sevilla), al mismo tiempo que se consolida y arraiga la industria catalana, entonces de marcado predominio textil algodonero.[11]

España pasó por una revolución industrial, pero se considera que esta revolución industrial española abortó. El examen de los sectores y de los diversos intentos de establecimiento de industrias nos conduce a la conclusión de que se han dado, desde luego, una serie de fracasos y de industrias que vivieron algún tiempo y desaparecieron. En cuanto a un juicio sobre el conjunto es obvio que la industrialización de España no alcanzó el nivel de otras naciones europeas y, además, encontró un clima general poco propicio. En otros casos, empresas industriales que datan de más de cien años han subsistido, generalmente por la mediación de un relevo, o de una sucesión múltiple identificable. La siderurgia andaluza adquiere un desarrollo notable precisamente en la ocasión de la primera guerra carlista (1833-1840). La industria artesanal de las ferrerías del Norte de España por aquellos años iniciaba su modernización, cuando los carlistas la interrumpieron, incluso fuera del País Vasco (se cita el caso de La Merced, en Curiezo —Santander—, a punto de adoptar el sistema inglés, destruida en una incursión carlista). Al propio tiempo

---

11. Jordi Nadal, *El fracaso de la revolución industrial en España*, p. 190 y otros lugares. Edit. Ariel, Barcelona.

quedó cortada del mercado español general la siderurgia tradicional vasca. Todo ello hizo la fortuna de las fábricas andaluzas, que acababan de ser montadas. La hegemonía andaluza va a durar hasta 1861, año en el que aún abastecían sus fábricas, con más del 50 %, el consumo nacional. En 1868 aún funcionan estos establecimientos pero a punto de desaparecer.

A la preponderancia andaluza sigue la asturiana (Mieres, 1848, La Felguera, 1859) y en seguida vendría la siderurgia moderna de Vizcaya (Santa Ana, 1849). Pero en realidad, el gran despliegue siderúrgico vasco hubo de esperar al fin de la tercera guerra carlista, bajo la Restauración, cuando en 1882 se inaugura una nueva época del hierro y del acero en España que va a durar hasta la actual preponderancia asturiana (Gijón y Avilés), con volúmenes de producción por empresa de magnitud acorde con las dimensiones modernas en esta suerte de establecimientos (siderurgias integrales).

Pero volvamos al año crítico de 1855. Estamos en plena fiebre de los ferrocarriles. El ferrocarril se identifica con el progreso y a justo título.[12] Pero una prioridad incondicional concedida a esta idea traería consecuencias funestas para el desarrollo industrial de España.

Estamos en el año 1855. Hay en Madrid un gobierno progresista que acaba de decretar la que habrá de ser la más grande de las operaciones desamortizadoras del siglo. La desamortización, como tendremos ocasión de ver más adelante, es la clave misma de la España contemporánea que explica, en parte, por ejemplo, la mentalidad de la burguesía española. Pero no nos desviemos del tema; más adelante examinaremos la cuestión general que acabamos de apuntar y, entretanto, volvamos a lo sucedido en aquel año de 1855. Sucedió que el progresismo quería ferrocarriles y pronto. Por eso aquellos hombres sucumbieron a la seducción de las compañías extranjeras que ofrecían ferrocarriles para ahora mismo, pero, eso sí, mediante ciertas concesiones, como la muy leonina del artículo 20, apartado 5.º de la ley ferroviaria de 1855. Este precepto concedía franquicia arancelaria a la importación de primeras materias, efectos elaborados, instrumentos, útiles, máquinas, carruajes, maderas, coque y todo lo que constituía material fijo y móvil y se aplicase exclusivamente a la construcción y explotación de ferrocarriles. Así resultó que algunas sociedades constructoras extranjeras —concretamente francesas— podían jactarse de haberse reembolsado de las inversiones efectuadas con los ingresos de la exportación a España de mercancías libres de derechos aduaneros. Para la siderurgia española aquello era una calamidad. La situación no fue modificada hasta diez años después. Entonces, las siderúrgicas nacionales llevaron a cabo importantes inversiones para atender la demanda prevista (en 1866, Ibarra declaró que la fábrica del Carmen de Baracaldo montaba maquinaria para construir material móvil y fijo; en 1868, la Duro Felguera fabricó 19 234 quintales de hierro forjado...). Pero las medidas de protección se adoptaron en una época poco favorable, pues así como en los diez años de vigencia de la ley de 1855 se construyeron 4 354 kilómetros de ferrocarril, entre 1866 y 1870 sólo fueron construidos 641 kilómetros. El impulso expansivo no volverá hasta el fin

12. Hace medio siglo aún solían representar el progreso con el dibujo de una locomotora de alta chimenea, echando humo. Así, hubo un periódico anarquista andaluz que se titulaba *El Ferrocarril*.

de la tercera guerra carlista (1876), en que se pasa de 6 000 kilómetros en la red a los 12 203 que hay al empezar el siglo XX.[13]

Resultado: la siderurgia española perdió la oportunidad de aprovechar, en edad de crecimiento, la ola constructora de los ferrocarriles tan beneficiosa para las siderurgias extranjeras, en una época de consumo escaso.

Para terminar con la siderurgia, añadiremos que sus cifras de producción crecen lentamente para alcanzar las 132 000 toneladas anuales en 1885 y el medio millón o cerca en 1913. Luego viene la primera guerra mundial y la industria española da un notable estirón. La producción de acero alcanza el millón de toneladas, por primera vez, en 1929, baja en los años siguientes hasta que cobra el fuerte impulso de los años sesenta.

En términos generales cabe distinguir en la política industrial de la España del siglo XIX y primeros decenios del siglo XX, dos períodos: el que corre desde la revolución de setiembre, 1868, librecambista de tendencia, hasta 1891, en que se promulga un arancel proteccionista.

En el primer período, y a pesar de la insuficiente protección, se anotan algunas realizaciones en la metalurgia. Así, en 1882 sale de los talleres de la empresa Material y Construcciones el primer vagón construido en España, y en 1884, la primera locomotora, por la Maquinista Terrestre y Marítima de Barcelona.

El arancel de 1891 es el resultado de la coincidencia de intereses en el sentido de conseguir protección frente a la competencia exterior —no en otros aspectos— de la agricultura cerealista y la industria. Aquella medida proteccionista no es de génesis industrial, como se quiere hacer creer: el impulso de la reforma viene más bien de los agricultores, cuya presión fue decisiva, sin perjuicio de una constante polémica con los industriales, acusados de proteccionismo perjudicial para el campo.

Otro factor importante de impulso industrial es la ley de Construcción de la Escuadra de 12 de enero de 1887. Al amparo de esta ley, la Maquinista Terrestre y Marítima consigue que se le adjudique la construcción de los motores para diez navíos de guerra, con una potencia de 51 650 caballos. Astilleros del Nervión nace en 1888, al que viene a unirse la Euskalduna, creada en 1900 como soporte de la Naviera Sota y Aznar. De los astilleros de Euskalduna salieron, entre 1902 y 1913, 27 buques con un desplazamiento de 67 928 toneladas. Finalmente, la Sociedad Española de Construcción Naval data de 1909.

El núcleo industrial más importante del país hasta tiempos recientes fue el textil catalán, que, por cierto, estimuló el desarrollo de otras industrias, incluso la siderurgia, merced a la demanda de hierro y acero para su maquinaria. Es una industria madre que en época tan temprana como la de 1768 tiene en marcha más de veinte fábricas en Barcelona, dos en Mataró y una en Manresa, con 1 100 telares. Esta industria dispone de un mercado muy prometedor en los reinos ultramarinos. Nos ha parecido muy sugestivo el dato que aporta el historiador de la economía española Vilar cuando alude a un dibujante de indianas barcelonés que, en el siglo XVIII, se interesa por la moda que llevan las damas limeñas (por cierto, que tenían fama de elegantes y graciosas las mujeres de

13.   Jordi Nadal, op. cit.

154

Lima). La industria textil algodonera es precoz por su magnitud, importancia y resistencia, pues atraviesa crisis y dificultades en su larga vida, y un siglo después de la primera de las fechas que hemos citado, en 1868, ha instalado el vapor y dispone de 14 310 caballos —en toda España— y trata 20 000 toneladas de fibra. Es una de las primeras de Europa en su clase, aunque dista de la pionera y adelantada, la industria textil algodonera inglesa.[14]

Y al evocar estas someras y no muy ordenadas referencias, por lo demás incompletas —pues la materia de este libro no es la historia económica, sino el pesimismo español, si bien relacionado con la economía—, pasamos a otro punto, el de la actitud de los españoles frente al proceso de incorporación del país a la modernidad.

Desde que nos asomamos a estas cuestiones, nos sorprende una tal vez elocuente contradicción del progresismo político con el progreso real o material. Deberían coincidir, supongo. Pero no coinciden. Resulta que los progresistas políticos españoles no favorecieron la industrialización del país. En cambio se observan, en situaciones reaccionarias, iniciativas y medidas que son sustancialmente de naturaleza progresista, no en el orden ideológico y político, pero sí en cuanto a su índole material y real. Los liberales españoles del siglo XIX profesaban sus ideales al modo de los dogmas religiosos, es decir, confiriéndoles un valor absoluto y universal, a veces contra la realidad y el sentido común. Entre estos ideales figuraba el librecambismo, lo que estaría muy bien a condición de no aplicar, en la práctica, tales principios si las circunstancias aconsejaran otra cosa, como han hecho siempre las izquierdas de otros países europeos, muy admirados, sin embargo, por sus correligionarios y discípulos españoles.

El ejemplo más llamativo de estas contradicciones lo aporta el general Espartero en sus relaciones desdichadas con la industria catalana. Espartero, héroe de Luchana, caudillo del progresismo, tuvo la oportunidad de asentar en España un régimen liberal sólido y duradero, tal vez al precio inevitable de alguna versión de caciquismo, como por aquellas fechas era de estilo en toda Europa (el caciquismo español sólo tiene de singular y original la palabra que lo designa, pero lo han practicado todas las democracias europeas con diversos nombres y a veces sin ninguno). A este expediente debería añadir el de servir algún interés material en el que encarnar sus ideales, pues los ideales, para sostenerse, para vivir, necesitan de un cuerpo material con todas las cosas más o menos indecentes que acompañan a los cuerpos. El cuerpo natural del progresismo político parece que debería ser el progreso económico que pasaba, necesariamente, por la industrialización. Pues bien: el general Espartero lo entendió de otro modo y se comprometió en una política comercial contraria a los intereses catalanes. Las tensiones consiguientes derivaron al desorden y al motín y, finalmente, a la creación de un organismo revolucionario faccioso. Espartero reaccionó con dureza e insensatez y llevó a cabo el famoso bombardeo de Barcelona del año 1842. Los sublevados acusaban al victorioso general de la primera guerra carlista, un tiempo ídolo del progresismo, de estar vendido a Inglaterra, que acababa de descubrir las delicias del librecambio, efectivamente inmejorable cuando se

14. Jordi Nadal, op. cit., de la que tomamos los datos anteriores.

posee una industria más avanzada que la de los competidores. La ventaja es casi mágica, porque la economía más avanzada refuerza la protección mediante el librecambio, en primer lugar, claro está, al impedirle robustecerse al eventual competidor de su industria y, además, porque las mismas facilidades de importación que concede a las materias primas y a los alimentos abaten los costes de producción de los productos manufacturados propios y los hacen más competitivos. Los ingleses hicieron temprano este descubrimiento y les fue muy bien.

Pero volvamos a Espartero. Espartero llegó a regente del reino y prometía ser el instaurador definitivo del liberalismo en España, con todas las cartas en la mano: era liberal progresista, adorado por el pueblo, vencedor del carlismo, con todo el prestigio que presta una victoria militar. ¿Quién podía oponérsele? Dos años después de haber alcanzado la cumbre del poder político se vio obligado a huir de su patria precisamente en un buque inglés, para refugiarse en Inglaterra, donde fue recibido como un héroe. Esto no significa que fuese una especie de traidor. Suponemos que no le faltaba precisamente el patriotismo. Pero no era un patriota burgués nacionalista. Ignoraba que no se puede ser progresista en política e ideología y postergar el progreso material, económico, técnico, científico, es decir, el progreso *real*, ni sofocar a cañonazos las protestas de los intereses industriales, ni siquiera aunque presenten un cariz egoísta y fraccionario o sectorial. Sin una mentalidad industrial, el progreso político es una flor sin tierra. Esta elemental verdad la descuidaron, también, ulteriormente y siempre, las izquierdas españolas, incluidos altos personajes de la república, de indudable valor intelectual y moral, a quienes hemos conocido y admirado, sin desconocer sus fallos, su falta de sentido de la realidad y de la sustancialidad que debe acompañar a las palabras para que no se pierdan en el viento. Hay que pensar no sólo por la combinación de signos verbales, sino con esos mismos signos, pero sustanciados, materializados...

7/El pesimismo español y la España contemporánea

Yo diría que la España en que hemos nacido y crecido tenía sus fundamentos sociales en la desamortización de los bienes de manos muertas. La desamortización, si tomamos como punto de partida el decreto desamortizador de Carlos IV, año 1798, dura casi exactamente un siglo, pues las últimas resoluciones de la gigantesca operación se adoptan en 1900. Sin embargo, suele tomarse como fecha inicial de la desamortización el decreto de Mendizábal de 1834 porque, realmente, en el siglo XIX y bajo la inspiración del liberalismo es cuando se lleva a cabo esta trascendental empresa. El ensayo de 1798 respondía aún al espíritu de la Ilustración y sus causas y razones eran las del despotismo ilustrado. La motivación profunda de este paso inicial debe buscarse en la acrecida demanda de granos por efecto del desarrollo de la periferia peninsular y, en general, de la nación. Esta demanda encontró el suelo «amortizado», es decir, fuera del comercio, en poder de la Iglesia, de los municipios, de los mayorazgos. Para el individualismo creciente de la época era evidente que la tierra en poder de corporaciones, asociaciones y —por supuesto— vinculada en las familias de la aristocracia, carecería de elasticidad productiva. Y era verdad en gran parte que los dueños tradicionales del suelo no sentían bastante los estímulos característicos del capitalismo, lo que se demostró prácticamente con el avance de la desamortización.

En los primeros veinte años, la compra de los bienes nacionales no atrajo a muchos postores de las clases altas: probablemente el temor a los anatemas y a una vuelta atrás reaccionaria que obligase a los adquirentes a devolver la tierra con pérdida de su coste. Pero a partir del bienio progresista de 1854-1856, los compradores ricos, incluidos eclesiásticos, a título privado, y también nobles devotos, perdido el miedo al infierno y a la retrocesión de las tierras (y de fincas urbanas), se lanzaron fieramente al asalto que termina al empezar el siglo xx. Estas gentes, no pocas absolutistas de corazón, serían el sosten del liberalismo frente al carlismo.

Así pues, la desamortización no fue un breve período revolucionario, sino un proceso sostenido en el tiempo, con tenacidad y constancia, a pesar de interrupciones en etapas de gobiernos moderados, próximos a la ideología carlista. Pero los intereses de la burguesía en ascensión pudieron más que los escrúpulos ideológicos y aunque el moderantismo gobernó a España mucho más tiempo, en el siglo xix, que el liberalismo, de hecho, como resultante de estas contradicciones, la realidad es que la desamortización tomó aliento una y otra vez y siguió adelante hasta que ya no quedaban bienes que vender. El número de propietarios aumentó en aquella centuria, y aun mediada nada más, de 364 514 en 1767 a 1 466 061 en 1860, según los respectivos censos. Conclusa la operación desde hacía treinta años, en 1930 los propietarios rústicos eran 1 786 825.[15]

De esta manera se formó la clase dominante burguesa que rige a España hasta el advenimiento de la república en abril de 1931. Cánovas del Castillo fue, creo, el intérprete fiel de esta clase social que halló su molde político en la monarquía constitucional. No hay exceso en decir, efectivamente, que el aparato político de la Restauración tenía un sólido soporte rural en la oligarquía terrateniente de la desamortización y en el caciquismo rústico. Aquella ingeniosa maquinaria duró indemne hasta que el golpe militar de Primo de Rivera la dejó maltrecha (setiembre de 1923). Medio siglo de funcionamiento regular. Un portento.

La república intenta una reforma agraria al estilo del momento: reparto de las grandes propiedades entre campesinos sin tierra. La reforma republicana fue cancelada por los triunfadores de la guerra civil de 1936-1939.

Pensemos en otra cuestión que apunta más allá de los condicionantes económicos. Nos referimos a que la monarquía liberal conservadora de Cánovas cultivaba un liberalismo falsificado y, con todo eso, de algún modo, auténtico. Las dos cosas. El hecho es que este sistema, con todas sus impurezas, y eran muchas, sirvió de marco a la Edad de Plata de la cultura española, cuyo brillo se apagó en la década de los treinta (la guerra civil dispersó aquella conjunción feliz de valores intelectuales que, por lo demás, creo, ya empezaba entonces a palidecer). Esta vez, el renacimiento cultural se manifestó en todos los campos, incluido el científico, pero, sobre todo, en la historiografía, las artes plásticas y

15. José Manuel Naredo, *La evolución de la agricultura española*, p. 23. Edit. Estela.

la literatura, con una punta de elevación máxima en la poesía, que en la década de los veinte era, a mi modo de entender, la más rica y sustancial de Europa.

A todo esto se había producido, en los comienzos del siglo, en España, el fenómeno que los economistas y los sociólogos, cincuenta años más tarde, llamarían «despegue de la economía». Se conjugaron dos factores para producir este resultado: el reflujo de los capitales españoles invertidos en las colonias (Cuba, Puerto Rico, Filipinas) que España acababa de perder y la acogida que les proporcionó la estabilización de Villaverde, juntamente con el arancel proteccionista de 1891. Esta inyección de recursos permitió una inversión importante en minería y en una industria, modesta (el mercado interior seguía siendo débil), pero relativamente diversificada que hizo posible la expansión motivada por la primera guerra mundial de 1914-1918, que alcanzó también un nivel importante en los negocios navieros. De la entrada de capitales en esta coyuntura data la nacionalización de los ferrocarriles, la industria de material ferroviario y las inversiones en el extranjero (el grupo Cambó adquirió, en esta ocasión, la CHADE y otros grandes negocios internacionales).

Volvemos de nuevo a la cultura. Creo que es más interesante aún que la economía. La cultura española de la época —esta característica no ha sido muy observada que sepamos— no sólo era floreciente, sino que tenía una organización peculiar, no ostensible, pero real y efectiva que servía de piedra de toque de los valores que comparecían en el palenque. Sí, creo que la cultura española de la edad de plata tenía sus jueces, sus censores y también sus sectas y sus sectarios. No digo que fuese siempre justa. Era, simplemente, una instancia de valoración con sus aciertos y sus desaciertos, pero en todo caso practicaba una selección, y esta selección evitaba la mezcolanza de cosas buenas y tal vez excelentes y cosas malas, la evitaba hasta cierto punto y en alguna útil medida. Había fielatos de contrastación en la universidad, en algunas publicaciones, en ciertas personalidades con autoridad (véase la misma universidad que estaba en un buen momento, la *Revista de Occidente*, *El Sol*, *El Debate*, Ortega, pero también Maeztu, Unamuno...). Hoy, en cambio, todo anda revuelto, lo bueno y lo peor, y abunda la mediocridad.

La edad de plata pasó sin que supiéramos valorarla en cuanto signo de resurrección y viento de primavera. La guerra civil fue como una tremenda borrasca que acabó con la floración. ¿En qué medida el pesimismo español, ciego a cualquier ventura, contribuyó a desencadenar aquella calamidad?

Los años que siguieron de cerca y no de tan cerca al fin de las hostilidades (la guerra misma continuó en los poderes políticos y en los corazones) nos hicieron pensar en que las hambrunas y la tuberculosis podían acabar físicamente con el pueblo español. No fue así, por fortuna. Como ya indicamos en otro lugar, a mediados del decenio de los 50 se había suprimido el racionamiento y, mal o bien, el sistema rotaba *tranque tranque*... Luego, a partir de 1959, vino la expansión general, bien aprovechada, bajo la cúpula del autoritarismo, con sus injusticias, sus persecuciones, su vulgaridad. Actuó al modo de un molde de escayola dentro del cual se produjo una cura física y una inmovilización intelectual. Pero, en fin, resultó un fuerte crecimiento y un cambio pro-

Probablemente en una sociedad anglosajona sería impensable una frase como la del teniente coronel Tejero cuando manifestó ante sus jueces que se proponía «Meter en cintura a la nación».

fundo, más profundo de todo lo que podía esperarse, en el orden económico y en el orden de los esquemas sociales.

Por lo que se refiere a la economía, en el momento en que estamos, España es una sociedad industrial bien caracterizada. La agricultura aporta alrededor del 9 % del producto nacional y emplea al 18 % de la población activa del país (la media de la CEE es del 4 % como participación del sector en el PIB, con el 8 % de la población activa). Italia se aproxima mucho a las cifras españolas, con el 8 % en cuanto al aporte agrícola al PIB y un 16 % de la población activa. Quiere decirse que España e Italia tienen agriculturas de magnitud relativa doble de la media comunitaria, y de una productividad pareja en términos relativos. Resulta también que en todas las economías consideradas, la agricultura acusa una productividad de la mitad de la del respectivo sistema. Esto explica que en todas partes el sector agrícola registre un nivel de renta inferior, en un 50 %, a la media. Pero volvamos a nuestro asunto: la exportación española es predominantemente industrial, muy por encima de los sectores primarios sumados. En efecto, los productos industriales representan el 70 % de la exportación total aunque la agricultura mediterránea sea, como es, muy exportadora (el 20 %).

Suele denunciarse la debilidad de la producción de tecnología. Ahora bien, la tendencia en este fundamental aspecto de la incorporación a la modernidad es claramente positiva. Los hechos reales caminan, en este terreno, más aprisa que los juicios comunes. Personalmente no dudamos de que la balanza de los intercambios de tecnología será pronto razonable, habida siempre cuenta de que lo lógico, natural y conveniente, dadas las condiciones de la economía española, será continuar siendo, como casi todo el mundo, importadores de tecnología. El problema no está ahí, sino, más bien, en saber explotar adecuadamente la tecnología importada (o no importada), saber valorarla con justeza y mejorarla. En esta materia, una apertura inteligente es lo más productivo.

En síntesis: no cabe duda de que el aborto de la revolución industrial parece superado. Ahora la cuestión consiste en llegar a tiempo y con fortuna a la fase de la industria más avanzada y a la de la economía postindustrial. La clave para estos pasos reside, claro está, en la formación científica y técnica de la juventud.

¿Y qué es y qué será del pesimismo tradicional?

Si el pesimismo dependiera de la incorporación o no incorporación a la modernidad, podríamos abrigar la esperanza de que al cambiar las condiciones objetivas cambiaría también el talante, el humor hispánico. Pero el fenómeno tiene causas más complejas y está menos ligado a los condicionantes objetivos de lo que pudiera parecer.

Por lo demás, aunque la sociedad española ha experimentado una mudanza espectacular, aún subsiste, en alguna medida, la clase dominante de la desamortización. Es el caso de Andalucía. Personalmente hemos podido experimentar y conocer de muy cerca la presión contraria al desarrollo regional de elementos muy característicos de estos grupos andaluces. El planteamiento adoptado por algunos partidos políticos del problema andaluz según esquemas tomados de los análisis tercermundistas, es decir, la teoría de un colonialismo interior, carece de todo fundamento. Soy testigo de que se han hecho esfuerzos laudables, no ya ahora, sino en regímenes anteriores, por parte del Estado, para lanzar el desarrollo de Andalucía, que, efectivamente, tiene grandes posibilidades de progreso económico (no es un territorio pobre en términos del condicionante básico natural). Esos propósitos se frustraron por efecto de la presión ejercida por grandes terratenientes andaluces, especialmente olivareros, interesados en disponer de una población deprimida, por las razones o sinrazones que sean (quizá, dada la dificultad para mecanizar la recogida de la aceituna, la necesidad de contar con brazos desocupados o utilizables en el tiempo de la cosecha). Lo cierto es que el clima social de Andalucía no se ha mostrado propicio a la industrialización. Trasladar las causas a una supuesta conspiración de otras regiones o del gobierno central es una imputación falsa y, probablemente, movida por el propósito de crear un estado emocional en el pueblo favorable a un nacionalismo fraccionario: siempre es más fácil excitar el odio irracional que cultivar la verdad. Andalucía es el paradigma más evidente de la mentalidad de la burguesía de la desamortización y, por cierto, fue en Andalucía donde las superficies de bienes nacionales vendidos y su valor alcanzan las cotas más altas de toda España.[16]

La burguesía de la desamortización proyectó la atención al campo, donde había situado sus intereses. Esto explica que donde esta burguesía es la clase dominante, como en Andalucía, no exista un clima propicio para el desarrollo industrial. Y no es porque los terratenientes andaluces vivan en alguna Capua rústica e improductiva. No es cierto en cuanto nosotros hemos podido observar. Ante todo, los grandes latifundios han sido parcelados a los efectos de su arrendamiento, en muchos casos, y pasaron a ser explotados por labradores expertos. Por lo demás, los latifundistas suelen ser empresarios eficaces, ferozmente apegados a la tierra y —podemos afirmarlo—, sin escrúpulos en sus relaciones con el peonaje que depende de ellos. Juan Díaz del Moral, hace ya muchos años, escribió, en su famosa obra sobre las agitaciones campesinas: «Muchos miles de hectáreas han pasado de las manos muertas de los señoríos a las vivas y expertas, trabajadoras e inteligentes, de los "nuevos ricos", simples braceros hace tres lustros, convertidos hoy, por la magia de los abonos químicos y de la maquinaria moderna, en labradores acomodados y hasta en propietarios opulentos.»[17] En síntesis: Andalucía está dominada por una clase de terratenientes y agricultores de mentalidad rural que ven en el desarrollo de su región una amenaza para su poder sobre la tierra y sobre los hombres. Tenemos la experiencia de que esta gente ha influido, efectivamente, sobre la administración central para bloquear proyectos de desarrollo. No hay la menor duda de que si Andalucía impulsa desde dentro la diversificación de su economía, no han de ser los poderes centrales quienes pongan obstáculos y, en cualquier caso, las dificultades no responden a ninguna conspiración de intereses extraños a la propia región andaluza.

Pero ¿en qué medida contribuye la depresión regional al pesimismo español? Contribuye, ciertamente, a mi modo de ver, sobre todo, en cuanto que un espacio agrario, sin otros recursos, es una cárcel, al aire libre, pero una cárcel, donde el ser humano no encuentra «salida», es

16. Véase Francisco Simón Segura, *La desamortización española del siglo XIX*. Instituto de Estudios Fiscales, Ministerio de Hacienda.
17. Díaz del Moral, *Historia de las agitaciones campesinas andaluzas*, p. 45. Alianza Editorial, Madrid, 1977.

161

decir, posibilidades de vida fuera de la ergástula del latifundio o de la explotación pequeña. Por eso, la emigración y la industrialización han hecho por el campesino más que cualquier reforma agraria y más que cualquier revolución. La industrialización agrandó, acreció real y verdaderamente la tierra de España, como no había sido agrandada ni acrecida ni ensanchada desde el descubrimiento de América. Está visto y bien probado que la mejor manera y la más barata —en seres humanos y en dinero— de ampliar el «espacio vital» de una nación es crear modos de vivir no dependientes de la tierra y de quienes la poseen. Así, la República Federal Alemana, dividida, amputada, empequeñecida al perder las provincias del Este, desmintió del modo más patente las teorías nazis sobre la estrechez del hogar nacional alemán y edificó, ante nuestros ojos, una Alemania reducida en su territorio y, sin embargo, más grande que la de Hitler y la del káiser. Una nación puede crecer de dos formas: en sentido horizontal mediante la anexión o la conquista o en sentido vertical mediante el incremento de la riqueza por el trabajo. La ampliación del territorio muy a menudo no supone un mayor espacio vital para los hombres, y en cambio las nuevas posibilidades de trabajo suelen ser, efectivamente, salidas a las praderas de la vida. Y el más real de los crecimientos de una sociedad es el de la mente creadora.

Nos parece que el pesimismo es, sobre todo, angostura.

Creo que el pesimismo español, aunque directamente relacionado con la pérdida de la integración y del sentido de la sociedad española, de la Hispania III, más de cerca se nos muestra con la imagen de un ser humano preso, encerrado. Encerrado en un cerco dogmático y estrecho; y en un cerco económico y social. *Mente capta* y cuerpo en la angostura. La respuesta a esta estrechez depresiva, en el siglo XIX, la dio —una de las respuestas— el anarquismo milenarista andaluz. El movimiento anarquista aparece en un momento de crisis económica, tras el período de 1855 a 1865 en que hubo pleno empleo, en ocasión del *boom* ferrocarrilero a que hicimos alusión en este mismo capítulo. En 1866 empezó la onda depresiva, y, al triunfar la revolución de setiembre de 1868, el país vivía una fase muy crítica. En Córdoba, como nos recuerda Juan Díaz del Moral,[18] se reunió el primer congreso mundial anarquista de la historia. La revolución social apareció en verdad inscrita en el cielo. Apóstoles campesinos recorrían los paisajes de Andalucía montados en un pollino para predicar el evangelio de la justicia. Eran ignorantes e iluminados. Eran también pacíficos, convencidos como estaban de que la simple evidencia del bien y de la justicia, tal como ellos la veían, con la claridad de las gentes sencillas, bastaría para convertir a todos los hombres a esta Nueva Esperanza. Las expectativas milenaristas se frustraron. Y el Congreso Anarquista de Londres de 1881 —y antes aún en España— abrió las esclusas del fuego y de la violencia. Así, en los años siguientes se propaga el terrorismo, más acentuado en los finales del siglo: la Mano Negra de Jerez (1892), el atentado del Liceo de Barcelona (1896), el asesinato de Cánovas del Castillo (1897), y el año anterior, la bomba en la procesión del Corpus... Entretanto, aparece el socialismo marxista (el Partido Socialista se funda en 1878 y la UGT en 1888).

¿Qué influencia puede tener el movimiento proletario en el pesimis-

18. Véase Juan Díaz del Moral, op. cit.

mo? Sospecho que no tiene una influencia perceptible y, en todo caso, no incrementa el humor pesimista. Por de pronto, en su esencia, los movimientos idealistas, en el sentido de proponer un mundo mejor, brindan una «salida», una esperanza a un sector de la población o, de cierta manera, a toda ella. Por tanto, no son de naturaleza pesimista, según nuestro modo de entender las causas del pesimismo. Naturalmente, en su expresión terrorista, sí, tales movimientos acrecientan el pesimismo según toda razonable probabilidad, con mayor motivo si el terrorismo no ofrece un horizonte racional de salvación —y no suele ofrecerlo— o cuando su mística se gasta en la persistencia en una acción criminal y estéril que se convierte en amenaza para la vida con merma progresiva de sus valores ideales.

Ciertamente, los factores reales negativos, sean cuales fuesen, estimulan el humor pesimista de las sociedades humanas. Ahora bien, el pesimismo fundado en causas reales y objetivas no es el que está ocupando aquí nuestra atención. El pesimismo fundado en causas racionales es sano y mudable cuando el entorno cambia favorablemente. El pesimismo y el muermo son situaciones emocionales que no están vinculadas solidariamente a la objetividad. Son estados aprioristicos, de principio, de actitud, con algo de patológico, probablemente, en ciertos casos.

El pesimismo racional debería servirnos, precisamente, para combatir el otro pesimismo sistemático, desatento, del entorno si el entorno no confirma la posición pesimista del sujeto. El pesimismo racional, cuando se corresponde con los datos, cuando es auténticamente racional, viene a ser, sencillamente, la verdad. Por eso nosotros insistimos aquí y hemos de insistir más en la verdad como antídoto del pesimismo tradicional y, con mayor motivo, del muermo o morbo hispánico.

Y a propósito de morbo. Desde diferentes vientos, y con ellos, nos llega la alarma de una dolencia entre social y de patología médica que afecta a muchas personas de nuestra época y consiste en estados depresivos, de tristeza, a menudo profunda, más notoria en sociedades ricas o desarrolladas. «Sabíamos del enorme incremento de los suicidios en los últimos años, en especial en los países escandinavos y, sobre todo, en Hungría. Ahora se nos dice que de cada cinco alemanes uno está sometido a tratamiento psicoterapéutico. Uno de cada cuatro tiene trastornos del sueño. La cuarta parte de los niños en edad preescolar y aun en la escolar son etiquetados de "enfermos, perturbados o minusválidos".»[19] Nuestra propia percepción empírica confirma estos datos, aunque esta clase de informaciones personales, no tratadas por la estadística, no sean fiables (a menudo tampoco lo es la misma estadística). Si el morbo no sale de uno mismo (y no debe salir, pues uno pertenece a una generación que pasó por atroces experiencias sin hacer dimisión de la vida, ni dimisión real ni emocional), se ventea en el ambiente no ya en Alemania, sino aquí mismo. Pero se trata de un fenómeno diferente del *Morbus hispanicus* o muermo que ha ocupado y viene ocupando nuestras reflexiones. A menos que la dolencia o dolama existencial haya contaminado y se haya mezclado con el pesimismo tradicional español y

19. Juan Rof Carballo, *ABC*, 8 de mayo de 1982. Cita el reciente libro del sociólogo Jurgen Leinemann *Die Angst der Deutschen* (La angustia de los alemanes).

con el muermo de la posguerra española, y algo puede haber de eso. Admitimos, en efecto, que la «tristeza de Europa» pueda mezclarse con el pesimismo tradicional español. Pero creemos que se trata de dos especies diferentes. En primer lugar, el pesimismo español de que tratan nuestras reflexiones existía, como hemos visto, desde mucho antes de la aparición de la tristeza que, al parecer, es una dolama de las sociedades opulentas de nuestro tiempo. Por otra parte, el talante lúgubre de la actual juventud —y de quienes no son ya tan jóvenes— es un achaque siquiátrico, lo que no sucede con el pesimismo sociopolítico o histórico. El depresivo o melancólico sufre en la intimidad de su conciencia, es un enfermo, y, en cambio, nuestro pesimista, aun muermoso, se complace en su mal, opera una trasposición de sus cargas negativas a la comunidad y él se siente, superior, excepcional, en posesión de una cualidad aristocrática.

Todo esto sugiere que nuestra indagación sobre el pesimismo y el muermo es razonable, válida y necesaria, con independencia de que fluya sobre nosotros, también, esa otra tristeza de más general y profunda manida.

CAPÍTULO VII

El separatismo de antaño

1/Dos terroristas, uno a caballo, otro en un asno, por los campos manchegos ● 2/Un poder absoluto casi impotente ● 3/¿Fue la falta de unidad constitucional la causa del fracaso y la ruina de la Hispania III? ● 4/El separatismo de ayer y el separatismo de hoy

1/Dos terroristas, uno a caballo, otro en un asno...

Cervantes sitúa a su don Quijote, con más vaguedad que precisión, en los reinados del emperador Carlos I o en el de su hijo Felipe II, de quien se dice que hacía temblar con la mirada a los hombres, a hombres bien barbados y cabales.

Pero don Quijote fue de un lado a otro por esos campos de Dios, entró en unas villas y en otras, se hospedó en ventas y castillos, pernoctó en mesones llenos de gentes varias —hidalgos, mercaderes, titiriteros, dueñas y doncellas, cuadrilleros de la Santa Hermandad, arrieros, muchos arrieros...—, riñó descomunales batallas —al decir de su cronista—, y en ninguna parte se le hizo notoria la sombra temida de aquel gravoso monarca. Y, sin embargo, la figura del gran caballero no podía pasar inadvertida. Por lo demás, él no se privaba —insistimos— de perpetrar sus extrañas y memorables aventuras. Por ejemplo: como es bien sabido, don Quijote tuvo la extravagante osadía de detener una conducción de leones destinados al jardín de fieras del rey, intimó e intimidó al leonero para obligarle a abrir la jaula de las bestias y desafió al más corpulento de aquellos ociosos felinos, que rehusó el combate, tal vez petrificado de estupor. Es de suponer que el rey fuese informado del percance, sino por la humilde persona del leonero sí por alguno de los ministros. El hecho era bastante grave. Don Quijote había ofendido al soberano y también a los leones. ¿Cómo no prendieron a don Quijote? Aunque no fuese más que para ver en persona a semejante curiosidad ecuestre.

Pero fue aun peor el dar suelta a los galeotes. Nuevamente, la caballería andante se enfrentó con el poder del Estado. Don Quijote infringió, sin que nadie le pidiera cuentas, leyes muy sensibles que prevén, tasan y miden el crimen y el castigo. Don Quijote era un rebelde. Eso estaba, desgraciadamente, muy claro. Bien educado, pero rebelde. Una rebeldía consistente en poner las leyes de la caballería —es decir, leyes ideales— por encima de las leyes del Estado. Con la agravante de que los galeotes eran gente peligrosa y una vez libertados no se estarían quietos, sino que habrían de cometer algunos delitos más en los pueblos de aquellos contornos, sino por inclinación perversa sí por necesidad. Tampoco eran agradecidos, y al no ser agradecidos había pocas probabilidades de que se rehabilitasen como ciudadanos honrados y útiles a la sociedad. El propio don Quijote tuvo pruebas aflictivas de la condición de aquellos hombres cuando le pagaron la libertad apedreándole, con molimiento del cuerpo y pérdida del gabán de Sancho. Pero en cuanto a la infracción de la ley, no pasó nada.

Diríase que el poderoso rey de España y de Dos Mundos no era muy delicado de piel y no le escocían los agravios, ni tampoco le sobresaltaba el peligro que corría la seguridad ciudadana. Y a propósito de seguridad ciudadana: también sorprende que los vecinos de las villas perjudicadas por la suelta de los galeotes no acorrieran contra don Quijote. Y es el caso que en aquellos tiempos los alcaldes de un pueblo de rústicos tenían poderes de vida y muerte que llenarían de consternación a los socios de Amnistía Internacional. Por tanto, si don Quijote no acabó mal y Sancho con él —aunque inocente de aquellas locuras—, no fue porque los alcaldes lugareños no tuviesen todas las competencias deseables de una amplísima autonomía.

Hemos dicho que no pasó nada por la infracción de las leyes que suponía la significativa aventura, profundamente ética, de la suelta de los galeotes. Así es. Pero pudo haber pasado mucho y don Quijote lo sabía, como lo demuestra el dato de que haya sido la única situación, de toda su larga historia, en que el valeroso caballero sintió miedo. Ni gigantes ni endriagos, ni procesiones fúnebres y nocturnas, ni leones, ni demonios, ni encantadores, ni alguaciles y sórdidos venteros turbaron el ánimo indefectible de don Quijote. Pero con motivo de la liberación de los galeotes entraba en juego la Santa Hermandad, una asociación de villanos e hidalgos de los pueblos —más de villanos que de hidalgos— más temible que toda la pavorosa quincalla de la caballería andante y sin andar. Por eso don Quijote, en este trance, terminada la aventura, sugirió a Sancho la prudente idea de que ambos se emboscasen en Sierra Morena por si acaso.

¿Por qué la Santa Hermandad? Sencillamente, porque la Santa Hermandad tenía jurisdicción precisamente en los delitos cometidos en despoblado, en ciertos delitos, tales como el robo, la violación de mujer que no fuese ramera, el ataque a los agentes de la misma Santa Hermandad, por supuesto el asesinato... Y la Santa Hermandad, a la hora de imponer sus castigos, tenía muy poco de fraternal y nada de santa. El delincuente se exponía a que le cortara las orejas y le diera un centenar de palos a un ladrón de menor cuantía. Si la cuantía fuese superior o mayor —cinco mil maravedises—, pena de muerte, ejecutada mediante el disparo de siete saetas.

¿Y qué era la Santa Hermandad? El nombre evoca algo así como una sociedad secreta o una fraternidad subversiva. Era, efectivamente, en su origen, una cofradía, quiero decir, una sociedad juramentada de buenas gentes de los pueblos hermanadas para defenderse de maleantes, asesinos, ladrones, salteadores, tiranuelos, bandidos y demás gallofa que había salido al campo en ocasión de la guerra entre dos casas nobles, los Castro y los Lara. Los Reyes Católicos, en 1496, dotaron a la hermandad de una legislación especial. Pero la misma sociedad se financiaba con el arancel que cobraba a los delincuentes. Los jefes o alcaldes de la Santa Hermandad los elegían los vecinos de los pueblos y los mismos vecinos actuaban como agentes de la organización con el sospechoso nombre de «cuadrilleros».

166

Andan por ahí muchas personas ilusas que llaman tiempos normales a los períodos de orden y paz. Pues bien: los tiempos seguros, ordenados, son épocas doradas, si es que han existido realmente, abolido el miedo, todo miedo, a los criminales y a los poderes encargados de castigarlos. Los buenos tiempos apacibles y tranquilos son la excepción, son los verdaderos días de la anormalidad en la convivencia humana. Así, la Santa Hermandad consiguió una relativa seguridad en los campos castellanos, a costa de hacerse temer no sólo de los bandidos, sino también de la gente honrada. Con frecuencia la vemos aparecer en la crónica quijotesca, sin escolios de amor, siempre pronta a poner orden en los alborotos de trajinantes aposentados en las ventas del camino. Un dato elocuente: la Santa Hermandad fue una institución arraigada en Castilla y no tanto en los reinos de la Corona de Aragón. Y así, el Quijote no nos cuenta gran cosa de bandidos castellanos, pero sí de bandoleros catalanes, como el señor Roque Guinart, un digno y noble personaje que el mismo don Quijote hubiera iniciado en la caballería andante. ¿Será que Cervantes quiso insinuar, de este modo, al sesgo, como una cierta nostalgia del bandolero generoso?...

En fin, es el caso que caballero y escudero se emboscaron efectivamente en Sierra Morena. Prudencia: don Quijote parecía haberse contaminado de sentido común y de cordura, lo que confirma la fama de temible de la Santa Hermandad. Pero, en definitiva, no le sucedió nada malo por aquel asunto de los galeotes, lo que sugiere una deplorable dificultad, en aquellos tiempos, para imponer la ley en terreno montañoso.

Estas incongruencias de la realidad se nos ponen más y mejor de manifiesto si trasponemos la aventura de los galeotes a la época actual. Imaginemos un Estado moderno, para más expresiva significación, una moderna democracia. En este cuadro social y legal surgen don Quijote y Sancho y se ponen en campaña para realizar el ideal de la caballería andante. ¿Cómo se habría entendido el suceso de la liberación de los galeotes, relatado por un corresponsal de agencia noticiosa o por un corresponsal de prensa enviado a aquellos lugares? No es dudoso que narraría el caso bajo estos o parecidos titulares: «DOS TERRORISTAS, UNO A CABALLO Y OTRO MONTADO EN UN ASNO, ATACAN A UNA ESCOLTA DE PRESOS Y LOS PONEN EN LIBERTAD.» La guardia civil comunicaría el hecho al gobernador de la provincia de Ciudad Real y, por teléfono, se cursarían las órdenes oportunas de busca y captura de los dos terroristas. ¿Qué otra cosa se podía pensar de ellos? Don Quijote y Sancho serían detenidos y encarcelados y aquí fin de la aventura y de la caballería andante. La prensa de la oposición destacaría la peripecia y emitiría la certeza de que el orden público se desmoronaba en el país, por falta de autoridad, hasta el punto de que las bandas armadas ya ni siquiera se molestaban en robar autos a punta de pistola. Secuestraban jamelgos y borricos, y con estos medios subdesarrollados lograban éxitos tan sonados como poner en fuga a los guardias de una cuerda de presos y libertar a los miembros de la organización delictiva con burla de la justicia. ¡A dónde vamos a parar...! El editorial del más importante de los diarios de los grupos extremistas de la derecha insinuaría la necesidad de una intervención anticonstitucional para defender la ley.

¿Por qué no tuvieron ningún tropiezo con los agentes de la autoridad don Quijote y Sancho? ¡Y esto en el estricto reinado de don Felipe II, el rey cuya mirada hacía temblar a los hombres cabales!

No les sucedió nada a los héroes cervantinos porque una democracia moderna es mucho más fuerte y eficaz, en cuanto a la aplicación efectiva de la norma legal, que una monarquía absoluta del siglo XVI. Tan sencillo como eso. Tal vez porque la monarquía absoluta era poco eficaz pudieron existir, en aquellos tiempos, caballeros andantes. Se nos dirá que don Quijote era un personaje de ficción y no es lícito aducir su testimonio para probar una tesis que se refiere al orden histórico o social, es decir, a una esfera tan inconcreta, tan ambigua como se quiera, pero perteneciente a las entidades reales. En efecto, pero vale el testimonio de un personaje de ficción para probar una tesis del campo histórico cuando la obra imaginada, es decir, en este caso, la ilustre novela cervantina, goza de un crédito ejemplar por su realismo y su rigurosa verosimilitud. Cervantes, al narrar un episodio que comportaba la exposición de las características del sistema político en cuyo marco había situado a su héroe, no es probable que se hubiese apartado de la verosimilitud. Por lo demás, el aporte de un escritor de fábulas suele ser y es muchas veces fidedigno y muy objetivo en los aspectos secundarios o circunstanciales de sus obras. El escritor dice la verdad cuando está distraído, es decir, despreocupado del tema o del dato. A la verdad hay que sorprenderla así, de soslayo, cuando ni ella misma se da cuenta de que la estamos acechando.

Por otra parte, la historia confirma los datos de la ficción en el caso que estamos considerando. Estamos pensando, al efecto, en el conocido episodio de la persecución de Antonio Pérez por Felipe II. Veamos lo que nos cuentan los historiadores. El joven secretario del rey, Antonio Pérez, había montado algo así como una agencia de negocios donde vendía, según se nos dice, secretos reales. Otro secretario, el de don Juan de Austria (medio hermano del rey y a la sazón gobernador de los Países Bajos), despechado porque su colega no le daba parte en las ganancias, amenazaba con denunciar el asunto al soberano. Pero pongamos que las cosas fuesen más complicadas y los secretos que provocarían la presumida furia del monarca no fuesen únicamente los que se dicen. No importa. Lo sustancial del caso es que Antonio Pérez decidió la muerte de Juan de Escobedo y se valió a este fin del propio rey, de Felipe II, a quien inspiró la sospecha de que Escobedo intrigaba con don Juan de Austria para que éste conspirase con el fin de separar de la corona los Países Bajos y hacerse con el trono de aquellas provincias. El rey no podía, sin riesgo, descubrir el enredo en un proceso regular, y así decidió la muerte de Escobedo por secreto y razón de Estado. Luego se enteró de que Antonio Pérez le había engañado e inició la famosa persecución que interesa especialmente para nuestro juicio respecto al poder efectivo de aquel monarca de Dos Mundos.

Esta vez el rey no fue expeditivo, y en cuando toca al asunto de Antonio Pérez optó por la vía legal de un proceso. Antonio Pérez fue arrestado el año 1579 y doce años más tarde, el 24 de noviembre de 1591, pasaba la frontera de Navarra, al otro lado del Pirineo, después de hacer una estación sumamente agitada en Zaragoza. Durante esos doce años, Felipe II se dedicó a enredar a su secretario en un interminable proceso en el que acumuló toda clase y variedad de acusaciones menos la causa real y verdadera del asesinato del que el rey era autor y Antonio Pérez inductor. Ni uno ni otro podían clarearse. El rey porque temía a la lengua de su secretario, y éste porque esperaba sobrevivir en tanto en cuanto reservase el meollo de la verdad que comprometía al monarca. Ambos tergiversaban. En sustitución de la verdad extraviada en aquel laberinto, entre el rey y su secretario flotaba un mar de los Sargazos de leyes oscuras y de fatigosas compilaciones legales del que no conseguían desprenderse ni el acusador, ni el reo ni los jueces, que, por cierto, no acababan de encontrar causa bastante para mandar expeditivamente al cadalso al secretario infiel.

Ya en Aragón, Antonio Pérez, aragonés, invocó la protección de los fueros del reino y le fue concedida. Entonces el rey echó mano del tribunal de la Inquisición, que gozaba de potestad jurisdiccional en Aragón como en Castilla y en otras partes de los dominios de la corona. Así, acusó a Antonio Pérez de crímenes contra la fe y obtuvo que fuese entregado al Santo Oficio. Pero se interpuso el justicia mayor de Aragón, instado por influyentes personajes amigos de Antonio Pérez, y el pueblo aragonés se amotinó en favor del preso. El largo forcejeo entre el monarca todopoderoso y el secretario perseguido tenía que ser ventilado por la fuerza. El rey se propuso meter sus tropas en Aragón. Ahora bien: los fueros aragoneses no permitían el tránsito de ejércitos «extranjeros», aunque fuesen ejércitos reales, sino en tiempo de guerra, y el rey se valió de las hostilidades con Francia para penetrar en territorio aragonés, prender al justicia y a otros caballeros culpables de un amor inmoderado a los fueros y hacerles pagar con sus cabezas los pecados laicos y religiosos del fugitivo secretario.

Si Antonio Pérez pudo burlar al rey de España durante doce años, no hay nada de increíble en que unos «terroristas», caballeros en sendos semovientes, pudieran libertar por la fuerza a una cuerda de galeotes sin que los agentes de la autoridad les pidieran cuentas de su hazaña.

Decididamente, el Estado que habían fraguado los Reyes Católicos no era un modelo de eficacia y su unidad estaba muy mal zurcida.

¿Qué le sobraba y qué le faltaba al Estado de los Reyes Católicos y a su inmediato sucesor de los Austrias?

A juzgar por los hechos, le sobraba, al menos en el reinado de Felipe II, autoridad personal y también institucional y le faltaba racionalización y organización; por tanto, le faltaba, asimismo, administración. Le sobraba casuismo constitucional, de otro modo, particularismo, y le faltaba coherencia y sistema. Le sobraban poderes al órgano superior del Estado, al jefe del Estado, como habría de decirse unos cuantos siglos más tarde, que podía disponer por sí, sin clara limitación de sus facultades —autocracia— y, en cambio, le faltaban recursos orgánicos, humanos y técnicos para ejecutar la voluntad del soberano. Por eso se mezclaban especies contradictorias, como el abuso arbitrario, la impotencia y la inhibición.

Impunidad de los terroristas, ministros traidores al rey y al Estado, bancarrota del tesoro, deuda exterior desmesurada, paro enorme y endémico, crisis de la inversión (desde alrededor de 1560), corrupción... Un patriota perentorio e impaciente debería pensar que había llegado la hora de acabar con la monarquía confederal de Felipe II. Un general de Flandes —pongamos el duque de Alba— debería asaltar el Parlamento, es decir, las Cortes del Reino, y suprimir los parlamentos regionales, prender a las autoridades forales, acabar con el separatismo, sanear la Hacienda —estaba hecha, realmente, un desastre—, suspender la venta a los usureros de baldíos reales y de tierras, cuyos habitantes eran entregados a la servidumbre, relanzar la economía, liquidar el paro... Nadie, en todo el redondo mundo, había resuelto estos graves problemas, pero no importaba: podían arreglarlos unos cuantos bizarros militares. Lo haría el general sublevado, eso sí, como si se tratara de un encargo confidencial del rey, por mucho que no existiera tal encargo, pues Felipe II era un monarca legalista, como lo prueba la paciencia gastada con Antonio Pérez y, por lo demás, al mismo tiempo, se mostraba muy celoso de su poder, de origen divino, y no estaba dispuesto a compartirlo, ni siquiera con sus generales, de cuyas capacidades políticas dudaba y con mucha razón.

Parece ser que, de todos modos, el Estado de aquellos tiempos gloriosos era más bien una calamidad. Este dato inducirá al lector, tal vez, a compartir las ideas y las hazañas anticonstitucionales del patriota impaciente. Absténgase de esta conclusión, por favor. Se equivocaría completamente. La política, amigo lector, es una cosa sobre la que opina todo el mundo y casi nadie tiene la talla necesaria para entenderla y manejarla. No hay actividad humana más difícil. Ni siquiera bastan para acertar las virtudes que se consideran necesarias en las demás artes, si no las acompañan ciertos defectos y algunos excesos. Pero no nos detengamos en esta digresión.

Decíamos que se abstenga, que debe abstenerse el patriota impaciente de promover una acción violenta contra la ley fundamental, si no quiere caer en un gravísimo error y dañar irreparablemente la prenda que más le importa, es decir, el bien de la patria entendido en profundidad y con perspectiva histórica. Y lo dijimos porque los hechos demuestran que aquel Estado de Felipe II, sin dejar de ser inepto e ineficaz en tantos aspectos, parecía dueño de poderes mágicos, para la creación y para la acción. Aunque no por mucho tiempo, pues muy pronto se iniciaría su decadencia que acabaría en desastre un siglo después. Pero, entretanto, aquel Estado había desplegado una fuerza efectiva verdaderamente admirable y, al parecer, compatible con sus evidentes defectos.

Este mismo Estado, en efecto, además de llevar a cabo una firme expansión y empresas victoriosas en Europa y en el Mediterráneo de ambas orillas, consumó asombrosos hechos —de valor menos discutible— en la navegación de mares desconocidos, la exploración de continentes tendidos de polo a polo, la fundación de cientos de ciudades en espacios remotos y en tiempo muy breve, así como la consiguiente colonización a una escala sin precedentes en la historia. Al respecto se ha

El hombre que está al frente de los negocios públicos, en el período de la desintegración manifiesta, es don Gaspar de Guzmán y Pimentel, conde-duque de Olivares, que acumuló en su persona la denigración y el vilipendio de sus contemporáneos y de las generaciones posteriores.

Espartero, héroe de Luchana, caudillo del progresismo, tuvo la oportunidad de asentar en España un régimen liberal sólido y duradero, tal vez al precio inevitable de alguna versión de caciquismo, como por aquellas fechas era de estilo en toda Europa.

hablado mucho de «aventurerismo». Para un juicio más correcto hay que pisar y transitar aquellos mundos y, al menos, visitar el Archivo de Indias, ver los expedientes de las naves con sus peripecias desde el nacimiento a la muerte, así como los planos y memorias de la fundación de nuevas ciudades... Y entonces se verá, con desconcierto, que tenemos ante nosotros el testimonio de una administración cuidadosa e inteligente. O véanse los sobordos de los buques que trasportaban el germen de una fundación y colonización ultramarina y se advertirá la previsión, el conocimiento detallado, el rastro de la experiencia bien aprovechada, en la variedad y utilidad precisa de los objetos transportados. Es otra cara de aquel Estado. Creo que un estudio más minucioso del aparato militar nos enseñaría también mucho acerca de la eficacia —y de la debilidad— de la administración estatal de la Hispania III. Hasta ahora se ha propendido a examinar estas realidades con un ojo selectivo, atento solamente a las atrocidades y alguna vez a las hazañas inverosímiles, que deja pasar los datos referentes a la racionalización y a las técnicas que hicieron posibles aquellas extraordinarias aventuras.

Por de pronto, hemos de atenernos a los hechos tal cual se nos ofrecen. Y los hechos nos dicen que existía un Estado casi impotente que realizaba o sancionaba empresas magníficas.

La contradicción se explica, a nuestro parecer, por la intervención de la sociedad. La sociedad que correspondía a aquel Estado era una sociedad bien integrada y, por eso, de una eficacia que la misma realidad pondera sobradamente. No hace falta recordar que el rey echaba mano constantemente y para los más variados objetos de los gremios —como el gremio de mareantes para las navegaciones y para la guerra en el mar— y de los estamentos capacitados. Pero importa aún más destacar que aquella sociedad era coherente en su ser esencial y profundo, pues toda ella, por así decirlo, quería la misma cosa y estaba pronta a hacer lo necesario para lograr lo que quería. Aquella sociedad funcionaba como si la rigiera un director automático. No necesitaba pensarlo. Y menos aún pensarse a sí misma, como ahora estamos haciendo. Las sociedades que se piensan en sí mismas y necesitan pensar sus decisiones fundamentales, es que andan mal de la cabeza o del corazón.

Sin embargo, aquella sociedad —también lo hemos dicho ya, pero no vemos que sea ocioso repetirlo— estaba demasiado especializada en sus ideas y en sus fines. Por eso mismo era quebradiza y no tenía lejos su punto de ruptura histórica. ¿A qué se debió aquel fracaso?

3/¿Fue la falta de unidad constitucional la causa del fracaso y la ruina de la Hispania III?

Ante todo quede bien claro que si bien el Estado de los Austrias era un rompecabezas de particularismos constitucionales y con vínculos laxos entre las diferentes piezas, la sociedad, por el contrario, estaba no sólo unificada, sino homogeneizada en su etnia. Y, precisamente, cuando sobreviene la derrota acababa de consumarse, llegaba a su término de perfección, la unidad ideológica y religiosa de aquella sociedad.

Por otra parte, sabemos que el verdadero motor del Estado español del siglo XVII —y de siglos inmediatamente anteriores— no era el Estado, sino la sociedad. Finalmente, la derrota de la Hispania III y su ruina no fue tanto política ni militar como cultural, y la cultura no es cosa del Estado, sino de la sociedad: el Estado no hace más que estimular la cultura o bien sofocarla, frenarla o esterilizarla. El Estado es un órgano de la sociedad excepto en ciertos sistemas modernamente llamados «totalitarios», donde la sociedad y el Estado son la misma cosa, es decir, Estado. Y así les va.

Estos datos básicos nos servirán para formar juicio acerca de la causa del fracaso de la Hispania III, fundamentalmente un fracaso moral.

No creo que haya en Europa una nación donde la etnia sea más homogénea que en España. Lo que al respecto suele decirse de diferencias étnicas radicales podía tener sentido para el quiste vascón, cuando era un quiste, antes de la formación del pueblo vasco, en la Edad Media, con elementos primitivos y otros romanizados. El pueblo vasco data de la misma época y fragua, como los demás pueblos hispánicos, en la Edad Media. Las diferencias que realmente existen entre los pueblos hispánicos modernos son diferencias de matización en la mezcla de gentes de que están formados.

La unificación étnica de España es consecuencia de la Reconquista. Antes de la Reconquista debieron de existir diferencias mucho más importantes, por ejemplo, entre la población de la Bética y la del Norte de la península. Lo que produjo la etnia homogénea fue el vacío consecuente a las conquistas cristianas. Sin entrar en consideraciones morales ni otros juicios sobre los hechos, atenidos a los hechos mismos, lo que es cierto es que los residuos de la población islámica e islamizada de la península, subsistente después de la Reconquista, fueron mínimos, prácticamente inexistentes. No es indispensable extendernos en la causa de este fenómeno, por el momento, y ahorramos el desviarnos del hilo de estas reflexiones. Había que repoblar los territorios conquistados para consolidar la conquista. La repoblación se fue haciendo según la Reconquista avanzaba hacia el Sur, a base de los recursos humanos que quedaban a retaguardia. Ya en Andalucía, como atestiguan los repartimientos, se llevó a cabo la repoblación con gentes procedentes de todos los reinos cristianos con un aporte menor de «francos», es decir, de inmigrantes transpirenaicos, y predominio de los «castellanos», lo que incluía gallegos y vascos, así como extremeños. Cuando se inició el proceso de la descomposición del Imperio español hacía pocos años que habían sido expulsados los moriscos, en el anterior reinado, sustituidos, en las Alpujarras, por elementos neoandaluces próximos, colonos extremeños, algunos levantinos y, en las tierras altas, de clima más rudo, inmigrados de Galicia.

Así, en cierto sentido, los actuales andaluces son una mezcla de población española de todos los orígenes, es decir, más españoles, étnicamente, que los demás habitantes de la península.

A la etnia unificada se añadió en el siglo XIV un pueblo extraño, el único realmente extraño (y, para muchos, paradójicamente, prototipo andaluz). Está claro que aludimos a los gitanos. Lo demás es población homogénea, es decir, mezcla de aportes peninsulares en general de tierras situadas al Norte de Despeñaperros.

Sobre esta base de unidad étnica actuaron los factores políticos que promovieron otra unificación: la unificación cultural y, más concretamente, religiosa. Se llevó a cabo, como sabemos, en un proceso secular sostenido y mediante un aparato represivo, el Santo Oficio, que molió como un molino insaciable la heterodoxia de judíos conversos y herejes.

Pues bien: esta sociedad, homogénea hasta la exasperación, iba a sufrir un pasmo en su antiguo poder creador y llevaría a España a la postración, estupefacta y desarbolada. En cuanto al Estado, pasó por una fase de desmembración y, al fin, por lo que respecta al área peninsular, salió del trance con la separación de Portugal.

Es claro que la desmembración tenía que seguir las líneas de fisura entre pieza y pieza del Estado. No podía ser de otra manera. Pero esta obvia verdad no autoriza, creo, a suponer que si se tratase de un Estado unitario no habría habido desmembración. En primer lugar, para juzgar de la unidad de la España de los Austria debe tenerse en cuenta que, en aquel momento, en Europa, ninguna de las grandes naciones en formación era ni podía ser lo que en el futuro se entendería por un Estado unitario. Todas las naciones eran conglomerados unidos por las respectivas coronas. Por tanto, un Estado unitario del Antiguo Régimen supone un mero anacronismo que no debe entrar en consideración.

En realidad, el Estado que habían forjado los Reyes Católicos no se desmembró porque tuviese una estructura, digamos, confederal. Se desmembró por su fracaso, principalmente ideológico o cultural. Cierto que los contratiempos militares y las derrotas estimularon la secesión, como es natural. Pero ni siquiera los infortunios militares —en modo alguno decisivos y no mayores que los infligidos por las fuerzas de Felipe IV al enemigo en la primera fase de la guerra de los Treinta Años— explican el derrumbe. Finalmente, tampoco es verdad que el Imperio quedase en ruinas, en ruinas políticas. Sobrevivió.

Así pues, aquello fue una derrota del ideal, un colapso de la fe de la sociedad española en sí misma. Y este colapso, por su naturaleza, afectó a la sociedad más aún que al Estado. El Estado era el que había tanto en la península Ibérica como al otro lado del Pirineo (en Francia estaba comido por la guerra intestina).

Más aún: la verdadera derrota vino después, cuando ya había terminado la guerra y se había restablecido la unidad del Estado, sin más excepción, en la península, que la independencia de Portugal. Evidentemente hubiera sido mejor que el Estado fuese menos plural y la sociedad más plural. ¿Para qué? Para que de este modo la sociedad tuviese una reserva, fines e ideales de repuesto, un programa de sustitución. Nosotros creemos que la Hispania III sufrió su crisis mortal de la segunda mitad del siglo XVII no porque el Estado español fuese demasiado laxo, aunque efectivamente lo era, sino porque la sociedad había sido unificada hasta el punto de esterilizar su capacidad de encontrar una alternativa al colapso de su ideal, digamos, tridentino, que venía a ser el espectro demorado del sueño de una etnarquía cristiana medieval.

4/El separatismo de ayer y el separatismo de hoy

No parece dudoso que los movimientos separatistas, en la península y en Flandes e Italia, hubieron de estar influidos por la fortuna de las armas en las guerras exteriores. Sin embargo, cuando estalla la sublevación de

Cataluña, la memoria inmediata —si se hace excepción de la batalla de Las Dunas, la primera— más bien evocaría nombres de victorias. En todo caso, las grandes derrotas en tierra eran aún cosa del futuro. Pero de cualquier modo, el levantamiento catalán (1640) no deja de relacionarse con la guerra exterior, pues tiene como causa inmediata y aparente un asunto de alojamiento de tropas. Por las mismas fechas acontece la rebelión de Portugal, que es asunto dinástico referente a un Estado con fuerte tradición independentista. Tanto en Cataluña como en Portugal combaten contingentes franceses (en Portugal, además, holandeses), con lo que la guerra exterior se traslada a la península.

La interferencia de los ejércitos extranjeros en los movimientos de secesión peninsulares es un factor importante para explicar la enorme, la increíble duración de la guerra de Cataluña, nada menos que dieciocho años, si contamos desde la iniciación de la crisis hasta la Paz de los Pirineos (1658). Lo de Portugal es otra cosa: la última batalla se da en 1665, veinticinco años después del comienzo del proceso separatista (o, digamos, del comienzo de la guerra de la independencia portuguesa). Esta batalla fue una victoria portuguesa frente a una tropa de campesinos bisoños que eran la muestra viva de la postración extrema del Estado español, físicamente exhausto después de aquellas contiendas: la no renovación de la tregua con Holanda data del año 1621 en coincidencia con la fecha inicial del valimiento del conde-duque de Olivares. Habían pasado, pues, treinta y cuatro años.

Los levantamientos de Cataluña y Portugal fueron el detonante que iba a producir otras explosiones por simpatía, si bien con menos sustantividad. Mencionemos brevemente el intento separatista del duque de Híjar, en Aragón (1648). El duque de Híjar concibió un plan separatista tortuoso, más bien laberíntico, con aires de novela de política ficción, ideada por un aficionado. Se trataba, como primer paso, de conseguir el valimiento del rey Felipe IV, en lugar del conde-duque de Olivares. Conquistada esta posición clave, los conspiradores comprarían la ayuda francesa mediante la cesión a Francia de la Cerdaña y el Rosellón. Con el mismo espíritu de combinación financiera le venderían al portugués, Juan IV, el reino de Galicia y con este dinero sobornarían al ejército de Felipe IV en Cataluña. Al final de este enredado camino resplandecía el trono de Aragón, en el que se sentaría, naturalmente, el duque de Híjar. No es preciso decir que antes de este feliz desenlace se interpuso la cárcel para el duque y —notable injusticia comparativa— el patíbulo para algunos de sus cómplices.

El mismo año de 1648 hubo un conato de rebelión en el País Vasco. Esta vez los motivos fueron levas de soldados a contrafuero y la implantación del estanco de la sal.

De mayor entidad, aunque frustrado, fue el movimiento para independizar a Andalucía (año 1646) en beneficio del duque de Medina-Sidonia. No deja de sorprender, por conocido que sea el dato, que este conspirador separatista fuese, como era, un Guzmán, de la misma familia, primo del, digamos, «primer ministro» de Felipe IV, el conde-duque de Olivares, que por algo se llamaba don Gaspar de Guzmán. Más aún: hermana del conspirador era doña Luisa de Guzmán, que se había casado con el rebelde y efectivo rey de Portugal, Juan IV de Braganza. Por tanto, reina rebelde de Lusitania, y prima de Olivares. Esta doña Luisa dirigió personalmente la guerra de los portugueses contra España y, al parecer, lo hizo con gran celo y un patriotismo portugués irreprochable, lo que era un mérito excepcional, siendo como era ella andaluza y española.

Cuando al fin terminó aquel temporal desatado de malas noticias y calamidades, hecho el recuento de lo que quedaba (pongamos como fecha la del Tratado de los Pirineos de 1659), el saldo no parece tan desastroso como los acontecimientos. España aún conservó una parte sustancial de sus posesiones en Flandes, aunque recortadas. Obtuvo la devolución de una provincia francesa, el Franco-Condado, y retuvo las posesiones italianas con algunas mermas territoriales. En cuanto a los territorios de la península y de sus aledaños inmediatos, aparte de la independencia de Portugal, España perdió la Cataluña actualmente francesa.

Por supuesto, aquello fue el fin de la hegemonía española en Europa. Pero, en síntesis, el trauma de las guerras de religión, en el orden material y territorial, fue relativamente poco sensible para España. Si la sociedad española no hubiera sido objeto de una profunda crisis cultural, de un fracaso de su concepción del mundo, si no hubiera comprometido su alma en la jugada de la Contrarreforma y de la oposición a la modernidad ascendente, todo podría haber sido reparado. Los contratiempos militares no habían sido mortales ni mucho menos. Y aunque la economía estaba en ruinas, unos años más tarde había iniciado su recuperación. El colapso de la Hispania III tiene causas muy peculiares y difíciles de encajar en los esquemas apercipientes al uso.

Examinemos ahora, por de pronto, los movimientos separatistas que hemos citado rápidamente. Advertimos de entrada que hubo dos tipos muy diferentes. En efecto, el levantamiento de Cataluña difiere por completo, como si se tratara de episodios de dos tiempos alejados entre sí, del enredo del duque de Híjar en Aragón y del episodio andaluz. La sublevación de Cataluña responde a un fondo popular y tradicional, aunque haya estallado por efecto del fulminante ocasional, accidental, de las «polacadas» de una tropa precisamente extraña al país. En Cataluña, el factor principal del movimiento secesionista es un elemento permanente que consiste en la tradición de las instituciones políticas catalanas, en las libertades forales, con una conciencia de la condición catalana; en Andalucía y en Aragón se advierte que el factor causal de ambas conspiraciones no reside en el estrato popular, sino en la voluntad y la ambición de sendos grandes señores que sueñan con un trono y una corona real y se aprovechan de las circunstancias infortunadas del Estado para apoderarse de él y desmembrarlo (fórmula dúplice del duque de Híjar) o bien para provocar, simplemente, la separación de una de las grandes provincias de la corona (fórmula simple del duque de Medina-Sidonia). Se preguntará el lector, tal vez, cómo podía suceder que dos grandes de España se comportaran con tanto cinismo y semejante falta de responsabilidad; cómo podían ser traidores hasta ese punto. Por de pronto, es probable que no tuvieran conciencia y de que no les interesara mayormente que España fuese descuartizada. Ellos no debían creer que quebrantaban la lealtad a la patria, pues este sentimiento estaba, por aquel entonces, en gestación. Sólo creían haber faltado a la lealtad al rey. Por lo demás, la traición era una práctica de la época que no solía traer consecuencias irreversibles para los grandes señores. En Francia, por ejemplo, pasarse al enemigo, en aquellos días, no era más que un cambio de bando. Así, en 1650, diez años después del levantamiento de Cataluña, y cuando no se había extinguido el eco de los cañones de Rocroy (1643), se pasó al servicio de España el vizconde de Turena, general francés, y en 1651 hicieron lo mismo Carlos de Lorena y el príncipe de Condé. Cuestiones de la Fronda. Es decir: que aún subsistía, en alguna forma, el espíritu feudal en las relaciones de la nobleza con la corona.

En cambio, el chispazo de Guipúzcoa a que hicimos referencia en su lugar guarda analogía con el movimiento de Cataluña.

En consecuencia, creo que cabe extraer la conclusión casi obvia, pero no por eso menos importante, de que el fondo particularista de ciertas provincias españolas atraviesa los siglos, persiste y rebrota casi siempre al estímulo de ciertas medidas impopulares adoptadas en o para los territorios donde existe una conciencia de la personificación política afectada. En cambio, en el resto de España esta conciencia regional se había debilitado o había sido quebrantada como con el episodio de los comuneros en lo que se refiere a Castilla. Así, parece ser que el viejo mapa del espíritu secesionista de la segunda mitad del siglo XVII conserva ahora mismo una razonable validez.

Este fondo colectivo emocional ha servido de tronco común o de terreno de cultivo a sucesivas especies ideológicas. Digamos no ya tronco ni terreno común, sino pie para injertar. Lo que se injerta es una ideología de época, sucesivas ideologías en el tiempo, que prenden o no prenden como todos los injertos. Si prenden, también como los injertos, nunca se sabe bien qué vegetal recastado vamos a producir y menos aún cuáles serán sus frutos. Así, el espíritu foral catalán y vasco recibió injertos varios, en ambas regiones, y tomó la figura del nacionalismo moderno a fines del siglo XIX. Pero antes, por lo que se refiere al País Vasco, asimiló, contra toda racional expectativa, a causa de cierta confusión de las especies, el absolutismo del siglo XVIII, si bien trasmutado en tradicionalismo monárquico, y produjo tres guerras civiles, además de tener un papel dúplice e inesperado en la última de las contiendas intestinas españolas, la de 1936 a 1939. En Cataluña siguió un proceso mucho más racional y previsible. Volvemos al caso, muy sugestivo, del País Vasco, y nos llena de perplejidad el último injerto: el de la ideología *aberzale*, en su expresión violenta, es decir, ETA. ETA es un fenómeno muy extraño. Procede del tronco tradicionalista que, a su vez, arraiga en el viejo particularismo foral. Sobre este tronco antiguo se injertó el esqueje nacionalista moderno, y cuando éste hubo prendido se le injertó una especie heterogénea, un seudomarxismo tercermundista servido por las tácticas de la guerrilla urbana. El retoño o los retoños de estas especies heterogéneas produce, como era de esperar, frutos absurdos y contradictorios. El primero de estos frutos es un separatismo a contrapelo de los intereses vitales del País Vasco. Veamos por qué.

La sociedad vasca es una de las partes más desarrolladas y prósperas de España, no sólo por la extraordinaria concentración industrial sino porque, además, desempeña una función privilegiada en el crédito, es decir, en la banca. De ahí resulta que un análisis no ya marxista, sino seudomarxista al uso hispanoamericano o de sociología elemental, concluirá que el País Vasco tiene, en España, una posición análoga a la de las regiones dominantes, por ejemplo, de Francia —la región de París—, de Italia —Lombardía—, de Gran Bretaña —Inglaterra—, que, naturalmente, no experimentan la más mínima tentación de separarse, respectivamente, del Périgord, de la Italia meridional o de Gales. En cambio hay, por lo que se refiere a Francia, un movimiento separatista de **Córcega**; de Sicilia en correspondencia de la posición dominante de Lombardía; y también reivindicaciones de autogobierno en Gales y Escocia.

Es evidente que las reivindicaciones catalanas y el separatismo vasco difieren uno del otro y los dos son distintos de sus homónimos europeos. Mientras los separatismos vasco y catalán se gestaron y pretenden interpretar a los pueblos correspondientes que son sociedades ricas y en posición económica dominante, el separatismo corso representa a una comunidad pobre y lo mismo sucede con el por lo demás efímero separatismo siciliano y el de Irlanda, que nada tiene de efímero precisamente, pero sí mucho de ser expresión de un pueblo que padeció y aún padece una opresión real en un nivel de riqueza desventajoso.

Por otra parte, las diferencias entre el separatismo catalán y el vasco son también importantes, pero ambos coinciden en la nota común de provenir de pueblos ricos que han tenido éxito en su incorporación a la modernidad. El más extraño de los dos es el separatismo vasco, sobre todo en su versión terrorista. Lo más singular de ETA —especialmente ETA militar— es una especie de autismo. Diríase que pertenece a otro mundo como si fuese la contrafigura deliberada de la sociedad vasca. La sociedad vasca corresponde al modelo de un pueblo superindustrializado, con una clase media muy extensa, dedicada a actividades empresariales muy variadas. Pues bien: en esta sociedad avanzada y burguesa, ETA propone y trata de imponer un modelo de seudomarxismo tercermundista, con métodos de guerrilla urbana inspirados en ejemplos hispanoamericanos. En la práctica, el ideal de ETA parece ser una dictadura seudomarxista regresiva, fascinada por el quiste vascón primitivo, lo que compone una imagen parecida a la de los khmers rojos. Una utopía de la miseria.

Resultado: el terrorismo de ETA y el espíritu que lo anima son profundamente heterogéneos respecto a la sociedad vasca, un objeto extraño y mortal clavado, dolorosamente, en el cuerpo vivo del pueblo vasco. Las resistencias a esta atroz violación tienen que ser crecientes, quiérase o no. Ahora bien: ETA es eficaz (suelen ser eficaces las empresas vascas). Pero esta misma eficacia se vuelve contra la organización terrorista. Es como si sus actos produjeran mucho escombro y este escombro cayese sobre los etarras y los asfixiara. Un efecto de esta clase es el alejamiento de Navarra de la comunidad vasca, debido, en gran parte, a la actividad de ETA. No digo que la acción de ETA sea la causa única ni aun la causa suficiente de la renuncia navarra en sus relaciones con Euzkadi. Hay otros motivos más profundos y de origen más lejano y más esencial. Pero sería insensato no advertir que el espectáculo del terrorismo y el de sus destructoras y empobrecedoras consecuencias alejan a los navarros de Euzkadi. ¿Quién podría sentir el deseo de incorporarse a una sociedad convulsionada por una minoría terrorista que, por otra parte, contagia de inestabilidad y violencia a otros grupos sociales de la comunidad? La escombrera que produce ETA crea un laberinto que bloquea el camino de la vida.

El injerto de una ideología contemporánea, procedente del tercer

The HISTORY OF DON-QVICHOTE. The first parte

PRINTED FOR ED: BLOUNTE

Don Quijote era un rebelde. Eso estaba,
desgraciadamente, muy claro.
Bien educado, pero rebelde.
Una rebeldía consistente en poner
las leyes de la caballería
—es decir, leyes ideales—
por encima de las leyes del Estado.

Decididamente, el Estado que habían fraguado
los Reyes Católicos no era un modelo
de eficacia y su unidad estaba muy mal zurcida.

mundo, en la cepa de la tradición foral, ha producido un retoño inviable, capaz de matar al tronco antiguo.

Desde este punto de vista, ETA es una exasperación de ciertas contradicciones vascas. Ante todo, la antes citada anomalía de una sociedad dominante, a pesar de que no resida en ella el centro del poder político de España, pero sí una buena porción del poder social, donde existe una fuerza separatista, es decir, cuyo ideal consiste en amputar de sí los territorios que han estimulado su prosperidad y la consiguiente posición dominante. Otra contradicción consiste en sustituir el pueblo vasco real o tratar de sustituirlo por el quiste primitivo vascón que ya no existe. Las consecuencias de este fenómeno extraño pueden ser, tienen que ser desastrosas y, en el mejor de los casos, una gran pérdida de energía para fabricar una cápsula aislante, por lo demás imposible en la práctica. La cultura es exactamente lo contrario del aislamiento. El pueblo vasco recibe, ciertamente, una caracterización del quiste primitivo vascón, pero confundir esa singularidad cultural con la cultura vasca o con su núcleo esencial es un absurdo peligroso. Evidentemente, estas ideas de improbable realización, por lo demás, no son de ETA únicamente, pues las comparte con el nacionalismo vasco. Tanto peor. ETA lo que hace es llevar el absurdo al absurdo, a otro absurdo explosivo y devastador.

Otra anomalía, antes aludida, es un separatismo movido o estimulado, precisamente, por la misma prosperidad del País Vasco y de la sociedad vasca. Este éxito suscita una conciencia de superioridad respecto a otros pueblos de España. Y con el sentimiento de superioridad se insinúa la desazón humillante de pertenecer a una nación marginada de la modernidad. Esta crisis de la conciencia vasca —o catalana— excita el espíritu de secesión. Es natural. Cuando el ideal nacionalista moderno se injerta en el particularismo tradicional —no separatista— no debe sorprendernos que tome un sesgo fraccionario, no exento de una matización racista donde se funden el racismo primitivo terruñero y elemental y el del nacionalismo europeo de fines del siglo pasado, al que caracteriza, precisamente, el paralelo emocional vasco de la autocomplacencia en la riqueza propia, sobre todo en comparación con la pobreza ajena. Por algo el nacionalismo vasco —y el catalán también— cobró bríos en la época del desastre colonial del 98. Sospechamos que, por otra parte, la existencia de un imperio colonial español, por múltiples razones, económicas, desde luego, pero también de psicología social, era un factor que frenaba las tendencias nacionalistas fraccionarias y separatistas.

Pues bien: si esto es así, el separatismo referido al territorio y a la personificación política territorial se relaciona, muy de cerca —incluso con la relación del efecto a la causa—, con el pesimismo español. El pesimismo español, al cultivar el talante pesimista y negativo y la denigración sistemática de España, crea o abona el terreno natural del separatismo. Formula los supuestos argumentales del separatismo. Más aún: el pesimismo incondicional es ya, de por sí, separatismo. No separatismo territorial, no con referencia a un territorio, pero sí con referencia a la sociedad española integral o total.

El pesimismo a que aludimos aquí no es el juicio racional motivado y ajustado a los hechos y datos de la realidad. Prescinde de la realidad o la deforma para justificar una actitud negativa, de secesión respecto a la comunidad, como hemos dicho en otro lugar. Al separar al sujeto de la comunidad denigrada lo invita a refugiarse en la nacionalidad fraccionaria. Es decir: el pesimismo separatista se convierte, naturalmente, en individuos que pueden ser perfectamente sanos, sanos en el orden afectivo, en separatismo territorial. En una sociedad postrada y decadente parece natural que el catecúmeno separatista busque en las entidades políticas territoriales menores, donde la tierra natal es más sentida, más inmediata al cuerpo y al alma, el latido de la vida y el tema de la esperanza. Cuanto mayor es el menosprecio que siembra el pesimismo irracional, tanto mayor el afán separatista de encontrar notas diferenciales, étnicas, culturales que distingan a su *matria minor* de la *matria major* denigrada, aunque esas notas, con frecuencia, no existan o carezcan de consistencia y de valor. En todo esto hay una lógica emocional muy coherente.

Así pues, no es nada extraño que el sujeto desahuciado de una morada que se juzga inhóspita, destartalada, sucia, imposible de salvar de la ruina, se refugie en un ámbito más pequeño, pero habitable, al que ennoblece y engalana, antes que otra cosa, la necesidad de amor; y después la esperanza y el propósito de una acción que, con referencia a la *matria major*, estaba bloqueada. Bloqueada o, en ciertos casos, invertida, trocada en odio y en actividad destructora.

Está claro que hay sobra de explicaciones del separatismo español en la fase histórica en que se puso de manifiesto, y como respuesta a ciertas situaciones que contribuyeron a provocarlo, además del pesimismo y su constante corrosión. En cambio, lo que es más difícil de explicar, lo realmente enigmático, está, creo, en la subsistencia tenaz de la nación española desde la segunda mitad del siglo XVII hasta hoy, a pesar de tantas infortunadas peripecias y trances críticos en los que la unidad política estuvo prácticamente rota.

La primera hipótesis que se nos ocurre para comprender la permanencia de la unión española, subsistente contra todos o contra todo, alcanza no sólo a la Hispania III, sino a sus dos antecedentes, la Hispania I y, sobre todo, la singularísima Hispania II, visigoda, efímera, relativamente, dotada de un Estado muy conflictivo y de una sociedad plural y, sin embargo, capaz de haber dotado a la Hispania III de un espectro misterioso de coagulación moral e ideal. ¿Por qué esta continuidad, espectral, pero de una eficacia verdaderamente asombrosa?

La hipótesis a que estamos aludiendo es la de un factor carencial que afecta, de muy antiguo, más aún en la Antigüedad, a los núcleos periféricos y a los no periféricos, desde luego: la realidad histórica, en efecto, demostró que esos núcleos no fueron capaces de asumir la función de organizar un poder político y económico con fuerza suficiente para integrar a los demás pueblos de la península. Esto se explica por las insuficiencias económicas, demográficas y de situación, dada la no continuidad ni siquiera proximidad territorial, entre sí, de tales núcleos. Es el caso del imperio leonés y de Cataluña. De este modo, la empresa recayó en un espacio central constituido por Aragón-Castilla que, a su vez, acusaba de algún modo análogas carencias. Pero estas carencias, por su parte, actuaron como estímulos vehementes a la unidad política, sobre todo, por lo que a la Hispania III se refiere, en la prueba común a todos los Estados cristianos de la lucha contra el islam. Este condicionante histórico prevaleció incluso contra el otro condicionante, básico natural, muy adverso en sí a la comunicación y, por tanto, a la unificación política. Pero aun sin esta prueba, la carencia de todas las partes del sistema hispánico peninsular promovió la tendencia unitaria que ha resistido hasta ahora mismo sin dejar de estar presente y de hacer sentir su influencia en la economía como en la cultura.

La excepción de Portugal, precisamente, ilustra esta teoría. Portugal sugiere la idea de una entidad incompleta que perdió o no llegó a tener nunca una parte esencial de sí misma y busca ese complemento necesario para su vida. Y lo busca por encima de España, en Europa, con pretexto de fortificar su resistencia a una anexión española; en realidad es otra cosa, es la ansiedad de la carencia, no sólo económica —este fallo podría ser colmado por adaptación—, sino de otra índole. Diríamos que el «europeísmo» portugués tiene relación con una avidez de estilo que España no necesita, pues España es tranquilamente lo que es en el aspecto del ser y en el de la forma.

Por otra parte, Castilla, que asumió el papel integrador, pronta a pagar el precio, incluso a costa de la extenuación, no ha sido nunca opresora. No lo es ni lo ha sido. Ha sido, en otra época, esto sí, molesta, como lo es siempre un jefe duro de mente estrecha. Es preciso ser justos y decir la verdad. Castilla decayó y en su lugar subsistió el aparato del Estado que organizó la Ilustración española. Pero creo que ha sobrevivido, también, como una virtud difusa aún perceptible en la sociedad española actual, un cierto estilo, un buen estilo. ¿Y eso qué es? Por de pronto, un estilo, un buen estilo es una cosa que no se compra en ninguna feria. Si no se hereda del azar de circunstancias que ninguna voluntad deliberada reúne, no se tiene.[1]

España ha durado. Sencillamente. Porque ha durado, dura. En efecto, el separatismo, cuando intenta romper vínculos multiseculares, de hecho, milenarios —ciertas fechas de ciertas formalidades, aunque remotas, no expresan la duración real—, se da cuenta de que lo que hace no es una «liberación», sino una amputación contraria a la vida.

Pero tampoco pretendemos que haya una *Espagne éternelle*. No intentamos, solapadamente, erigir un ídolo intemporal. Para evitar cualquier idolización, diremos, con enunciado leve y hasta desustanciado, intencionadamente desustanciado, que España se contenta, debe contentarse con ser un sistema social de fenómenos y de hechos recurrentes, y, sin embargo, es una realidad más sólida y más duradera de lo que imaginan sus enemigos y también sus vidriosos amigos, llenos de suspicacia.

---

1. «Hoy mismo acabo de asistir a un acto en honor de mi amigo, el difunto físico Arturo Duperier, y veo en la tribuna a sus paisanos, campesinos de Pedro Bernardo, un pueblo de la sierra de Gredos, provincia de Ávila. Vestidos con sus zamarras, severos, inmóviles, con sus cabezas talladas en madera, sus rasgos como cuerdas tensas, sus facciones profundamente cavadas, son estampas humanas conmovedoras, de ascética belleza.» (Álvaro Fernández Suárez, *España, árbol vivo*, p. 226. Editorial Aguilar, Madrid, 1961.)

PARTE TERCERA

La superación del pesimismo

CAPÍTULO VIII

Superar el pesimismo

1/Los asesinos del bosque ● 2/El culto de la tierra madre, matria y matriotismo ● 3/La matria terrible

1/Los asesinos del bosque

¿Por qué la quema de los bosques de España? Ninguna explicación basada en motivaciones inteligibles nos parece respuesta válida. Me angustia pensar si no se tratará de una sublimación perversa del viejo pesimismo español.

Cierto que la desforestación es tan antigua como el arte de encender el fuego. Platón ha descrito, con estremecedora exactitud, la tala de los montes del Ática, seguida de la desnudación de la roca hasta dejar al aire el esqueleto gris de las montañas. Y nuestros antepasados que practicaron el beneficio de los minerales acabaron ya con vastas superficies del bosque primitivo. En efecto, la siderurgia, consumidora de leña, la siderurgia anterior a la era industrial, colaboró en el arrasamiento del bosque antiguo que cubrió vastas superficies de la Europa húmeda, de la Selva Negra a Finisterre. ¿Cuál es, entonces, la novedad de los actuales incendiarios?

La novedad consistiría en unos cuantos matices significativos. Pero queremos atender solamente a un dato fundamental y de gran importancia para estas reflexiones. Nos referimos a que el hombre de nuestro tiempo adquirió por primera vez y en parte renovó una relación con los demás vivientes que implica, creo, una revolución moral probablemente muy fecunda y llamada a un gran porvenir. A nuestro modo de ver, esta relación con los animales y las plantas es el único aporte moral, el único avance ético, de nuestro tiempo. Todo el mundo reconoce, en efecto, que vivimos un momento de saldo y liquidación de valores tradicionales, un proceso, en parte, liberador y, en parte, más bien nihilista que ha generado un vacío sin esperanza. Pero también se ha gestado no ya solamente una concepción moral valiosa, sino, además, trascendente. Es, sencillamente, ante todo, una conciencia de la fraternidad con los demás vivientes. El racionalismo del siglo XVII no admitía ningún parentesco y ninguna confusión entre el alma humana y el psiquismo animal. Eran dos mundos absolutamente separados por el don de la inteligencia y de la razón, atribuido en rigurosa exclusiva al hombre. Para la teología de la época pensar en una fraternidad entre el hombre y los animales o entre el hombre y la vida en cualquier escalón «inferior» en que se manifestara, era una ofensa al Creador, a cuya imagen y semejanza había sido creado el hombre, pero no los animales.[1] Precisamente la pintura, al representar las tentaciones de los santos del desierto o los siniestros festivales de las brujas, solía disfrazar a los demonios con figuras bestiales. Y la

---

1. A pesar del espíritu franciscano.

misma Antigüedad había identificado, aunque con otro sentido, la pezuña del sátiro y sus breves cuernos, con las fuerzas telúricas adversas al universo apolíneo, racional y humano. Descartes, desde su posición racionalista, con interferencias teológicas, se vio obligado a articular una de las proposiciones más insensatas que haya producido nunca la razón, la tesis famosa de que «los animales son máquinas».

Pues bien: el pensamiento de nuestra época, no ya el pensamiento de los filósofos, sino el sentir y vivir de la gente, está como impregnado —y, también, preñado— de la intuición o, diría, la visión del *continuum* de la vida. El hombre actual tiene la percepción o la iluminación de que la vida es una inmensa ola, una sola fuerza, la entidad única común de todos los vivientes. Esta idea la encontramos implícita en una frase del gran bioquímico St. Georgy, Premio Nobel, y fue pronunciada en el contexto de una conferencia que dictó el sabio húngaro en la Universidad Vanderbilt. Dijo, con un chiste perfectamente serio, en respuesta a quienes le preguntaban cómo había realizado sus descubrimientos: «Lo hice experimentando con coles. Podía haber hecho lo mismo con reyes. Pero las coles eran más baratas.» La vida, en efecto, canta la misma canción en cada célula, vegetal o humana, pues desde la planta al sabio que la estudia pasa un *continuum* sin ruptura y sin fronteras entre géneros y especies. Este saber de la comunidad esencial de la vida está penetrando en la conciencia contemporánea. Es un hecho de gran importancia, llamado a influir sobre actitudes básicas del hombre.

En primer lugar cambia la óptica del hombre ante el mundo y ante sí mismo. Así como la revolución copernicana traspuso la posición del hombre del centro del universo a un lugar de extrarradio honorable, el *continuum* de la vida lo coloca a la cabeza de una fila de seres unidos por una misma raíz y en un puesto que es ambiguo en su nivel jerárquico y, en cierta manera, provisional, quiere decirse, sin límites definidos. El *continuum* de la vida es un postulado de humildad que desposee de su trono y de su corona al rey de la creación. Pero, por otra parte, la fraternidad de todos los vivientes, y el poder en verdad prodigioso de la mente humana, hacen al hombre responsable —no rey— de la creación, responsable de la suerte de los demás vivientes, de su supervivencia, de su extinción, de sus vidas, de sus muertes, de ese dolor sin verbo y sin sentido a que están sujetos los animales y que vemos en la expresión patética de las plantas, unas veces alegres y lozanas, otras veces con esa melancolía derramada, desmayada y oscura que saben adoptar para contarnos sus penas y afligir, con su tristeza, a nuestra indiferencia.

Tales responsabilidades del hombre, de los hombres reales y concretos, nos obligan a mucho, pero al mismo tiempo nos devuelven un sentimiento de trascendencia humana que habíamos perdido. Es decir, se nos impone, y no gratuitamente, una responsabilidad que no se detiene en las criaturas vivientes, pues alcanza a la existencia del planeta mismo, a la salud del planeta, y, por tanto, contiene una alusión cósmica. No podíamos esperar tanta dignidad. Reyes no, pero sí obreros y vigilantes con encargo y comisión en la Obra. Es más que una jerarquía real.

Así sobrevino esta revelación. Revelación y también revolución. Pero no es una revelación nueva, sino en cuanto a su inserción en un tiempo inédito que es el tiempo de nuestras vidas. Pero esto mismo ya sucedió en días muy lejanos, tal vez en la aurora de la conciencia humana. La fraternidad del hombre respecto a los animales, a magníficos animales, grandes rumiantes, gráciles antílopes, una fraternidad cruel, hija del hambre, acompañada de la codicia y del miedo, tiene signos expresivos en las bóvedas de la caverna paleolítica. Según toda probabilidad, faltaría la palabra que designa el *continuum*, pero no la intuición de la misma realidad, bastante próxima a la que ha reaparecido en nuestras vidas. Imaginamos que la revelación descendió sobre la cabeza de nuestros antepasados o penetró en ella lentamente, sutilmente, con las palabras de un lenguaje sustancial, cargado de materia, muy cercano a la materia, como hecho de la sustancia misma de las cosas designadas, un lenguaje lírico, tosco y con la poesía de lo concreto, de la realidad, el misterio del ser, de lo que está ahí. Aquellos hombres, sentados en corro, alrededor de la hoguera, hablarían de las ansiedades que les tenían en vela, de la caza y de sus caprichos, del temor a que no volviera, de esas cosas... Y entonces el brujo pronunciaría palabras asociadas de una manera extraña, y en esas palabras había una música y un sentido oscuro, idea y música, intuición mágica. El mismo brujo artista o artista brujo habría penetrado en el interior del antro, lejos de la boca de la cueva, y allí, a la luz de una candela, habría pintado las figuras del encantamiento, inspirado por la fraternidad asesina del cazador que ama a sus víctimas con amor-hambre, implacable.

Esta revelación ha sido compartida por los niños de todas las generaciones, también con amor a los animales, contaminado de malignidad sádica y acaba de manifestarse ahora y aquí, después de un largo viaje subterráneo de milenios, hasta reaparecer, en nuestro tiempo, despojado de su lirismo antiguo, suscitado ahora por un conocimiento más racional y más sincero que el de los viejos racionalistas y el de los más viejos teólogos. Dio un rodeo cabalgando en un materialismo elemental y hoy se difunde otra vez entre las gentes liberadas de la armadura de dogmas rígidos y de ideas empedernidas. Tal vez por eso hay una especie de regresión infantil con el amor a los animales y el odio a los hombres adultos —ya estamos en la fase del terrorismo infantil— en estas postrimerías del siglo xx.

Pues bien: al tomar forma la nueva conciencia de los deberes y responsabilidades de la especie humana respecto a los animales y a las plantas, el asesino del bosque que ataca directamente al sustentáculo natural de la vida, incurre en un crimen nuevo, no porque sea nuevo en sí, en los hechos, sino porque el crimen recibe ahora una valoración distinta, un sentido que antes no tenía, cuando otros incendiarios y otros destructores del bosque consumaron sus anteriores fechorías, no sólo el incendio de los árboles —esas magníficas criaturas—, sino, también, el exterminio estúpido y sanguinario de los animales. Hoy lloramos sobre la memoria de estas atroces fechorías, algunas irreparables: ballenas, bisontes de América, elefantes, águilas... Hace sólo unos cuantos años se consumaban estas hecatombes en la indiferencia de la humanidad.

No deja de ser significativo que, en un clima moral nuevo, sensible a la vida extrahumana, con conciencia más o menos lúcida del *continuum* de los vivientes haya quienes exhiben hoy, con impudor, una suerte de impudor clandestino (se oyen sus risas, se percibe la imagen de su malicia), la monstruosa empresa de aniquilar el bosque con todo lo que esta atrocidad comporta. ¿Cómo es posible? ¿Por qué? Y precisamente en una tierra semiárida en la que el bosque ha sido ya muy castigado en su escasez. Por de pronto ya llevan destruido más bosque del que, en el tiempo anterior a las grandes quemas, se había repoblado. Es decir, que el ritmo de los incendios y su extensión superan a los mejores años de la acción repobladora. En síntesis: no hay hipérbole alguna en vaticinar el exterminio del bosque y la desnudación de la tierra de España si esta acción destructora no se detiene.

Es significativo que el ayuntamiento de Lugo y algunos partidos políticos hayan pedido que el incendio doloso de los bosques sea considerado como un delito de terrorismo. En todo caso pertenece a la misma línea de acciones antisociales y debiera ser castigado con la máxima severidad y con las penas que se aplican en las grandes calamidades públicas.

¿Qué se proponen los asesinos del bosque? Las referencias a fines crematísticos no parecen convincentes. Se dice que mueven esta destrucción personas interesadas en disponer de madera tostada, pero utilizable, a bajo precio. También se habla de ganaderos que aspiran a utilizar pastizales a expensas del bosque. Si el móvil consiste en estas sórdidas granjerías, los hechos serían nada más que muy execrables. Pero también hay quien afirma que los incendiarios persiguen fines políticos, sirven un fanatismo rayano en la demencia; por ejemplo, en Galicia se ha puesto en circulación la hipótesis de una protesta criminal contra la repoblación de aquella tierra con especies arbóreas intrusas, es decir, diferentes del árbol de hoja caediza que caracterizaba a la selva antigua. Por desgracia, esta suerte de estupidez fanática no puede ser desechada sin la adecuada investigación. Puede ser. Precisamente puede ser lo más aberrante. Lo peor de todo, en efecto, es que estas conductas monstruosas no sean ajenas al odio irracional a la personificación nacional aborrecida, es decir, el odio a la patria, a la patria como entidad ideal y también a la patria real y a la patria viviente. A veces, este odio está enmascarado bajo el disfraz de esquemas ideológicos. El redentorismo político, y a veces el redentorismo religioso o seudorreligioso, como se ha visto repetidamente en sectas norteamericanas, persigue, en realidad, la implantación de la tiranía y se ha acompañado de manifestaciones de criminalidad sádica. Estos impulsos turbios no están ausentes de la actividad terrorista con la que el incendio del bosque se asocia en un sustrato psicológico común. Ahora bien, las diversas expresiones del pesimismo y del muermo hispánicos conectan también con esta suerte de acciones criminales, aunque en la mayor parte de los casos los sujetos no tengan conciencia de tan siniestro emparentamiento.

Añadiremos que los asesinos del bosque no son los únicos reos contra la vida por agresión al sustentáculo natural. Así es, aunque difieren de los incendiarios en que sus motivaciones son inteligibles y comunes a la necesidad o a la avidez humanas. Es, pues, muy distinto el caso de los pescadores que descastan los fondos marinos con artes de arrastre impías e incluso —se nos asegura— los hay que emplean dinamita. Figuran en este grupo, por supuesto, todos los contaminadores de ríos y mares por motivaciones crematísticas o para obtener tales o cuales ventajas, incluidos los responsables de la limpieza ilícita, en el mar, de tanques petroleros. Pero ninguno de ellos, aun los más funestos, son equiparables a los incendiarios del bosque. Ni siquiera los abyectos individuos que envenenan productos alimenticios movidos por una mezcla abominable de estulticia y codicia. La diferencia entre unos y otros radica en la índole del móvil y en el contexto ético. Los incendiarios del bosque actúan por estímulos oscuros, de difícil identificación, que inducen la sospecha de una especial perversidad o de alguna aberración filosófica o ideológica (en Galicia se habla de factores de esta suerte). Finalmente, la nota diferencial entre estos crímenes y otros tal vez de inmediatas consecuencias peores, es que el incendiario atenta contra una norma ética relacionada con el *continuum* de la vida.

Si otro gran poeta visitara hoy el Infierno, como hizo el Dante, para establecer la relación de la *perduta gente* de nuestra época, relegaría a los círculos más profundos del averno a estos nuevos réprobos que violan el único credo trascendente generado en los tiempos presentes. Un credo que confiere al hombre una misión que va más allá del hombre mismo, lo que le restituye, en otra forma, la dignidad, más o menos usurpada por la vanidad humana.

Por nuestra parte, trataremos de valernos de estas nuevas verdades reveladas a la conciencia para nuestro modesto empeño. ¿En qué medida la creencia en el *continuum* de los vivientes y el amor y servicio a la naturaleza pueden constituir un sustentáculo de la fe subideal? Vemos en ello un rodeo para alcanzar la *matria* elemental y, por ella, la patria real.

2/El culto de la tierra madre, matria y matriotismo

La superación del pesimismo y del muermo no puede llevarse a cabo en el plano de la razón. La razón no basta porque esas actitudes arraigan en estratos más profundos de la mente. Y ya en un plano racional actúa la huella de la experiencia histórica que ha marcado las conciencias y creado automatismos de juicio que se repiten constantemente y, como tantas veces hemos dicho, afectan al pensamiento y a la acción, con notorio perjuicio para la comunidad. No sabemos de ninguna otra sociedad donde se cultive el desaliento, se fomente con pasión, hasta con entusiasmo, la derrota, y se obstruyan con maleficios las iniciativas. No será fácil remover este mortero. Es necesario valerse de una fuerza psíquica comparable a la que fabricó esta cementación que resiste al tiempo y a la experiencia.

Por eso creemos que será preciso movilizar contra estas posiciones negativas, en primer lugar, el amor a la tierra material, al barro que se amasa con las manos, al suelo donde germinan las semillas, las plantas de flor y los árboles. Esta referencia a la tierra no como metáfora ideal, sino como materia concreta, que se pone al viento de la gran corriente universal que abarca el amor a los animales, la fraternidad con los demás vivientes, el equilibrio de los factores naturales, la responsabilidad por el destino del habitáculo común de todos los seres donde palpita la vida...

Es el amor a la *matria*, más amplio y a la vez más hondo y radical que el amor a la patria. Pero el amor a la patria nace del amor a la *matria*, al incluir a la patria viviente y próxima.

De la tierra se ha dicho que se corresponde con la imagen de la madre, precisamente, de una madre fecunda. La tierra está representada por diosas femeninas. Luego veremos que el amor a la tierra madre puede tener connotaciones pasionales de gran ferocidad. Debe tenerse en cuenta. Pero este riesgo ha de ser asumido como se asume todo lo que implica cargas excepcionales de energía, que lo mismo crea que destruye. Para hacer algo de cierta magnitud en el campo social o histórico es preciso movilizar fuerzas que siempre comportan algún peligro. Está claro que nos proponemos pasar del matriotismo al patriotismo y, con esto, arrastrar el viejo pesimismo irracional. Y, en fin, se trata de pasar, cuando fuere preciso, de la matria a la patria más próxima, la patria *minor* para saltar después a la patria *major*, más abstracta, más alejada de la materia original.

La matria viene a ser el tronco primitivo, el árbol borde que servirá de soporte orgánico, vivo, al injerto de la personificación política territorial superior. De este injerto se esperan frutos de cultivo, de cultura, productos históricos de alto valor.

¿Cuál es el peligro de estas operaciones? El peligro podría consistir en movilizar fuerzas pasionales primarias capaces de volverse contra la personificación política territorial superior. Lo admitimos. Pero en el capítulo precedente hemos visto que este riesgo está aminorado en la práctica como cabe inducir de la persistencia y tenacidad de esa misma personificación política territorial, cuya vitalidad queremos alimentar precisamente del tronco borde que puede recibir diversos injertos históricos y los ha recibido, de varia índole, con la resultante de una tenacidad vital probada por la historia.

Pasamos con esto a expresiones más conceptualizadas, menos metafóricas y, por tanto, también menos ambiguas. Queremos decir, en suma, que el matriotismo emergente de la tierra real, la que se amasa con las manos, nos procuraría la fuerza irracional para alimentar un programa racional de la sociedad aquejada de pesimismo crónico.

Ahora bien, este programa no debería ser una lucubración abstracta y distanciada de la materia original. No debería cortar sus raíces, las raíces que lo unen al suelo. Para evitar esa ruptura, el programa, aunque desarrollado a un nivel superior, ideológico y técnico, haría referencia directa a la tierra misma, pero ya situada en el plano de la infraestructura. Es decir, habría un escalón de base entre la matria y la patria. Para concretar rápidamente esta idea, diremos que el programa consistiría nada más y nada menos que en transformar el condicionante básico natural de España, la personificación política territorial superior que a todos afecta vitalmente. Es casi obvio anotar que el condicionante básico natural de España es la orografía, el clima, la pluviometría especialmente, el suelo y su defensa... Si se han leído las páginas anteriores, especialmente lo que escribe en el capítulo sexto: «La difícil incorporación a la modernidad», se habrá visto que este país y sus dirigentes no dejaron de abordar, con los medios de su época, la gran empresa. No nos proponemos, en consecuencia, un empeño desprovisto de precedentes. Lo que nosotros aportamos a esta idea, a este programa o como quiera llamársele, es el concepto de integración y el intento de convertir lo que es una respuesta elemental, de mero sentido común, pero mejor que eso, una respuesta suscitada por la realidad tal cual, en una fijación de la sociedad, un haz de sentimientos y convicciones capaces de crear un sistema de reacciones constantes. Y, a ser posible, una rutina de dimensión y duración históricas.

Una de las grandes ventajas que tiene el programa de transformación del condicionante básico natural es que puede ser presentado como un ideal compartido por la totalidad de la población. No es un ideal de partido ni un programa ideológico. Es un programa que puede adoptar cualquier partido, cualquier grupo, cualquier ideología. De hecho, en un grado mayor o menor, con ejecución mínima o grande, encontramos la idea en hombres y regímenes y en tiempos tan diferentes como los arbitristas e ingenieros y políticos del siglo XVI, rozada al paso por el conde-duque de Olivares, llevada a la práctica en gran escala por la Ilustración española, acogida en alguna medida por ministros como Alejandro Mon o Bravo Murillo, en el siglo XIX, y otros muchos, presente en los planes hidráulicos de Gasset y en los proyectos del ingeniero genial que fue Lorenzo Pardo, realizada en proporción importante por Franco y esperamos que continuada en estos años... Lo que no ha habido nunca es la expresión mística de la idea, es decir, un injerto vivo, una fijación afectiva que deberá llevarse a cabo —insistimos— por una regresión emocional a la *matria*, por el cultivo del *matriotismo*, ulteriormente desarrollado, racionalizado e idealizado. No antes ni directamente mediante la invocación del *patriotismo* porque esta vía suscitaría el rechazo en la sociedad desintegrada, comida de pesimismo y de muermo.

Por otra parte, esta gran operación no debe apelar a ningún recurso que no sea la estricta y rigurosa verdad. No se trata de engañar o de engatusar a nadie. Todo lo contrario. Esto es una iluminación. Una verdad estricta y rigurosa tiene que ser una verdad entera, no parcializada, no fraccionaria, ni tendenciosa.

Ya que hemos de operar con la tierra, empezaremos por su verdad somera sin que deje de ser verdadera, una visión entre física e intelectual, del condicionante básico de España, a modo de panorámica. No una descripción analítica, sino precisamente al revés, impresionista, intuitiva, suficiente para nuestro propósito. A veces —otras no—, la gran verdad es la que entra por los ojos, como entra, en efecto, la tierra de España cuando el viajero pasa, en avión, desde el continente a la península Ibérica.

Estos montes nevados que se ven a la izquierda deben ser de Suiza. Las crestas de fino hastial, como cuchillos, aparecen blancas de nieve escurrida. Brilla el sol. En el valle, una sucesión de lagos, salpicados de poblaciones con notas de color en los bordes. Se ven las carreteras que van de un pueblo a otro por la orilla. Un río. El agua está aparentemente inmóvil, un reguero de alinde, vivo metal con relumbres. Fondo verde.

Casi sin transición estamos volando sobre una tierra gris, parda, ocre. Ya no es el fondo verde continuo de prados y bosques. Ahora hay árboles ralos y un fondo de matorral indeciso y de suelo terroso. Aparece una ciudad grande, no sabemos qué ciudad. En los montes, un embalse, España.

Esta visión fugaz nos dice muchas cosas acerca del condicionante básico natural de España. Nos habla, ante todo, del gran problema de la escasez de agua —de lluvias más exactamente—, que es preciso retener y algo sugiere de la falta de humus, ese suelo arcilloso y mineral, bajo el sol. También hace una referencia al gran sistema hidráulico que ya existe con la mayor altura de presas del mundo relativamente a la población. Pensamos: «Si hubiera una sequía en toda Europa, la última reserva de agua, el sitio donde duraría más el agua, paradójicamente, sería España.» Este polvo de colores: una punzada de angustia. La erosión.[2] Por cierto que los salvadores de España por la metralleta o por el cañón ignoran esta vía salvadora, la vía de la reforma del condicionante básico natural. Prefieren el camino más «honroso» de aumentar el número de cadáveres, «meter en cintura a la nación», eliminar a éstos o a los otros y, finalmente, destruir lo construido e incendiar los bosques. Incluso cuando se visten de ecólogos y amantes de la naturaleza y actúan con el pretexto de defenderla, lo que hacen es servir a su odio y servirse de él para matar. Terroristas o golpistas militares o civiles, siempre es lo mismo: expresiones negativas, afanes de dominio, coartadas de la ambición y del odio. Evidentemente, la empresa de cambiar el condicionante básico natural es el móvil más amplio, más generoso y menos sectario de cuantos puedan proponerse a una comunidad humana. ¿Por qué no ha de ser terreno de siembra y de floración de una superestructura ética y cívica? Creemos que puede ser, a la vez, una mística y un programa realista apto para concitar las más diversas y variadas fuerzas sociales.

Pero se nos permitirá una observación probablemente útil. Y es que la percepción del condicionante básico natural, en sus relaciones con el *ethos* popular y social, no está hecha, solamente, de información —que debe ser siempre veraz—, sino de un contenido emocional y estético. Me atrevería a sugerir que este contenido emocional y estético es más importante, es decir, más dinamizador del espíritu popular que los datos analíticos de la realidad. Así, las características de suelo y clima, la fertilidad y la sequedad, no nos dan los valores cabales y enteros del condicionante básico natural.

Por de pronto, esta península, cuadrada, alta, difícilmente accesible a su interior, incomunicada por dentro, tiene un gran desarrollo de costas. Es como una isla maciza dividida en otras islas más pequeñas y siempre abruptas y malas de abordar y penetrar. Y una isla tiene mucho que ver con el mar. El mar viene a ser otra «tierra», un espacio de vida y de comunicación. Ahora bien, la mejor «tierra» de España, a la postre, es el mar, abierto al mundo, incluso el mundo ultramarino, sin hablar de sus riquezas explotables.

Cuando los primeros astronautas vieron la península Ibérica desde el espacio, admiraron —y así lo han dicho— su singular belleza. Sucedió tal vez que a la sazón, como es lo más frecuente en la España seca, habría ausencia de nubes y se podían ver los diversos colores, en contraste, de la tierra española. El caso es que los astronautas se maravillaron de la belleza de la naturaleza hispana contemplada desde la lejanía del espacio. Es una tierra de varios colores, lo que parece ser un símbolo alusivo a otras realidades. Pues bien: desde más cerca, esta

---

2. Leemos un artículo de José María Fertierra, catedrático de química técnica de la Universidad de Oviedo, del que tomamos estas cifras: «El río Duero se lleva al mar 854 000 toneladas de tierra fértil al año; el Tajo, 286 000 toneladas, y el Ebro arrastra anualmente 2 241 000 toneladas.» (Cit. en *Los mitos agrarios*, p. 28. Alvaro Fernández Suárez, Impresos Postalx. Camichi, 19, Madrid-25.

misma tierra impresiona, también, de diferente manera, más patética. En ambos casos es una roca que habla. Así, un rey de nuestro tiempo ha calificado a este país de «áspera y espléndida España».[3] Es verdad que este lugar de poca esperanza posee una limpieza, una pureza y una claridad —es decir, un esplendor— que conmovieron al monarca viajero como a tantos escritores y artistas. Yo mismo, en el Levante árido, sentí el mensaje apasionado del campo mineral —esos almendros retorcidos, implorantes en la sequedad—, las grises colinas que ondulan, se levantan con la piel al sol y aparece en lo alto de la loma un árbol solitario —¿qué hace allí aquel árbol único?— con los brazos abiertos; y en el fondo de una estrecha y larga cañada que serpea hacia el mar, verdes y coloridas incrustaciones, el fino esmalte de los huertos y sembrados. O la sobriedad castellana, montañas con cabezuelos de granito y prados pequeños «donde el merino pace» y, en el valle, las hileras de chopos que guardan, con sus lanzas en alto, las riberas de ríos invisibles, y los pinos militares que descienden por la ladera sobre el llano donde amarillea el estío.

3/La matria terrible

El amor a la tierra comporta o debe comportar, digo yo, la voluntad de conservarla, de mejorarla, de hacer de ella fuente de riqueza y de vida, y también de engalanarla como a la novia del *Cantar de los cantares*. El cultivo de esta afección a la tierra es menos sentimental en España que en otros lugares, entre otras razones varias porque aquí, como dejamos dicho más arriba, la tierra no está firme, sino que fluye y se escapa. Un problema real, objetivo, material que no admite el juego desinteresado de vagares emocionales meramente estéticos. La tierra no es aquí jardín, jardín ameno. En todas partes, en cualquier país, el amor a la tierra se proyecta a otros intereses, se implica y se complica, se enreda inevitablemente en complejos emocionales de muy diversa especie. Por eso mismo tratamos nosotros de encauzar esta afectividad hacia un núcleo integrador, precisamente con la finalidad de superar el pesimismo, el negativismo que actúa en la conciencia española como una fijación constante, con menoscabo de la productividad social y de la creatividad. En otras sociedades, este factor existe, claro está, y se ha aprovechado como un motor del nacionalismo moderno, un motor más, entre otros. Nosotros pretendemos encaminar esta energía afectiva no exactamente en un sentido nacionalista con su carga de antagonismo, de espíritu de emulación agresiva, sino para suscitar un programa común, un objetivo a realizar y extraer de esta finalidad las pautas de conducta necesarias, requeridas para su cumplimiento y realización.

Pero queremos advertir, por si fuera útil, y también porque es así, que la matria arrastra, asimismo, cargas afectivas contrarias, incluso muy contrarias a los valores que intentamos fomentar y a los ideales que consideramos positivos. Es inevitable. La conciencia humana es muy compleja y nunca pura, ni siquiera coherente y congruente, más bien

3. Se atribuye a Balduino, rey de los belgas.

tironeada por atracciones y repulsiones destructoras o, digamos, antisociales, como es bien sabido. Así, el matriotismo, claro está. Por de pronto, ya hemos indicado en algún otro lugar que existe una especie de soberbia aldeana, es decir, un sentimiento que podría llamarse protonacionalismo aldeano que ha desempeñado un papel nada desdeñable en el pasado. El hombre propende a afirmar su ego, a expensas de los demás, de muchas maneras. Esta del aldeanismo nacionalista es una de ellas. El protonacionalismo rústico y, en algunos casos, primitivo o contaminado de primitivismo, ha servido de tallo —también lo hemos dicho en otro lugar—, donde vino a injertarse el nacionalismo moderno de carácter fraccionario que, en contra de la opinión de quienes están poseídos por estos sentimientos, no es, lejos de eso, el paradigma del bien y de la virtud. Es, simplemente, una fuerza emocional para bien y generalmente para mal. Pues si el matriotismo es una de las estructuras emocionales que sirven de soporte básico a esta suerte de afectividades, en modo alguno será inocente. El matriotismo se relaciona con los dioses de la acrópolis y con los demonios de las zarzas que habitan la maleza. Cierto que estos espíritus no son perversos. Sólo tienen su cuota de perversidad como tienen la gracia de las entidades paganas que habitan los campos, los ríos y los bosques. A menudo sucede que —les sucedió a los carlistas vascos y a otros no vascos— sus devotos creen adorar a Cristo y son, en realidad, adoradores de los dioses y de los demonios de la acrópolis antigua o del reducto sagrado de la aldea primitiva.

Una manera de eludir los factores irracionales primitivos o viciosamente fraccionarios pudiera consistir en la relación con la matria, a través del nuevo humanismo naturalista, con un credo universal que se encuentra en gestación. Porque el nuevo humanismo naturalista parece ser la mística más sólida, más consistente y más prometedora en la feria actual de credos y de filosofías, en muchos casos de origen oriental, que asemejan nuestra época a la fase helenística de la civilización grecolatina. Es probable que «la línea de la promesa» esté precisamente en este humanismo que confiere al hombre, que devuelve al hombre, como hemos dicho antes, su dignidad, su misión trascendente, por vía de la responsabilidad de nuestra especie respecto a los demás vivientes y a la habitabilidad del mismo planeta que es la patria común de todos. La universalidad corrige, supongo, debe corregir, imaginamos, la angostura local del matriotismo.

También nos parece interesante —y lo mencionamos por si fuera aprovechable— otra derivación de las relaciones de afectividad con la tierra, derivación con fuertes cargas sociales, quiero decir, históricas en sentido amplio. Me refiero al amor a la tierra concretado en el amor a la propiedad del suelo poseído. Hay, en efecto, en la afectividad que suscita la tierra apropiada peculiaridades que la distinguen de los sentimientos provocados en el sujeto por cualquier otra propiedad que no sea la de la tierra. Esta afectividad es de una violencia extremada, a menudo de expresión trágica. Es, sospecho, una forma de matriotismo primario de segundo grado, quiero decir, pasado por una cultura ya avanzada y por las estructuras sociales y las mismas instituciones jurídicas.

¿Y a qué viene ahora el asunto de la propiedad de la tierra? Es claro. Intentamos decir cómo se enredan en el gran cepellón del árbol de la

Ortega y Gasset anunciaba, en su libro
«La rebelión de las masas», la irrupción
en la sociedad occidental de un tipo
humano que tenía algo así como una
fuerza natural, con la que secuestraba
o tendía a secuestrar el poder
social y el poder político.

El socialismo actual, marxista
o no marxista, se piensa a sí mismo
como antagonista y aun como incompatible
con el individualismo. Es un grave
error. Veo que Fidel Castro, en un
discurso pronunciado el 13 de marzo
de 1968, dijo que la revolución cubana
debería «extirpar hasta la raíz
el egoísmo, el individualismo
y toda forma de explotación».

conciencia toda suerte de raíces. Este árbol de la conciencia es una selva habitada por demonios que tripulan las navecillas más cándidas y en las aguas de transparente apariencia. En fin, que la matria rústica, sencilla, esconde por lo menos tantos demonios como Babilonia.

La tierra, la matria, infunde en el corazón de los poseedores del suelo una emoción homicida, muy peculiar. Esta emoción ha sacrificado muchas vidas. Cuando interfiere en los movimientos políticos suele provocar reacciones de máxima violencia.

Es una vieja historia. Y una historia actual, caracterizadamente en países hispanoamericanos. Sospecho, en efecto, que las reformas agrarias de aquellas naciones son un elemento pasional que desencadena esas represiones contrarrevolucionarias de tremenda crueldad.

Ya sucedió en la Antigüedad grecolatina de que nos da vívido testimonio Plutarco en sus *Vidas paralelas*. Seguramente, las más patéticas o de las más patéticas de estas biografías son las de Agis, el joven rey de Esparta, y Cleomenes, su continuador en la tentativa de repartir las tierras en nombre de la justicia y para restaurar la igualdad. El drama conmovedor y terrible se repite en las vidas de sus paradigmas romanos, los grandes redentores agrarios, Tiberio y Cayo Graco.

Al pensar en la matria-tierra no puedo menos de evocar al buen Agis, el rey de Esparta, un muchacho dulce, poseído de heroica mansedumbre que prefería morir a matar, y no pudo consumar su reforma agraria. Lo mataron antes. Después de destronarlo, lo sacaron del refugio sagrado de la Casa de Bronce mediante engaño de un pérfido amigo, y fue estrangulado en la cárcel, no obstante la condición inviolable de su persona. Estrangulado juntamente con su madre, una generosa dama que había repartido su rico patrimonio rústico, para ejemplo. Un ejemplo aborrecido por los propietarios de Esparta. También la abuela del rey pereció de la misma manera y en el mismo acto. En cuanto a Cleomenes, se dio a sí mismo la muerte, exiliado en Alejandría, al fracasar una intentona política y armada, y su cuerpo fue desollado y colgado de una cruz, un rey de estirpe consagrada fue crucificado. Con saña atroz, sacrificaron también a los hijos del rey, a la madre y a otras personas, sin excluir siquiera a las esposas de los compañeros del mártir. Ningún otro bien solivianta pasiones tan feroces como la defensa de la propiedad de la tierra. Hay en la posesión de la tierra un vínculo incestuoso que enlaza al poseedor con el bien poseído, es decir, con la madre. Es, por otra parte, sugestivo que con los reyes mártires espartanos murieran las respectivas madres, las dos, y que estuvieran, como Santa María en el Calvario, junto a sus hijos inmolados, uno de ellos, precisamente, desollado y expuesto en la cruz. También nos hace meditar que todos estos reformadores que intentaron repartir la tierra, pertenecieran a estirpes nobles y que fuesen ellos mismos grandes y aun los más grandes terratenientes de su nación. Los Gracos eran nietos de Escipión, el vencedor de Aníbal... Por cierto que Jesús, el Salvador, crucificado unos siglos después que el mártir Cleomenes, rey, era descendiente de David, el monarca israelita, por línea materna: ¡otra vez encontramos a la madre!

Hay en esto la aparente contradicción del héroe y mártir cuya madre (madre-tierra) es sacrificada con su hijo, y ella, la madre, es la más rica propietaria de tierras de Esparta. De otro modo: de la misma tierra, de la misma matria, brota la fuente redentora del amor y la justicia. Así es, en efecto. La matria esconde a los demonios de la pezuña hendida, pero también al espíritu de la luz. La matria es fuerza, poder, pasión, energía que puede ser encauzada para moler en el molino y para promover la guerra fratricida o bien para que preste su fuerza a un ideal redentor...

CAPÍTULO IX

La rebelión de los parásitos y el nuevo individualismo

1/Castilla y la mar ● 2/El condicionante básico histórico y cultural ● 3/La rebelión de los parásitos ● 4/Los ensuciadores ● 5/Este hogar...

1/Castilla y la mar

Se trata, en suma, de combatir el pesimismo morboso español. Todo el mundo convendrá —o tal parece— en que la más eficaz manera de superar el pesimismo colectivo consistirá en ofrecerle a cada cual condiciones satisfactorias de vida, más especialmente en el orden económico y material. Es de sentido común, al que se unió la impregnación difusa de la época por el materialismo histórico en alguna versión popular. Si a esto añadimos la seguridad, la libertad y la justicia, se supone que el hombre común se sentirá optimista y pacífico. Sí, también pacífico. Es la paz del bienestar.

De acuerdo. La experiencia confirma, más o menos, con aproximación, esta idea. Pero no sin reparos. En efecto, sucede, según creo, que los pueblos viven un estado eufórico, en ocasiones, no tanto por los bienes de que gozan como por los males que son capaces de infligir a los otros pueblos. A veces, la satisfacción ni siquiera proviene de los infortunios que se hacen caer sobre la gente extraña; la riqueza acumulada puede servir para ventilar diferencias en la contienda interior, como sucedió en España. Hay un placer abominable que no por eso deja de ser placer, en darle salida al odio. Por lo demás —justo es decirlo—, la fe subideal de una sociedad, base de un sólido optimismo capaz de resistir las tristezas e infortunios de la adversidad cotidiana, se alimenta de ciertas expectativas, por ejemplo de la confianza en un futuro de «progreso» y «libertad». Es lo que sucedió en la llamada *belle époque* que, vista de cerca, como ya dijimos en otro lugar, no fue tan bella para la gran mayoría de la gente. Si nuestra época que tanto sufre del estiaje de la fe —subideal y otra cualquiera— regresara, por arte de magia, a la *belle époque*, sobrevendría un levantamiento general a causa de miserias que se tendrían por insoportables. Otras veces no son tanto las expectativas y los ideales como la autocomplacencia popular, porque el pueblo acepta penurias y humillaciones en casa a cambio de la orgullosa convicción de ser, en el mundo, superior a los demás pueblos.

Pues he aquí la contraprueba de nuestra tesis: sucede, en efecto, que la satisfacción de las necesidades reales o materiales de una sociedad, quiere decirse, las necesidades reales o materiales de la «masa», no siempre se corresponde con un estado de satisfacción general o popular. Puede acontecer lo contrario, puede nacer un descontento que no parece ser coyuntural. Se le reprocha a la sociedad azacaneada por el afán, desde luego que interesado en cierto aspecto, de colmar de juguetes maravillosos y de comida de fiesta a la gente, que sea —dicho con desprecio— una «sociedad de consumo». Los pueblos ricos aceptan estos presentes —aunque, sí, en parte, abalorios y chucherías— con la displicencia de los niños mimados y, entretanto, el descontento de fondo se expresa en forma de terrorismo, criminalidad y desgana de vivir que induce al uso de drogas y al suicidio.

Pero estos juicios —válidos, creo— no excusan a nadie, quiero decir, al Estado y a la sociedad de hoy, del deber y la necesidad de seguir el juego de ostentar una riqueza de grandes números.

Por lo que a España se refiere, interviene otro factor peculiar: el sentimiento de fracaso del español en su incorporación obligada a la modernidad, después de la crisis del sistema entonces vigente, a partir especialmente de la dinastía de los Austrias. Es aquel final del siglo XVII en el que España perdió pie y aún sigue, a estas horas, dando trompicones.

El tema de la incorporación a la modernidad introduce en el cuadro español un factor peculiar. Tal peculiaridad fuerza a considerar prioritario el esfuerzo para completar el proceso de desarrollo, lo que, a su vez, impone, entre otros arbitrios, el de una adaptación óptima al condicionante básico natural y el consiguiente modelo económico. Cierto que este objetivo ha sido prácticamente alcanzado en el orden de la economía, aunque faltan unas cuantas brazadas para pisar la otra orilla. Pocas brazadas. Pero no tan pocas en el aspecto de las ideas, de la formación de los individuos y en el de la tecnología, las suficientes brazadas para que el atleta corra peligro de ahogarse, sobre todo por efecto de la impaciencia, de la ignorancia de los datos reales, de la infinita necedad de algunos elementos supervivientes del pasado. Ésta es la cuestión.

En síntesis: dado que el pesimismo y el muermo que debemos superar invocan, en buen medida, factores económicos y de satisfacción social, no puede caber duda respecto a la necesidad de afrontar la cuestión mediante el clásico recurso de ofrecer a cada cual un cuadro propicio en el orden material y moral para la expansión y la seguridad de su vida. Tenemos que considerar esta acción como el mejor remedio contra el talante pesimista que tratamos de combatir. Aunque no baste, por cuanto será preciso actuar, de modo directo, sobre el condicionante histórico y cultural que es, por lo demás, el objetivo inmediato de nuestra atención en este ensayo.

Hemos dicho, en el capítulo octavo, anterior, que la transformación del condicionante básico natural podría ser, además de un programa sociopolítico, algo más importante: un ideal integrador capaz de concitar las energías del pueblo, con lo que el tema del pesimismo quedaría atrás. Pero no se llegará a este punto del proceso enunciado con sólo construir grandes obras públicas de infraestructura, embalses, vías de comunicación, instalaciones depuradoras de los ríos y de las aguas marinas inmediatas, repoblación forestal, defensa contra la erosión y la polución, sino también, y aun primordialmente, mediante un plan de adaptación a las constantes más tenaces del mismo condicionante, lo que se expresaría en un modelo económico elegido a la vista o por la experiencia viva y minuciosa del máximo beneficio con el menor coste en capital y en trabajo. Pero uno de los errores más perniciosos de la idea común de adaptación al condicionante natural consiste en dar por supuesta su inmutabilidad y también una especie de división espacial del trabajo ajustada a las posibilidades elementales de una región o de un país. La adaptación al condicionante básico natural no equivale a plegar servilmente el modelo y la economía a los datos fundamentales del cuadro natural. En modo alguno. Se trata de poner pie en terreno sólido, no para quedarse en él, como un náufrago en su isla desierta, sino para saltar a un plano superior, para salir del marco rígido del condicionante natural y elevarse a otra realidad creada por el hombre por medio de la ciencia. La riqueza del hombre de nuestro tiempo, en particular, su verdadera y ubérrima tierra de promisión, es una realidad, digamos, artificial, en el buen sentido de la palabra, una realidad, sobresaltada, que planea por encima del suelo.

Pero es cosa de regresar, por el momento, al tema de la adaptación al condicionante básico natural. Y al respecto queremos recordar que España y especialmente Castilla, en la Edad Media, llevó a cabo, precisamente, una adaptación perfecta al condicionante básico natural de la península Ibérica. A esta feliz adaptación creemos que se debe la extraordinaria fortuna histórica de España y no a la casualidad. No hay tal casualidad. El modelo económico de la Castilla de los siglos XIV y XV es ejemplar. No una casualidad, pero tampoco un programa, ni un plan económico. Ni casualidad ni plan, sino un tropismo, una adaptación casi instintiva, en realidad el producto lento de la experiencia, una serie de respuestas para acomodarse lo mejor posible a ciertas realidades concretas, como la opción ganadera de la Castilla interior, por ejemplo, que no sólo respondía a las dificultades de suelo y clima para la agricultura, sino, también, a conveniencias militares en una tierra de frontera, de frontera muy permeable, en la lucha contra el islam. La población, escasa, el campo ancho, despoblado, poco fértil, el cielo seco y luminoso. ¿Cuál era, en estas condiciones, la mejor respuesta económica? La respuesta ganadera, por muchas razones. La primera, porque había en esta tierra, no especialmente apta para los cultivos, posibilidades de pastos —la luminosidad era un factor positivo, al respecto—, si no de muy buena calidad, resistentes a la sequía. La ganadería, al revés que la agricultura, no necesita mucho personal y, por tanto, se corresponde bien con tierras recientemente pobladas. Los rebaños eran fáciles de mover en la vasta franja fronteriza al albur de entradas, derrotas y victorias. Era una riqueza que podía llevarse con uno mismo en las retiradas y en los avances, y en los avances mejor si estuviera la cosecha del país invadido u ocupado ya crecida o a punto de ser recogida. Los rebaños, en este supuesto, disfrutarían de un festín insólito.

La mentalidad castellana y española de aquella época y de épocas posteriores, como en la expansión de Ultramar, responde más ajustadamente al *ethos* ganadero que al de un pueblo agricultor. Por lo demás, la vocación pastoril ibérica, o más bien céltica, venía de atrás. ¿No dicen todos los manuales escolares que Viriato era un «pastor lusitano»? Los historiadores suelen dejar escapar sus mejores verdades, sus más significativos hallazgos, así, con un adjetivo y un sustantivo, sin darles mayor importancia. Es, en efecto, prodigioso, que Viriato reencarnase, muchos siglos después, en otro pastor extremeño llamado Pizarro. No es tampoco casualidad que Viriato-Pizarro fuesen —y, nunca mejor, a mucha honra— porquerizos, pastores de puercos y guerreros. Gracias a los cerdos que llevaban los expedicionarios a la zaga fueron posibles exploraciones inverosímiles en el enorme continente americano.

Una buena adaptación al condicionante básico natural da frutos adicionales y supernumerarios en tierras y mundos desconocidos.

La expansión transoceánica de España, la empresa hispana que perdurará, según toda probabilidad, en el futuro, y cuyos frutos no se han agotado en nuestra era, proviene de la feliz adaptación medieval al condicionante básico, pero también de haber conjugado esta buena adaptación con otra forma de adaptación, esta vez al condicionante histórico: me refiero a la respuesta dada por los diversos Estados cristianos al islam. El modelo económico que fue resultado de ambas adaptaciones se concretó en tres actividades fundamentales, a saber:

— La actividad ganadera, tal como hemos dicho, que produjo la primera riqueza exportable de la Castilla medieval, la lana merina (riqueza exportable quiere decir dinero líquido, comercio, banca).

— La actividad específicamente comercial, con factorías en varias ciudades de Flandes.

— La actividad naval, en sus dos expresiones, la comercial y la militar que convierten a Castilla en la potencia hegemónica y, en cierto momento, monopolística, del Atlántico, especialmente a partir de mediados del siglo XIV y hasta la derrota de la Armada Invencible en 1588. La hegemonía naval castellana se mantuvo a expensas de los ingleses que eran los competidores y después se confirma y se completa cuando, en el año 1419, se da la batalla naval de La Rochelle, en la que fue destruida, por los marinos vascos y cántabros, la flota hanseática.

Castilla, antes del año 1588 o con más seguridad en el siglo XV tenía un papel en la mar muy parecido al que heredarían los ingleses y confirmarían con la batalla de Trafalgar.

Pero esta observación es más o menos prescindible al lado de un hecho que nos interesa primordialmente. Me refiero al dato según el cual nos hacemos cargo de que la flota castellana de la Edad Media, pongamos de mediados del siglo XIV, es ya la misma que llevará a cabo los descubrimientos y las navegaciones que completaron, por primera vez, la vuelta al mundo para dejar abiertas las rutas por donde fluiría la civilización planetaria occidental.

Con todo, lo más sugestivo no es el pasado, sino el presente y el futuro, pues el modelo económico medieval, de adaptación a la base física de la península, se halla hoy en vías de ser restablecido, naturalmente, con los cambios propios de las espectaculares creaciones de la ciencia y de la técnica.

Pero sigue siendo verdad, como antaño, que la vocación económica de España, aparte la agricultura mediterránea de huerta, se concreta, preferentemente, en la ganadería —aunque la lana haya emigrado a Ultramar— y la industria moderna que aparece como factor primordial de esta adaptación, pero persiste el valor del comercio y el de la navegación y la pesca.

Nótese un rasgo muy interesante en el cuadro de analogías que hemos esbozado. Nos referimos al detalle, muy elocuente, de que las actividades de adaptación al condicionante natural sean las más independientes o liberadas de ese mismo condicionante. Es lógico que esto suceda en tanto mayor grado cuanto menos favorable sea el medio físico. Así, las actividades que tuvieron prioridad en el modelo económico castellano de la Edad Media son las que tenían mayor movilidad, menor fijeza, las más liberadas del *locus*, del lugar. Es el caso del pastoreo, especialmente en su modalidad de la trashumancia, el comercio internacional, la navegación, la pesca... Hay como una huida de la tierra y del clima y esta huida tiene su expresión máxima en la consagración a las actividades del mar, que viene a ser la mejor tierra de los habitantes de suelos pobres.

El fondo del fenómeno continúa, más o menos enmascarado, en la actualidad. Así, la vocación ganadera de España ha sido confirmada por autoridades en la materia, extranjeras y nacionales. Es el caso del doctor Davies, director del Grasseland Research Institute, del Reino Unido, que, por encargo del gobierno español, transitó con simpatía nuestra tierra y redactó un informe en el que atribuye a España un potencial de 10 000 000 de cabezas de ganado vacuno (en la época del informe 3 500 000) y la asombrosa cifra de 100 000 000 de cabezas de ovino (18 000 000 a la sazón). Las conclusiones a que llega un ingeniero español, don Antonio Bermejo Zuazua, sobre la base de un cultivo adecuado de la alfalfa, son análogas a las del experto británico. Y ambos concuerdan en que, con un pastoreo regulado, se prevendría, en gran medida, la fuga de esa patria moviente que es la erosión.[1]

La industria es otra actividad acorde con el viejo modelo adaptado al condicionante básico natural, por cuanto, justamente, goza de mayor independencia del *locus* que los sectores primarios de explotación terrestre. Así, es obvio que no puede ser rentable el cultivo de la piña en Siberia en competencia con Cuba o México. Pero una fábrica de electrodomésticos puede ser instalada lo mismo en Maracaibo que en Siberia. El éxito de tal establecimiento depende de otros factores, como los del mercado, la tecnología, la dirección, la habilidad de los operarios... De otro modo: hay una relativa indiferencia en la industria respecto al condicionante natural. En la España actual, este sector desempeña el papel que tuvo, en el modelo castellano medieval, la lana, pues los productos industriales son la primera rúbrica de la exportación española. El desarrollo industrial permite una elasticidad que ofrece grandes posibilidades, sobre todo en las producciones de tecnología avanzada.

Una adaptación ejemplar al condicionante básico natural, en España, es el turismo. Aquí, un factor negativo —el exceso de insolación— se convierte en una actividad altamente productiva de medios de pago exteriores.

En general, los servicios —y no sólo el turismo— tienden en España a adquirir una posición destacada en la actividad económica del país.

La expansión de la flota mercante es otro sector que constituye una adaptación razonable al condicionante básico natural de España.

Nos parece sugestivo registrar el hecho de que el comercio internacional español haya crecido fuertemente en los últimos años. Claro está que este crecimiento se debe, ante todo, al desarrollo general del país, que obliga a incrementar tanto las importaciones como las exportaciones

1. El tema ha sido tratado con cierta amplitud y detalle por el autor en *Los mitos agrarios*, Impresos Postalx, Camichi, 19. Madrid. «Información Comercial Española», número 419, p. 113, estudia esta cuestión.

para mantener la rotación del sistema. Por tanto, aquí el condicionante básico natural no está presente como imperativo de adaptación. Pero vale la pena hacer alguna referencia a estas actividades porque son, de todos modos, significativas de la evolución de la economía española. Las importaciones han aumentado más de cinco veces su cuantía de 1973 en 1981;[2] las exportaciones han crecido más, por encima de seis veces en el mismo período. Por supuesto, en moneda de cada año, pero aun deflactados los datos se evidencia que la marcha del comercio exterior de España es notoriamente prometedora.

Diríamos, pues, que en términos amplios, como resultante de conjunto, parece ser que España evoca, en cierto modo, el viejo modelo medieval de adaptación al medio natural. No se trata de un proceso deliberado, quiero decir, que no enuncia la finalidad explícita de una adaptación al condicionante básico natural. Si se da una coincidencia, una correspondencia, más bien, con el antiguo modelo de la Hispania bien integrada, no se debe tampoco, sin embargo, a la casualidad. Sucede a mi entender que, aunque a distancia, aunque en correspondencia remota,. al plantearse los problemas del desarrollo y en la ejecución de estos propósitos, el condicionante básico natural influye, quiérase o no, a menudo contra errores y prejuicios y actúa como un molde cuyas formas se reflejan en el modelo económico. Esta relativa evocación del modelo económico medieval viene a ser una resultante, a la manera de los ríos o riachuelos que buscan la vaguada natural que guarda cierta coincidencia con la vaguada racional.

Me parece que esta vuelta al principio es una buena nueva para el futuro de España. O, al menos, es una mala noticia para las sectas y sectarios del muermo hispánico y del pesimismo tradicional, siempre afanosamente consagrados a la tarea, solapada, esparcida en pequeñeces y coincidente en una gran fuerza, de desacreditar a hombres y hechos, para frustrar la esperanza y helar el brote de la fe de la comunidad en sí misma.

Es significativo, en efecto, que la fe de España haya emigrado al extranjero y que en el extranjero viva. Nos vemos obligados a importarla y se está importando, efectivamente. La traen extranjeros que, por serlo, no padecen el deplorable muermo hispánico y la mantienen viva esos mismos peregrinos, a pesar de los evidentes esfuerzos que aquí se hacen para matarla. ¿No será posible fabricar en España este producto?

2/El condicionante básico histórico y cultural

La adaptación al condicionante básico natural no parece que haya de suscitar mayores discrepancias. El condicionante básico natural está formado por realidades materiales y, por serlo, susceptibles de ser cifradas y sometidas a un tratamiento racional. La dificultad para la razón no está en las cosas, sino en el hombre.

¿Y qué es, en qué consiste, el condicionante histórico cultural? ¿Existe, siquiera?

2. Totales en 1981: importación, 2 970,4 miles de millones (3 billones de pesetas); exportaciones, 1 888,4 miles de millones (1,89 billones).

Bien sabe el lector que consiste en creencias, dogmas, fijaciones mentales, automatismos de respuesta a tales o cuales incitantes, prejuicios, costumbres, ideas ampliamente compartidas y duraderas en una comunidad, todo ello sostenido por instituciones. Tal vez no sea preciso aclarar que este conjunto alberga en su seno notorias o implícitas contradicciones, incongruencias, supervivencias aparentemente irracionales y, sin embargo, de alguna manera forma un sistema, si bien este sistema, por regla general y salvo circunstancias de gran concentración e intensificación emocional, está lejos de funcionar como una máquina bien engrasada y montada sobre bolas. Es más bien un artilugio a la vez fuerte y renqueante, con engranajes inertes y sin misión conocida y otros que andan del revés, con lo que la máquina puede atrancarse y romperse. De cualquier modo, el conjunto, repetimos, es un sistema, lo es forzosamente —¿cómo podría no serlo, mal o bien?—; pero poder funcionar, ha de tener un mínimo indispensable de congruencia sin la que el armatoste no rodaría.

Claro está que el tejido histórico —lo histórico y lo social y aun diríamos que lo humano se confunden en la misma cosa en las sociedades a que nos estamos refiriendo— es mucho más complejo y reacio al análisis, más difícil de aprehender que los datos, materiales, del condicionante natural. Pero de esto no sería razonable concluir que el condicionante histórico cultural sea una superestructura efímera, susceptible de ser cambiada, con relativa facilidad, por la fuerza, mediante la acción compulsiva del Estado si se emplea en la cuantía suficiente. Cierto que una parte de estos contenidos mentales es voltaria e inconsistente, pero otros duran más que las piedras y ofrecen una resistencia indócil al cambio. El cazador paleolítico está aún presente en nosotros. Más aún: el reptil de edad geológica despierta aún en el cerebro de una dama de nuestro tiempo. Y no digamos las abundantes supervivencias de un pasado histórico nada más que secular. No pocas de nuestras decisiones fundamentales y no pocas de las opciones de los poderes políticos vienen dictaminados por esta suerte de fijaciones tenaces y oscuras.

Es ardua labor averiguar, a menudo, de dónde nos vienen ciertas emociones y quién o qué inspira determinadas conductas. ¿Cómo distinguir las especies mentales que nacen de la emoción y del afecto? Los «gustos», las preferencias, parecen muchas veces datos elementales, primarios, irreductibles, cosas que están ahí, y nada más. Estos elementos irreductibles parecen los más invulnerables a la razón. Pues bien: acontece que estas posiciones que en determinado momento son susceptibles de dar potentes sacudidas de resorte mortal, de pronto se vienen abajo, se ablandan y desaparecen. Precisamente una de las características de la época actual es la rapidez en el cambio de mentalidad de una generación a otra e incluso con unos pocos, muy pocos años, de por medio, por ejemplo, un lustro, una década. El profesorado pudo observar este fenómeno con la entrada en la enseñanza superior de jóvenes separados de sus precedentes por muy poco tiempo y con ideas a veces radicalmente diferenciadas. Cabe preguntarse si el *ethos* de un pueblo puede cambiar sin que medie compulsión, es decir, merced a un proceso únicamente social, de una a otra generación, de una a otra oleada. Parece como si la historia fuese más efímera que la perecedera juventud del individuo. Por ejemplo, una institución de la consistencia de la familia se muestra vulnerable a la corrosión en el transcurso de pocos años. Basta al efecto que los jóvenes, en una coyuntura de pleno empleo, logren puestos de trabajo con cierta facilidad para que el núcleo, regido por la madre, se desintegre y cambien las costumbres sexuales y sus tabúes.

Pero es igualmente verdad que somos robots programados por antepasados que son, en este momento, polvo y ceniza. Es cierto también que se vive bajo la amenaza de vampiros que se levantan por la noche de sus tumbas e inspiran a los durmientes sueños falaces para chuparles la sangre. Y esos sueños siniestros tienen la obediencia de los vivos.

Todo anda mezclado.

Haríamos mal en dudar de que el condicionante histórico cultural existe, aunque a veces parece de la condición versátil de la nube, esa extraña realidad evanescente, falta de consistencia, falaz, propensa a ensayar figuras varias y, sin embargo, dotada de una persistencia de fondo que resiste al tiempo.

El condicionante histórico cultural está ahí, no hay duda. La cuestión reside en saber qué puede hacerse con él, y cómo. Decididamente, lo único verdaderamente serio es la materia. Lástima que sea ciega y que no nos revele su sentido si es que tiene alguno.

Por otra parte, aunque creamos saber qué se puede hacer con el condicionante histórico cultural, es decir, qué hacer con el hombre, hay como una cierta temeridad sacrílega en ponerle la mano encima e intentar darle forma, como hace el alfarero. El hombre —al decir del filósofo— está condenado a la libertad —¡tan estrecha y condicionada, sin embargo!— y no tiene más remedio que hacerse a sí mismo. Aun la renuncia a esta acción necesaria sería una elección imputable al mismo sujeto. Por tanto, si esto es así —es así—, tenemos que tratar, en cierto modo, al condicionante histórico, como hemos tratado al condicionante natural: modificarlo conforme al interés del sujeto y de la sociedad y utilizarlo con fines y objetivos que consideramos convenientes. Pero a sabiendas de que nuestra operación será torpe y de gran riesgo, pues ignoramos las consecuencias, sobre todo las consecuencias de las buenas obras y de las buenas intenciones, precisamente. La inhibición tampoco nos libra de responsabilidad. No podemos prescindir de hacer la historia y de hacernos a nosotros mismos, aunque no sepamos lo que hacemos. Es la ley.

Los hechos nos prueban que el mundo del condicionante histórico es la cacería del tiro por la culata. Se encamina a la hueste para el Norte y aparece en el Sur.

3/La rebelión de los parásitos

Un resultado desconcertante lo observamos en los efectos que se han seguido de la actual sociedad, la primera de la historia que se ocupó de verdad en mejorar la condición del pueblo y dispuso de recursos para llevar a cabo la empresa. En el pasado sólo hubo, a este respecto, si acaso, buenas intenciones, como en los días del racionalismo filantrópico y en cuanto al socialismo real bien sabemos los resultados. Pues bien: la sociedad de la opulencia y del bienestar general está incubando la rebelión de los parásitos.

Los vínculos que se vienen estableciendo entre la Corona y la intelectualidad son una fuerza real o suscitan una fuerza real de signo positivo cuya influencia se hará sentir en el ánimo colectivo a expensas del morbo hispánico. (En la foto, los reyes son recibidos por J. L. Borges y G. Diego a su llegada al paraninfo de la Universidad de Alcalá de Henares, abril de 1980.)

Ortega y Gasset escribió uno de sus libros más sugestivos y más difundidos, bajo el título de *La rebelión de las masas*. El filósofo acertó así con un tema de amplia incidencia en su momento y también en coyunturas ulteriores. Nosotros imitamos, en este punto, el título de Ortega y hasta, en alguna medida, estamos escribiendo ahora mismo el epílogo de su obra. Pedimos perdón por la osadía y, si se cree necesario, también por la impertinencia.

Trataremos de justificarnos. Ortega y Gasset anunciaba en su libro la irrupción en la sociedad occidental de un tipo humano que tenía algo así como una fuerza natural, con la que secuestraba o tendía a secuestrar el poder social y el poder político. No se trataba de una clase social, sino de un tipo humano que empezaba a tomar la dirección de la cultura, de la civilización más exactamente, hasta entonces reservada a minorías diversas y·sucesivas, todas ellas con la nota común de poner el acento en la persona con un alto nivel de individuación y de racionalidad.

Y es el caso que, a nuestro modo de ver, después de la rebelión de las masas viene la rebelión de los parásitos. Parece, en efecto, que está en marcha la parasitación de ciertas minorías por un elemento social que tiene algo de tejido indiferenciado en comparación con las minorías parasitadas. Pero este aspecto de indiferenciación no quiere decir uniformidad. Por otra parte, es sólo un hecho funcional no esencial. ¿Son precisamente «masa» estos parásitos? Vistos con un criterio clasista no son «masa». Son, sencillamente, cualquiera. El ser cualquiera, para el caso, no implica inferioridad social, ni tampoco opacidad de la conciencia. Pueden ser parásitos y, en ciertos aspectos, pertenecientes a una selección, incluso intelectual. El parasitismo, a estos efectos, es una situación relativa y también un *animus* del sujeto, animus parasitante.

Esto que ahora diremos aclarará los conceptos. En el pasado se daba por evidente que la minoría dominante parasitaba a la grande y oscura mayoría. Así; la revolución francesa vio como parásitos a la nobleza y al clero, y el socialismo marxista, en sus diversas versiones, califica de parásitos a los poseyentes en la medida en que se atribuyen una parte mayor de la que les corresponde de la plusvalía producida por el trabajador. En cuanto a las demás escuelas socialistas, apenas si se detienen en matices respecto al parasitismo de las minorías dominantes. Ahora se da un parasitismo más bien impersonal, derivado de la diferencia clamorosa, una diferencia cualitativa y esencial, y también cuantitativa, entre el aporte económico y no económico a la sociedad de unos pocos hombres, sea cual fuere la renta que obtienen, grande o pequeña, y la contribución de quienes no pertenecemos a esas minorías.· Esta evidencia se refuerza más si consideramos el hecho asombroso de que esos pocos, incluso muy pocos, aportan a la sociedad una cantidad cifrada de bienes mayor —por poco creíble que parezca— que el resto de la humanidad junta. Es un escándalo decirlo, pero nos parece una verdad que podría ser probada con números. El fenómeno muestra una tendencia a acentuarse, a hacerse más patente, a medida que la ciencia pura y aplicada sigue acumulando sus hallazgos y desarrolla sus técnicas derivadas. La mayor dificultad que vemos en estas cuentas escandalosas reside en la valoración de los aportes no económicos.

Por de pronto, sucede que la producción depende cada vez menos del trabajador manual. Es un hecho elemental. El trabajo más productivo, obviamente, es el trabajo de la ciencia aplicada y de la técnica científica, así como el de la organización y la dirección. El robot que en estos días entra plenamente en juego no hace sino conferir a la escena una peculiar espectacularidad, pero el hecho mismo, en su esencia, no es nuevo o no tan nuevo como parece.

Pero ¿cuál es la razón de utilizar expresiones como la de «parásito» y «parasitación», en vez de atenernos a un lenguaje neutro, menos cargado de connotaciones patéticas? ¿Por qué no decir, simplemente, que existe una cuantiosa dependencia de la sociedad moderna respecto de ciertas minorías dotadas de saberes especiales, altamente productivos en todos los órdenes de las necesidades humanas, desde la economía hasta el conocimiento puro, pasando por la salud? Verdad que este saber minoritario sirve, también —¡en qué terrible medida!—, para fines que difícilmente podrían ser calificados de «necesidades humanas»; si acaso, necesidades mortíferas. Y esta sola consideración ya nos indica que no es posible mantener la cuestión aquí planteada en un terreno neutro, pues interfieren emociones y juicios de valor en el fenómeno de la «mera» dependencia. El trabajo de los científicos resulta así no ser una actividad neutra ante la ética: de hecho, hubo científicos que se sintieron lesionados en su sensibilidad ética en ocasión de la bomba nuclear y, en cierto modo, parasitados por los militares y los políticos. Por otra parte, sucede que fracciones importantes de la sociedad, como los terroristas, son parásitos de la sociedad que tratan de destruir a sus minorías creadoras, pues las dominan violentamente y utilizan la renta social que se atribuyen para apoderarse del Estado. Son parásitos también los criminales y delincuentes varios, puesto que viven a expensas de los excedentes o de los capitales de la sociedad y actúan como enemigos del cuerpo explotado.

Las relaciones entre el parásito y el parasitado son múltiples. En primer lugar acentúa el carácter parasitario de esta relación la misma distancia y heterogeneidad de ambos términos de la relación. Cada vez están más lejos entre sí parasitados y parasitantes. Es como si al parásito no le importara ni la sociedad ni sus minorías creadoras y rectoras (en la relación biológica entre estos dos términos hay la misma distanciación mutua: el parásito mata al parasitado de cuya sustancia se alimenta). Pues bien: en el organismo social lo que acontece es que los saberes de las minorías y, por tanto, el ser de la entidad social, son menos accesibles de día en día y menos inteligibles. Las obras y realizaciones derivadas del poder creador de las minorías crípticas llegan a distanciarse de esas minorías, cuanto más del común de los miembros de la sociedad. Por último, nos encontramos con que el mundo actual y sus realizaciones y sus hazañas —desde la exploración del espacio cósmico hasta los servicios públicos sin aparente misterio y el funcionamiento del aparato de producción y las diversas administraciones públicas y privadas— dejan de ser comprensibles, salvo fraccionadas, para el cerebro humano desnudo. Ningún cerebro concreto y viviente es capaz de conocer ni siquiera las organizaciones que cubren fines esenciales de esta civilización. Puede decirse que todos vivimos en el seno de esta gran sociedad mundial, y aun en nuestras sociedades provincianas, como los parásitos ciegos que colonizan, en la oscuridad, a un gran organismo vivo. Nuestro mundo se construye y se gobierna gracias al auxilio, indispensable, necesario, de los cerebros electrónicos. Quiere decirse que esta sociedad —esta civilización— ha sido equipada y está siendo regida —y sólo hasta cierto punto— no por cabezas vivientes e identificables, sino por un conglomerado de cerebros de hoy y de ayer (el saber científico, al revés que el saber filosófico, es acumulable por encima del tiempo y del espacio), por un Golem, el famoso monstruo de la judería de Praga. El monstruo, en este caso, al ser un conglomerado, aunque conjugado, tiene el aspecto de un concepto, de una abstracción que, sin embargo, posee la realidad de un gran mecanismo.

El Golem parece un ente a la vez existente y no existente, pero su poder es formidable. Ningún pensador, ningún genio del pasado fue capaz de intuir su aparición en la realidad, cuanto más imaginarlo. Este vacío de la imaginación humana demuestra que el mundo golémico excede a la mente humana concreta. Es sobrehumano, en cierto sentido.

¿Qué hace el hombre común en presencia del Golem? Podría limitarse a comer y callar, el comer y callar del parásito que vive de un organismo del que sólo conoce el espacio donde chupa o pasta; otra opción consistiría en erigirle al Golem templos columnarios y adorarlo (es más adorable que el Becerro de Oro y dispone de poderes mágicos que no tuvo nunca ningún ídolo antiguo); finalmente, el hombre común podría rebelarse contra el Golem y quemar sus palacios, su morada. Podría hacerlo, pero sería un suicidio.

La gran mayoría de los beneficiarios del Golem optamos por comer y callar. Es natural. Muy pocos se inquietan y temen, turbados por los extraños poderes del Golem. Quiero decir que muy pocos tienen clara conciencia de lo que hay de misteriosamente amenazador en este ídolo benévolo. En cambio, un temor concreto a los poderes de destrucción golémicos es bastante común. Pero lo que más impresiona es la hueste de enemigos del Golem no por lo que hay en él de potencialmente maligno, sino, al contrario, a causa de sus pródigos dones.

El beneficiario común y sonámbulo de los dones golémicos, si abre la boca, es para intimar al Golem —es decir, al Leviatán— para que lo colme de bienes o acuda a reparar sus carencias e infortunios. El parásito que come, cuando no calla, es para coaccionar al Golem con sus exigencias. En ningún momento sucumbe a la gratitud. Cuanto más prescindible es el parásito, más grita, alborota, organiza manifestaciones, huelgas de hambre, mítines y alborotos. Esto no se había visto nunca en el mundo. Hasta ahora los dioses todopoderosos eran impetrados en los murmullos de la penumbra. Ahora se les insulta. El Golem ha delegado a estos y otros efectos en el viejo Leviatán, el Estado, que ha sido siempre un amo duro de corazón, y ahora, en la vejez, parece haberse ablandado y se ha vuelto, al parecer, bonachón y afanoso de contentar a todo el mundo y, como es natural, nadie se lo agradece. Pero no nos fiemos: el viejo Leviatán, en cualquier momento, pedirá que le inmolen víctimas humanas (en realidad no ha dejado de reclamarlas), que son su alimento desde los primeros vagidos. Pero, entretanto, el espíritu parasitario, junto con los poderes inauditos del Golem y la chochera un tanto siniestra del viejo Leviatán, han engendrado una nueva utopía, que consiste en atribuir a la sociedad la facultad milagrosa de dispensar todos los bienes del mundo y algunos otros de los cielos sin condicionar la maravilla a ninguna filosofía humanista o religiosa, es decir, sin hacer referencia a un paraíso moral, como era de estilo en la utopía antigua.

La utopía clásica era moralista y ostentaba una virtud frígida. Los utopistas de ayer sólo ofrecían a sus fieles la paz con el pan y el techo de cada día. Si hoy les hicieran la misma oferta a los beneficiarios del Golem, serían apedreados o, simplemente, nadie les haría el menor caso. En efecto, las viejas y virtuosas utopías clásicas serían, hoy, paraísos del aburrimiento y la penuria. ¿Quién va a querer eso? El paraíso creado por el Golem, administrado por el Leviatán, es infinitamente más rico y satisfactorio que todos los falansterios imaginados por la infatigable casta de los ideólogos. Pero carece de un sentido trascendente y sus huéspedes apenas si se acuerdan de la fraternidad universal.

Por algo no existen actualmente utopistas. Falta la moral utopista y, en cambio, se ha logrado la verdadera y material abundancia fruitiva. Por supuesto, relativamente. Pero no debe extrañarnos que el Leviatán no dispense a todo el mundo rentas doradas. Son demasiados los beneficiarios, y hasta el Leviatán tiene que echar sus cuentas. De todos modos, aun en los casos de mayor cicatería, el Leviatán es incomparablemente más generoso hoy que los sueños de los idealistas sociales de ayer. Y, según todos los indicios, ningún falansterio del futuro alcanzará las cotas de satisfacción material de la utopía —es decir, de la realidad— arbitrada por el capitalismo avanzado de esta época.

De esta circunstancia le vienen al Leviatán y al Golem, es decir, a la sociedad de consumo, sus más rigurosos enemigos. En primer lugar, los terroristas. ¿Qué tiene el terrorista contra la sociedad de consumo y contra la sociedad permisiva? Sólo una cosa, probablemente: que no se ajusta a los esquemas previos establecidos, *a priori*, por el terrorista. El terrorista supuso que esta sociedad golémica leviatánica tenía que ser un infierno. Y quizá lo sea. Pero no el infierno a que se refería el terrorista. El terrorista odia a la sociedad actual —me refiero, claro está, especialmente, al terrorismo que invoca ideologías supuestamente socialistas—, porque no es como él cree que debiera ser. Es decir, porque la utopía capitalista le ha usurpado el espacio destinado a la utopía proletaria, por otra parte no definida, del terrorista, el paraíso innominado del terrorismo. Parece ser que el signo sacro de la redención, en este paraíso, sería la metralleta.

El terrorismo no es la única rebelión contra el Golem y contra su delegado en el mundo, el Leviatán golémico liberal. Los otros enemigos, además de la formidable ola de delincuencia común —y hecho el descuento del movimiento ecologista o de cierto movimiento ecologista—, son los mismos beneficiarios de la sociedad golémica en su práctica parasitante. Porque las características parasitantes del tipo humano más común se manifiestan al socaire de la grandiosa prodigalidad del Leviatán golémico que hizo posible la capacidad creadora y productora de las minorías parasitadas.

En efecto, la mentalidad parasitaria o parasitante ha invadido a todos los grupos sociales, sin excluir, de hecho, ni siquiera a los estratos que profesan convicciones liberales. No hay actividad que no se sienta tentada de participar en los beneficios del Leviatán golémico. Y quizá ni siquiera pueda prescindir de esta participación en el supuesto de que tal o cual grupo o individuo lo deseara. En todas las actividades se forman grupos de presión para obtener beneficios especiales a expensas de la comunidad, beneficios lícitos, desde luego, y beneficios ilícitos o, más exactamente, inicuos, no justos, como privilegios fiscales, subvenciones, ventajas a veces descaradamente fraudulentas (incluso una sequía, una calamidad pública, puede convertirse en una buena oportunidad para engañar y extorsionar al tesoro público mediante el habitual griterío orquestado por encierros, insolencias y amenazas). Propenden al parasitismo el propietario y el proletario y todos convencidos de que la comunidad debe y puede cargar con el huésped y con su compañía. Es la utopía universal de la pigricia irrestricta. Pero debe reconocerse que los formidables progresos de la ciencia y de la técnica derivada, en las décadas anteriores a la crisis económica de 1973, han confirmado el milagro golémico. La misma crisis —con todas sus consecuencias negativas— corrobora la convicción utópica, pues a pesar de todo se han eludido, en su expresión más devastadora, los sufrimientos peores de la desocupación y se ha podido mantener, aunque a bajo ritmo, el funcionamiento del sistema. Compárese con las terribles miserias y horrores abominables de la crisis del año veintinueve y sucesivos...

El terrorismo, la criminalidad, la difusión de la droga, son otras tantas manifestaciones de actitudes antisociales y aun de odio explícito a la sociedad permisiva de consumo: a la sociedad golémica (sin el Golem, esta sociedad no existiría y tampoco existirían sus peculiares parásitos). Tal vez, el enemigo mayor resida en la rebelión de los parásitos.

La rebelión de los parásitos no se propone únicamente extorsionar al Leviatán y saquear sus tesoros y sus almacenes. El parásito pide más: que la sociedad haga todo lo que él no sabe o no quiere hacer. Y, además, se niega a asumir cualquier responsabilidad por sus actos o por sus omisiones, sin excluir los crímenes más evidentemente dolosos. Quizá sea un parlamentario español quien llegó, en esta vía, a las cotas más altas de la utopía parasitaria; tal honor le cabe y es justo que le sea acreditado. Nos referimos a la petición de que todo delincuente encarcelado debería ser puesto en libertad y amnistiado, y para facilitarle la adaptación a la sociedad, dotarle de una pensión razonable del Estado. La idea no tuvo la acogida que merecía, porque algunos asesinos reclamaban estipendios muy elevados, como veinticinco o treinta mil pesetas por día, alegando que ellos eran drogadictos y necesitaban una subvención de este porte para abstenerse de asaltar bancos.

La irresponsabilidad general es la forma exasperada del nuevo parasitismo.

El final de este proceso será la autofagia de la sociedad o el desaliento radical de las minorías altamente productivas. En efecto, cabe pensar que las fuerzas creadoras y productoras se extenúen al faltarles los estímulos positivos y al sobrarles riesgos, amenazas y penalizaciones. Se está en camino. He aquí, por cierto, un signo anunciador de lo que puede acontecer. Se advierte, en efecto, que determinadas actividades o posiciones sociales de privilegio, tradicionalmente, comienzan a ser hoy menos deseadas a causa de las responsabilidades que comportan o de los peligros que corren quienes las ostentan. Por sorprendente que parezca, este fenómeno puede alcanzar nada menos que a los mismos capitalistas. Por de pronto, la condición de empresario es ya, hoy, menos atrayente que en un pasado bastante cercano. Incluso ser rico, en estos tiempos, puede implicar una ambición arriesgada, con oscuras servidumbres, y exige un esfuerzo para conservar el patrimonio mucho más tenso que en el pasado.

¿Qué sucedería, qué sucederá si faltan candidatos a la riqueza? Ya ahora mismo, si bien la riqueza no ha perdido su imán, acontece que en el espacio donde florecía el rico «respetable» prolifera otro rico diferente, el rico aventurero, fraudulento, no fiable, promotor de negocios turbios. En fin, que el rico, en su calidad de minoría con el papel social correspondiente a su posición, acabará por ser desahuciado en la sociedad parasitante de esta época. Los hechos demuestran, por de pronto, que la mera condición de contribuyente presenta serios peligros. Y estos peligros provienen de la rebelión de los parásitos, no de un supuesto movimiento revolucionario, pues en nuestra época no hay verdaderos movimientos revolucionarios liberadores.

Esta prueba nos está pidiendo una vuelta al individualismo, un individualismo responsable. Cierto que el individualismo ha progresado en esta época, a expensas de las estructuras morales rígidas del pasado. Se advierte, este individualismo, en la nueva moral, en la liberación de los tabúes, en la misma sociedad permisiva. Es decir: se trata de un individualismo fruitivo. El sujeto puede sentirse liberado, pero el fallo está en que la liberación respecto a la norma debería ir acompañada de un mayor desarrollo de la conciencia social, no de la conciencia social del parásito que sólo sabe de la sociedad para devorarla.

La verdadera conciencia social pasa por el individualismo, pero no un individualismo fraccionario o sólo fraccionario, no el individualismo insolidario e irresponsable del parásito, sino el otro, integral, el individualismo que sabe del otro.

Esto necesita alguna explicación. El socialismo actual, marxista o no marxista, se piensa a sí mismo como antagonista y aun como incompatible con el individualismo. Es un grave error. Veo que Fidel Castro, en un discurso pronunciado el 13 de marzo de 1968, dijo que la revolución cubana debería «extirpar hasta la raíz el egoísmo, el individualismo y toda forma de explotación».[3]

Por de pronto, poner al mismo nivel, como especies análogas, el egoísmo y el individualismo es un prejuicio tan frecuentado como falaz. El egoísmo no es necesariamente la causa del individualismo como suele creerse; y desde luego, el individualista no es, consecuentemente, un egoísta. Son especies concurrentes muchas veces, desde luego, pero no enlazadas por una relación constante de causalidad. Un miembro de una sociedad primitiva con un nivel de individualidad mínimo puede ser un gran egoísta y al revés, un individualista de una sociedad liberal clásica será, tal vez, altruista. Pero la referencia a los individuos no es significativa en el caso. Ahora bien, podemos trasladar el supuesto al plano social y afirmar que las sociedades caracterizadas por un fuerte individualismo son, de hecho, suelen ser, colectividades con acusado sentido social. Según Carlos Bousoño, el individualismo es «conciencia de sí». Pero es también conciencia del otro. Un producto superior de la evolución humana. Bousoño llega a la conclusión de que el individualismo ha progresado sostenidamente en la historia y no sólo en la civilización occidental. Para este autor, el individualismo ha sido el generador sucesivo de mutaciones culturales que conducen, por lo que se refiere a la civilización occidental, desde la Edad Media, de débil tenor individualista, hasta hoy, con

3. Alberto Recarte, *Cuba, economía y poder*, p. 55. Alianza Editorial, Madrid.

213

hitos intermedios como el renacimiento, el barroco, el neoclasicismo, el romanticismo. La teoría es importante, entre otras razones porque no parece existir otro factor constante que se despliegue en un mismo sentido con semejante continuidad. Finalmente, Bousoño afirma que es el individualismo «en un grado más alto de su desarrollo el que aporta las nociones de justicia social».[4]

Es cierto que las sociedades anteriores al individualismo racionalista han estado comidas por el egoísmo y la indiferencia respecto a la vida y la muerte del otro, si es que el «otro» existe realmente en tales grupos humanos. Se observa que los dirigentes y los privilegiados de las sociedades primitivas recientemente incorporadas a la civilización occidental suelen ser indiferentes a las miserias de sus compatriotas, a veces en escandalosa medida. Algo parecido sucede en sociedades no primitivas, sino tradicionales, a veces de cultura prestigiosa, donde la fruición de la riqueza asiste impasible a la enfermedad y a la muerte a las puertas de las mansiones de los ricos. Admitimos que la baja renta media de esas comunidades tenga mucho que ver con tales fenómenos. Pero dudamos que los factores económicos lo expliquen todo. Por lo demás, será preciso, también, acreditar en el haber de las sociedades individualistas y en la cuenta del individualismo la eficacia económica que les permite dejarse sensibilizar por el «otro» y por su infortunio. Es un hecho —y no entramos a analizarlo ahora— que el socialismo nació en sociedades caracterizadamente individualistas y racionalistas.

El individualismo parece ser un nivel superior de la conciencia en cuanto que aparece en fase tardía y su expresión como conciencia de la conciencia del otro es cosa llena de dificultad para el sujeto. Lo común es no saber del otro, vivir las vivencias atribuidas al otro por analogía. Para esto se necesita una imaginación nada lerda. Tal vez el cada cual muera sin enterarse de que el «otro» existe realmente. Así, las calles de una gran ciudad son, para nosotros, tránsito de sombras, y sólo una contingencia dramática nos revela un día que el otro está ahí, tal como estamos nosotros mismos.

Es fácil saber del «hombre» —una abstracción— y también de los dioses y los genios de la tierra, del aire y del fuego, saber de mundos prodigiosos. Pero poco sabemos del vecino de al lado o de la criatura con la que compartimos el lecho.

Que el socialismo, nacido en una matria individualista, haya renegado del individualismo es una paradoja que le ha costado cara. Tuvo que prescindir del regulador automático de los procesos económicos a la manera del mercado capitalista y hubo de sustituirlo por el centralismo burocrático. Es como si un organismo viviente —un organismo de la biología— tuviera que pensar los procesos vitales de que no suele tener conciencia. Si un ser vivo no dispusiera de reguladores automáticos para el funcionamiento, complejísimo, de su vida vegetativa, no sería viable. El organismo social, si no inviable, falto de regulación automática, es

4. Carlos Bousoño, *Epocas literarias*, p. 109, tomo I. Edit. Gredos, Madrid. Este libro es digno de ser destacado precisamente en el terreno de nuestras particulares preocupaciones porque nos parece un ejemplo de ambición creadora, de ambición intelectual que tal vez sea precursor de un nuevo temple de alcance internacional en el pensamiento español. Por cierto que la obra anterior de Bousoño estaba ya en la misma línea.

ineficaz y muy compulsivo para asegurar un funcionamiento poco productivo y carente de miles y miles de iniciativas y millones de actos —sin duda negativos unos pero otros positivos— que nacen en el seno múltiple de la colectividad de individuos condicionados, estimulados y penalizados, por el sistema de regulación automática. Si un día no hay un socialismo individualista con regulación automática —quizá sea una paradoja—, no habrá nunca un socialismo verdadero en este mundo.

No debe extrañarnos que miremos con suspicacia la «rebelión de los parásitos» y la coartada de transferir a la sociedad las responsabilidades del individuo. Este fenómeno parece anunciar una crisis profunda. Y nuestra alarma no se debe a que juzguemos que el individualista sea mejor que el no individualista. Quizá sea peor en muchos aspectos y, desde luego, tampoco es bueno. Sencillamente es la bola mínima sobre la que rueda la civilización a que pertenecemos, y en su existencia descansa nuestro propósito de modificar, en determinado sentido, para superar el pesimismo tradicional español, el condicionante histórico de España. Según nuestro modo de ver, si el individuo no responde, no responderá nadie ni nada. Nosotros no imaginamos, en efecto, operar mediante una propaganda de masas o valiéndonos de un lavado de cerebro en gran escala.

Si esto es así, no se nos ocurre nada mejor que seguir las huellas de los movimientos regeneracionistas españoles: actuar en los diversos campos de la cultura y en la enseñanza. Nada original.

Nos tememos que estos recursos serían demasiado lentos y quizá ineficaces. Pero ponemos nuestra esperanza en haber olfateado tierra mojada, un cambio de viento, un viento favorable al cambio.

Así, el rey don Juan Carlos I ha hecho una expresa llamada contra el pesimismo morboso que tantos profesan y propagan en España. Por otra parte, el rey ha tenido ya gestos que impulsan, de hecho, aunque el propósito inmediato y explícito sea el de integrar la sociedad española, la reacción contra el talante pesimista: aludo, por ejemplo, a la atención sostenida que el monarca y la reina dedican, con expresiones diversas, a los escritores, artistas plásticos, músicos y hombres de ciencia. Los vínculos que se vienen estableciendo entre la corona y la intelectualidad son una fuerza real o suscitan una fuerza real de signo positivo cuya influencia se hará sentir en el ánimo colectivo a expensas del morbo hispánico. En la misma línea integradora y estimulante de las fuerzas anímicas afirmativas está la creación del marquesado de Bradomín, con el gracioso escorzo de haber utilizado la peculiar magia de la corona —la evocación de su carga emocional, incluso en el trasfondo coloreado infantil— para dar corporeidad a la magia del arte literario. Por otra parte, como hemos sugerido en otro lugar, con este juego de sustanciación —no digo materialización— de un personaje de Valle-Inclán no del todo imaginario, se ha traspuesto o se tiende a trasponer el esperpento, en demasía acotado, a una extensión humana, más allá del espacio nacional y de la anécdota política, sin alterar la letra, con lo que el mismo esperpento sale ganando.

Nos ha impresionado también que una alta autoridad moral institucionalizada, el cardenal Tarancón, haya abordado, en una de sus *Cartas cristianas*, el mismo o análogo tema, es decir, la cuestión del nihilismo hispano que se confunde con el pesimismo tradicional y con el morbo o muermo de nuestros comentarios. Dice el prelado que al parecer «muchas personas» se han impuesto «la misión de desacreditar» todo lo desacreditable, empezando por los gobernantes, a quienes no se les concede ni reconoce nada valioso, con manifiesta injusticia. Todo lo disolvente —afirma el cardenal— tiene éxito. «Al que calumnia o acusa no se le exigen pruebas. Se le exigen y muy meticulosas al acusado y al calumniado...» Así resulta que «las injurias y las calumnias, las críticas y las censuras van prodigándose cada día más por la acogida indiscriminada que tienen». Juan Manuel Fanjul, de quien tomamos los pasajes citados, añade sus propios escolios, igualmente certeros.

Todo esto es probable indicio de que se empieza a sentir la necesidad de superar el morbo moral que lastra el vuelo de España.

El morbo hispánico tiene una extensión y una fuerza inimaginables. Sabemos por experiencia que la palabra y la acción que agreden a los intereses de la comunidad son a veces desconcertantes. Así, no nos explicamos por qué tal o cual persona —que a veces puede ser un personaje— ha causado un daño real y sensible a su país, incluso en el extranjero (por ejemplo, una persona investida de alguna autoridad que, en la temporada turística, propaga una especie, rigurosamente falsa, contra el flujo de viajeros a España). No parece que medien en el caso intereses personales... No olvidemos que España acaso sea el único país del mundo donde se recogieron firmas —no pocas ilustres, por cierto— para oponerse a un homenaje nacional a un escritor a quien se había concedido el Premio Nobel, por mucho que tan insólita conducta pueda explicarse, en parte, invocando razones de escuela, afán de notoriedad y también una valoración más o menos probable de méritos y deméritos.

4/Los ensuciadores

Hemos censado a explícitos enemigos de la tierra y de los hombres en esta personificación política territorial: asesinos del bosque, arrastradores de los fondos marinos, envenenadores de los alimentos, de las aguas, del aire, terroristas, calumniadores, parásitos irresponsables que descargan todas sus culpas en la «sociedad»... ¿Valdrá la pena dedicar algún espacio, también, a los ensuciadores, que son, al fin y al cabo, gente menuda? Pues sí: vale la pena y luego diremos por qué.

Tirar un papel al suelo es hacer de ese objeto nimio un desperdicio que, al estar donde no debía estar, se convierte en suciedad. Es un acto productor de suciedad. Más grave cosa de lo que parece. Primero, el autor del acto es un ensuciador. Luego, hay gente que al pisar o estar en el espacio ensuciado se degrada y es ensuciada, aunque sea sólo simbólicamente. Y no importa que un servicio de limpieza, como sucede en la barra de los bares, recoja constantemente papeles y a veces otros desperdicios mayores. En efecto, el barrido perentorio salva momentáneamente el decoro del lugar, pero no borra la indignidad de que esas personas o algunas de ellas hayan ensuciado el suelo, sin consideración a los demás y a ellas mismas. Denuncia una sensibilidad lerda y, evidentemente, la ausencia de educación cívica y de la otra.

Tirar el papel u otros desperdicios peores al suelo es manifestación de incuria y signo de desprecio hacia el otro, de cuya realidad no se tiene la adecuada conciencia.

La virtud contraria sería recoger el papel que se ha tirado y ponerlo en el sitio que le corresponde. Poca cosa. Apenas un movimiento sin aparente trascendencia. Sin embargo, se nos ha dicho —por lo demás con probable exageración e inexactitud, según práctica general humana, de todos los países— que después de la última guerra, en Alemania, se lograron resultados sensibles en la reconstrucción, sencillamente, mediante un mero acto de recogida de restos de los edificios, esparcidos o amontonados en las calles bombardeadas. Se supone que los ciudadanos, en sus idas y venidas por las calles, solían recoger un ladrillo y trasladarlo a otro sitio, tal vez al pie de una obra o a un solar donde se depositaban los cascotes. Ignoramos si la eficacia de estas conductas voluntarias fue tanta como se nos afirma, en términos materiales o reales inmediatos, es decir, en cuanto trabajo mensurable. No lo sabemos. Pero estamos seguros del valor simbólico y, de algún modo, efectivo, material al fin, de estas conductas. La dinámica principal no está en los movimientos, sino en la voluntad cívica que hay en ellos, para restaurar la vida de la ciudad. Tal vez se sospeche en esto una escena con cierta apariencia de hormiguero. Bien. En todo caso, hormiguear o colmenear es mejor que formar parte de un mosquerío de basurero. Actos humildes como el de recoger un ladrillo o el de recoger un papel y ponerlo en la papelera, pueden reconstruir y reconstruyen realmente una ciudad y hasta levantan de la ruina a una gran nación asolada.

Estos juicios se relacionan con la eficacia real de ciertos cambios del condicionante histórico cultural. Lo confirma la función que se atribuye, en el Japón moderno, saturado de tecnología científica, a ciertas pautas de conducta gestadas en una civilización del pasado. No pocas veces técnicos y empresarios que visitaron Japón para estudiar la organización productiva nipona volvieron con el inesperado secreto de que los admirados y envidiados éxitos de Japón en los mercados del mundo dependerían de factores psicosociales —llámense virtudes, hábitos, fijaciones, automatismos, lo que sea—, factores, por cierto, generados en el seno de una civilización oriental, por tanto, no situada en la línea privilegiada de donde nació la ciencia y la moderna empresa industrial, merced a los saberes crípticos de los «diablos occidentales». Siempre me ha dejado perplejo el *tour de force* japonés de aprender y asimilar, sin perjuicio grave inmediato de sus tradiciones y, al parecer, sin traumas paralizantes, las extrañas fórmulas infernales de estos demonios. ¿Cómo es posible?

Cierto que el desconcertante triunfo japonés en el mundo de los occidentales se debe no tanto a las máquinas como a ciertas actitudes y conductas, ni buenas ni malas, simplemente acertadas, adecuadas a determinados fines. Suponemos que estas virtudes son tan sencillas como difíciles de imitar, pues provienen de una resultante cultural acaso irreproductible a voluntad. Y es muy probable que tales éxitos hayan sido pagados al coste de deformaciones psicológicas y consecuencias objetivas, materiales, tan negativas como positivas.

El triunfo japonés, en todo caso, y como tal victoria, sin otras acotaciones, en sus pasos iniciales y aun en la fase reciente, posterior a la segunda guerra mundial —el pueblo japonés ayer mismo aún estaba en un nivel muy bajo de renta por cabeza—, no se debe a una maquinaria «sofisticada», como ahora se dice. Lo «sofisticado», en este fenómeno, es la moral. Buena lección para tantos españoles que, requeridos para el buen cumplimiento de actos debidos, salen con aquello —lo hemos oído innumerables veces: es un monótono automatismo mental— de que no se les han facilitado los medios materiales (suelen aludir a equipos mecánicos óptimos) o no les remuneran como corresponde. Estas quejas son falsas casi siempre o mutilan la verdad para excusar la falta. *El mal trabajador* —reza un adagio de la Antigüedad— *siempre dice que tiene malas herramientas.* La disculpa sólo valdría si, antes de protestar, hubiésemos hecho lo que debíamos hacer o intentado la acción con las uñas y sin mirar a derecha ni a izquierda.

5/Este hogar...

El pesimismo secular español debe ser combatido con la verdad. Sencillamente. Por lo demás, pensamos que la verdad, en este caso, no autoriza ningún pesimismo de posición previa, como el pesimismo morboso que ha motivado estas reflexiones. Ante la verdad sólo es válido un pesimismo racional, generalmente referido a situaciones parciales.

Aquí se necesita fe, si fuere posible la que hemos llamado «fe subideal», pero una fe bien templada, sin fanatismo y asentada sobre un suelo firme y real.

España, por su renta absoluta, está entre la primera decena de naciones del mundo. En este terreno, la realidad, sin ser óptima, no ofrece presa justificada al desánimo.

Aun ahora, en plena crisis económica, una compulsa comparativa de los indicadores, sorprende no por la situación boyante de España, pero sí a la vista de que el cuadro no es, ni mucho menos, tan desfavorable como lo presentan los comentaristas españoles y lo cree el público. Las posibilidades objetivas de una buena recuperación no son dudosas por lo que a este país se refiere. Es curioso y significativo que, al menos como curiosidad periodística, no se lleve a cabo esta comparación objetiva que sería útil, pues la actitud mental de una comunidad es factor bien conocido en el juego de una economía, con mayor razón si se trata de una economía de mercado. No se ha hecho esto, quiero decir, que no se hace, como información periodística, y, en cambio, se mantiene la práctica contumaz de seleccionar los datos negativos, conferirles tácitamente o expresamente el supuesto de que son todos los datos, y presentar esos datos —a veces falseados no sabemos si deliberadamente—, «nacionalizados», no compartidos con otros países, en celosa exclusiva, como si nada parecido sucediera en ninguna otra parte del mundo, y titular con el hecho más desfavorable. Puesto el engendro en circulación es seguro que el eco pasará rebotado de montaña a montaña.

Sin embargo, nos apenaría que se tomaran estas palabras como una incitación a la autocomplacencia y al conformismo, peores que el muermo: peores en el orden moral, en el estético o del estilo, y también, probablemente, a la larga, en las consecuencias económicas y políticas. ¿Qué sería de nuestra paciencia si se trocara el pesimismo por la ostentación incontenida de la vanidda colectiva? ¡Ay de la soberbia! No olvidemos que el propio pesimismo y los separatismos consiguientes tienen su raíz, casi siempre, en que el sujeto se siente irritado, ofendido de tener una patria que no está a la altura de su muermosa «grandeza» como individuo.

Con esta prevención, volvamos al hilo. Estábamos a la búsqueda de algunas realidades firmes donde apoyar una fe racional. Y a propósito de firmeza, habíamos aludido a las posibilidades económicas, al pan nuestro de cada día. Pasemos ahora, si se nos permite la versatilidad, a una visión emocional del hogar donde hemos caído: tal es el hecho irreductible, como cae todo hombre, pues todo hombre cae en algún lugar de la tierra, bueno, malo o ni malo ni bueno. ¿Qué hacer? Por de pronto, echarle una mirada al lugar.

Esta península se asienta entre dos mares, con un gran océano al flanco, como se gozaba en repetir don Antonio Machado, sobre todo en los poemas de la guerra civil, con una nostalgia anticipada de lo que sería, muy pronto, la separación definitiva: «*esta que pesa en mí, carne de muerte*». Además del mortal estremecimiento que corre por la tersa superficie de los versos, se advierte en ellos la vital complacencia de Antonio Machado, la fruición casi sensual por la belleza del archipiélago hispano, generosamente tendido de Norte a Sur, desde la punta galaica de Estaca de Bares —al costado, el precioso ornamento de las islas Baleares (y las dos ciudades e islitas del Norte de África)— hasta llegar a las Canarias, que son el feliz invento, con palmeras, nieves y volcanes que humean, de un niño caprichoso y artista. Estas cosas llenas de gracias diversas, todas juntas, se llaman España, dolorosamente sentida en aquellos días:

> De mar a mar entre los dos la guerra
> más honda que la mar. En mi parterre,
> miro a la mar que el horizonte cierra.
> Tú asomada, Guiomar, a un finisterre
> miras hacia otro mar, la mar de España
> que Camoens cantara, tenebrosa.

El poeta sentía a España sustancialmente, mar, montaña, piedras, tierras, agua, y la veía total, entera, como un cuerpo amado, una visión concreta en su materia, sintética en el conjunto, geográfica:[5]

> Trazó una odiosa mano, España mía
> —ancha lira, hacia el mar, entre dos mares—
> zonas de guerra, crestas militares,
> en llano, loma, alcor y serranía.

Insiste en otros lugares y en el poema titulado *Meditación*:

> Como parece dormida
> la guerra, de mar a mar.

5. Antonio Machado, *Obras*, pp. 854 y 855. Editorial Séneca, México, 1940.

De mar a mar, efectivamente, un espacio variado, patético a veces, tierras de sentimiento, verde en una estrecha franja, amable otras veces, pocas, pero en ningún caso produce la sensación de monotonía. Lo que prevalece es la idea de limpidez, claridad, sobriedad, anchura, distancia...

Este solar ha sido ennoblecido por creaciones culturales de reconocido valor universal. ¿Por qué inhibir el conocimiento, la memoria y la posesión compartida de estos bienes?

Aquí se han incoado empresas comunes que tienen un lugar principal en la historia de Occidente y del mundo. De los históricos dividendos subsiste un patrimonio de un valor literalmente incalculable. Esta herencia magnífica sólo puede ser pedida y obtenida mediante los títulos del idioma común. ¿Y cómo renunciar al honor y al deber y a la carga que la heredad ideal implica? Pocas comunidades humanas pueden vislumbrar, así, tan sugestiva, tan estimulante expectativa.

Los sobrios y tímidos *laudes Hispaniae*, que, al descuido, alzaron vuelo de nuestra pluma, nos avergonzarían a no ser porque, en la coyuntura presente, eran necesarios. Es necesario reaccionar, en este trance histórico, contra una mentira negra que infecta a la actual conciencia española más que en ningún otro momento del pasado. En otra circunstancia, nuestro látigo habría restallado con cáustica furia para castigar la autocomplacencia y el conformismo. Pero no hay peligro, al menos por ahora, de caer, como una mosca, de patas en el mieloso panegírico.

Por lo demás, si vamos a ver la verdad verdadera, no existe en el mundo ninguna tierra poblada —si estuviera desierta sería otra cosa— que merezca el fetichismo, la idolatría nacionalista que es una manera subrepticia de adorar al propio ego. Ni tampoco merece esa idolatría incondicional la patria de uno, sea cual fuere. Pero es peor desamarla o perseguirla, con falaces pretextos, en realidad al servicio oculto del ego, al que se sacrifica, a menudo, sabiéndolo o sin saberlo. No es mejor erigir altares, como suele hacerse también en España, a tales o cuales personificaciones políticas territoriales extrañas, embellecidas por la distancia y por la ignorancia. Porque la experiencia nos ha desengañado. Si fuera posible llevar la cuenta —con haber y con debe— de las virtudes y los vicios, de los errores y bajezas, de las verdades y las mentiras, de las diferentes naciones que abusan del mapamundi, el saldo de unas y otras sería siempre el mismo: cero. En efecto, las sociedades humanas —las sociedades mayores— han logrado sus reales o sus pretendidas cualidades a expensas de valores o de otros rasgos o características de igual o superior rango y calidad. Así, hay gentes cuya elogiada —y a justo título— disciplina social —aquí tan escasa— y su moral cívica —cierta— tienen como precio o contrapartida un fondo sádico, producto de una educación muy exigente. Las virtudes burguesas y la estabilidad ejemplar de algunas democracias se paga en sordidez y mezquindad. Y así sucesivamente. Estamos obligados a luchar y hacer sacrificios por modificar el *ethos* de nuestro pueblo en aquellas conductas manifiestamente antisociales o contrarias a los intereses de la nación y a la dignidad. Pero debemos saber y no olvidar que todo cuanto se consigue tiene un coste y que, cuando se trata de modificaciones principales de la mentalidad colectiva, es probable que distorsionemos el sistema con no deseables consecuencias. Claro está que esta prevención no excusaría nunca la incuria y la inhibición. El bien, aun en el supuesto de que lo sea, tiene sus riesgos, y el riesgo depende de que no hay cosa mala que no pueda ser empeorada.

La verdad es el quicio en que debe apoyarse la superación del pesimismo secular español. Repetir esta tesis no es un abuso de la reiteración, sino la necesidad de aclarar un postulado cuya misma claridad y resplandor oscurece el contenido. Si el país conociera su verdad no sería pesimista. No tendría por qué serlo y sabría que semejante actitud mental y emocional le estaba impidiendo o le frenaba su impulso vital. Parece mentira, pero así es, que datos cifrados absolutamente positivos se interpreten del revés a causa de dogmáticos lugares comunes.[6] Insisto en que estos juicios, pese a ser erróneos, han provocado, en casos que conozco, una retirada de inversiones y algo mucho peor: que los cálculos objetivos sobre el mercado previsible de las industrias hayan sido rechazados o no tenidos en cuenta por los mismos inversores que, a la hora de la decisión, prefirieron atenerse a sus prejuicios carentes de fundamento racional. La suma de estos desajustes representa, seguramente, cantidades gigantescas y retrasos en los niveles lógicos y previsibles de productividad. Sería muy sano acabar con estas tonterías.

La verdad quiere decir la verdad. Ni más ni menos. Sin falseamientos en un sentido ni en otro. Uno de estos falseamientos consiste en admitir tales o cuales fracasos o deficiencias, determinadas impotencias que —primer error— se suponen esenciales, algo así como si existieran en un mundo físico, no humano, no histórico; y a continuación —segundo error— compensar la supuesta incapacidad «natural» con otros valores «espirituales», místicos, éticos, reputados superiores. No negamos que esta suerte de sustituciones y aun de incompatibilidades entre unos y otros rasgos y caracterizaciones de las sociedades humanas pueden darse, y nosotros las hemos observado como queda dicho en otro lugar. La falacia consiste en operar con estos juicios sin datos serios, mediante intuiciones emocionales, un trastrueque en que incurrieron hombres eminentes, como Ganivet y Unamuno. Es más sano denunciar, simplemente, los fallos y las ineptitudes cuando se encuentren y se comprueben y en la medida en que existan, ni más allá ni más acá, y sin ese abyecto regodeo masoquista de la mala fe muermosa y de la soberbia reprimida.

El hombre prudente, responsable —y decente—, evitará tanto el fetichismo como el desprecio de sus raíces. Entre nosotros, por cierto, lo que se practica es una crítica feroz, despiadada, irrestricta, total, sin respeto por lo que haya de valioso en la cosa criticada, con lo cual se comete una gran injusticia e ingratitud porque lo que en este mundo hay de bueno siempre o casi siempre cuesta mucho lograrlo, y quien lo logra, aunque sea sólo en parte, debe ser ensalzado antes que vilipendiado. Hay, por lo demás, no sólo razones éticas para atenerse a la verdad, sino también una razón práctica y es el riesgo de esterilizar buenas y fecundas voluntades de producción o de creación. No debe hacerse. La crítica maligna e injusta sólo puede esterilizar a la víctima. Es como si se la mutilara, como si se la castrara, dejándola dolorida e impotente.

6. Por ejemplo, acabo de leer un artículo donde un comentarista de deportes, al evocar las copiosas inversiones españolas en fútbol, supone que España es «pobre» (el artículo relaciona los dispendios hispanos con los mínimos recursos de Honduras). Por supuesto, la idea es falsa: no es pobre un país cuya renta per cápita, si contamos la economía oculta, supera sensiblemente los seis mil dólares.

Es verdad que el vanaglorioso, fantasioso o tal vez un cínico incurso o próximo al estafador tiene muchas culpas en las derrotas y fracasos; pero el crítico animado de odio y saña, como hay tantos entre nosotros, inflige la derrota antes de la batalla y —estos críticos— son culpables reales, verdaderos culpables de los mismos fracasos que denuncian. Personas obligadas a luchar al límite de las posibilidades humanas, cualquiera que sea la índole de la lucha, deben ser cuidadosamente preservadas de un trato suspicaz, hostil, denigratorio, porque en un clima psicológico de tensión excesiva, de emocionalidad obnubilante, es casi seguro que serán derrotadas por un adversario más templado y no sometido a la presión insoportable del miedo a fracasar. Donde se da este fenómeno con más claridad es en el deporte y en la guerra, pero existe en cualquier forma extrema de competencia, y no creo que se deba dejar de lado, en esta materia, a la misma investigación científica.

Recomendamos a los españoles, para curarse de su pesimismo y también para adquirir hábitos de objetividad en campos pasionales, el contacto sostenido con el mundo exterior, bien sea mediante el estudio de valores extranjeros o bien, mejor aún, aunque más penoso y arriesgado para la serenidad del juicio, mediante el trabajo competitivo o dependiente en tierra ajena.[7] Creo que el baño de la comunicación con el exterior le es siempre fecundo y saludable al español: por lo que pueda aprender del mundo de fuera y por lo que pueda aprender sobre su propia nación. Ahora bien, la emigración de peonaje no suele ser fecunda en este aspecto o lo es en grado inferior por una razón: porque este emigrante no dispone de esquemas apercipientes correctos, ya que empieza por conocer muy mal a su propia sociedad. Para combatir eficazmente el pesimismo no basta la distancia. Es preciso mirar el objeto con un ojo bien dotado de referencias de comparación cualitativa y cuantitativa. Por eso, la misma elevación del nivel en España tiene efectos positivos para obtener de la emigración los mejores frutos.

Ahora bien, es seguro que los datos de la realidad, tal cual es, no desfigurada, no deformada y atormentada, nos dicen, desde todas partes, que el pesimismo morboso no tiene causa racional ni justificación. Nos ayudaría mucho a superar este talante funesto el saber que en una sociedad colonizada por el negativismo, los aspectos negativos de la realidad apenas pueden aportar nada. Deben tenerse presentes, no deben ocultarse, pero sin perder de vista que esos hechos carecen de fuerza y del contraste con el fondo en que se inscriben. El fondo —mental español— es negro, y cuando los datos tienen un color oscuro no hacen sino ensombrecer ese fondo sin dejar ver los detalles útiles que son, precisamente, los de carácter positivo. En cambio, sobre el fondo negro resaltarán las realidades valiosas, y son los éxitos, las victorias, los logros admirables, lo que tiene más ejemplaridad estimulante y en los que es posible aprender la lección de la vida, la enseñanza enriquecedora en todos los sentidos de la palabra.

Por último, una llamada al sentimiento: los mares y las tierras, el color y la gracia de nuestro tendido archipiélago y los datos cifrables

7. El profesor Juan Marichal aconseja a los historiadores españoles que se ocupen de otras historias, de otras literaturas, de otras naciones, y cuando el español haya salido de su ensimismamiento nacional podrá ver su propia historia con ojos más profundos y más ecuánimes.

y sin cifrar que la realidad nos presenta, dicen que esta tierra, este paisaje y esta morada que aquí hemos plantado merecen un fiel y esperanzado esfuerzo, un trabajo de cada día, algo nuevo y mejor que añadir, pues son realidades dignas de ser amadas y habitadas, y sueños dignos de ser soñados.

ÍNDICE ONOMÁSTICO

El pesimismo español investiga los orígenes explícitos del denigratorio y destructor pesimismo sistemático o automático, que es el rasgo más peculiar del carácter de este pueblo. Aunque se ocupa de la conciencia crítica que los españoles tienen de sí mismos, el libro es en realidad una reflexión sobre España, sus características históricas, su encrucijada actual y sus posibilidades para el futuro. La reflexión arranca de los hechos de 1980, cuando una serie de circunstancias adversas movían a todo el mundo a hablar de desencanto. A partir de ahí se aborda el tema de España como parte de Europa o como entidad aislada, y luego se pasa revista a las dificultades para resolver los problemas españoles, y al pesimismo que desde el siglo XVII parece caracterizarnos. Con posturas serenas y bien razonadas, el autor argumenta que Espa tiene que superar el concepto negativo que ti de sí misma, que el país se encuentra en un momento crucial en que necesita de la fe, del trabajo y del optimismo de todos. El autor propone, en fin, "otro temple para España".

Se trata de una obra de gran originalid amena, escrita con estilo recio, vigoroso y coloreado. En materia de forma y estilo, Carlo Bousoño, gran autoridad en "expresión poétic opina que Fernández Suárez "es uno de los mejores prosistas que ha conocido".

Este libro nos llega cuando, efectivamente, se ventea un cambio de templ pesar de las tensiones de la coyuntura, pero debe confundirse la dirección de los remolino con el sentido de la corriente del río.

Date Due

BRODART, INC.   Cat. No. 23 233   Printed in U.S.A.